JN023908

モバイル
バンキング
・金融DXの旗手

チャレンジャーバンクの挑戦

可児 滋

日本橋出版

はじめに

　チャレンジャーバンクの台頭により金融界のデジタルトランスフォーメーション（DX）が進行しています。

　保守的と言われてきた金融ビジネスにチャレンジャーバンクが進出して、いまや金融の創造的破壊が勢いを増しています。

　伝統的な銀行に挑戦する気迫に満ちたチャレンジャーバンクが英国当局から銀行ライセンスを取得して登場、その数が雨後の筍のように瞬く間に増加して、欧州のみならず米国、アジアの金融界にも参入する動きが拡大しています。

　すなわち、英国では、Atom Bank や Starling Bank、Monzo が、また、ドイツでは N26 や Fidor Bank、solarisBank が、中国では WeBank や MYbank が、韓国では kakaobank が、さらに南米でも Nubank が金融界に新風を吹き込んでいます。

　また、銀行ライセンスを取得するのではなく、銀行ライセンスを持つ既存の銀行と提携することにより、あたかも銀行の代理業としてユーザーニーズを汲み取るネオバンクも登場しています。

　こうした動きは、いずれも FinTech スタートアップが主導しています。一体、FinTech スタートアップはどのような動機、目的で金融ビジネスに進出しているのでしょうか？

　それには、英国でみられるように、金融業界における大手銀行の寡占状態を是正するために金融ビジネスへのニューカマー促進を図る政府の諸施策が打ち出されたこととか、中国でみられるように、国営銀行が中小零細企業や個人に対するファイナンスに消極的であることから金融包摂を促進する政府の方針が打ち出されたことが誘因になった等、さまざまな背景があります。

　しかし、それがいずれの要因であるにせよ、その根底に共通して存在するのは、伝統的な銀行に対するユーザーのさまざまな不満をきめ細かく汲み取って、金融ビジネスを根本からリデザインしようとする FinTech スタートアップの創業者の強い意志です。そして、カスタマーセントリックなコンセプトをベースにして、チャレンジャーバンクは、口座開設や送金、PFM 等で

各々の特徴を生かしたビジネスを展開しています。

　こうした背景には、インターネットとスマホがユーザーに普及するなかで、いつでもどこでも、パーソナライズされた金融サービスを、低コストでスピーディに享受したいとするユビキタスの環境を貪欲に求めるユーザーニーズがあります。そして、チャレンジャーバンクが、オープンAPIやクラウド、AI等のテクノロジーを駆使したプラットフォームを活用して、ユーザーインタフェース（UI）やユーザーエクスペリエンス（UX）の向上を図ることにより、これに応じるというデジタルバンキング革命が進行しています。

　チャレンジャーバンクにより先進のITを駆使した金融サービスがユーザーに提供されることを勘案すると、金融業は、金融サービスを提供するIT産業となり、さらには金融業界とIT業界とが融合する形のデジタルトランスフォーメーション（DX）により新たな産業に変身する途を歩みつつあるということができます。

　このような動きは、海外だけではなく、日本においてもオープンAPI等が整備されるなかでみられ始めていますが、本書では、欧米や東南アジアを中心に海外におけるデジタルバンキングの動向についてみることにします。

　本書の構成は、まず、チャレンジャーバンクは何かをみた後、こうした金融界にニューカマーが出現した背景を創業者の理念を織り込みながら記述するとともに、チャレンジャーバンクは、各々どのような特徴を持っているかを、金融サービスの項目別と主要なチャレンジャーバンク別に述べています。

　一方、伝統的な銀行もこうした動きを座視しているわけではなく、FinTechスタートアップとの提携等によりモバイルバンキングの推進に注力している状況を記述しています。そして、最後にチャレンジャーバンクが直面する課題と今後の展望について概観しました。

　本書の出版にあたっては、日本橋出版の大島拓哉社長に大変お世話になりました。紙上をお借りして厚くお礼を申し上げます。

　本書が、チャレンジャーバンクの躍進とその背景にある要因、そしてモバイルバンキング革命が加速している実態とチャレンジャーバンクが抱える課題と将来展望について、読者の皆様のご理解の一助になれば幸いです。

2020年8月　可児　滋

目 次

はじめに ………………………………………………………………………… 2

序章 **チャレンジングスピリットが生んだ**
チャレンジャーバンク ……………………………………… 12

① Starling Bank の創業者 Anne Boden　　12
② 金融危機後の伝統的金融機関のスタンス　　13
③ Starling Bank の設立と展開　　14
④ Starling Bank のミッション　　16
⑤ 新型コロナウイルスと Starling Bank　　17

第1章 **チャレンジャーバンクとは？** ……………………… 19

① チャレンジャーバンクと FinTech　　19
② チャレンジャーバンクの挑戦　　20
③ ネオバンク　　21

第2章 **チャレンジャーバンクの特徴** ……………………… 24

① 柔軟で低コストのシステム構築で先端のテクノロジーを活用　　24
② 実店舗を持たないネットバンク　　25
③ モバイルバンキング：「ポケットの中の銀行」　　27
④ コンタクトセンターによる顧客満足度向上に注力　　28
⑤ 手数料の無料・低率化、高金利預金　　29
⑥ 照準とするユーザー：ミレニアルと金融弱者　　29
　　（1）ミレニアル世代
　　（2）中小企業等

⑦ ブティックバンク−特定の分野に強み　　32

⑧ ユーザーインターフェイス (UI) 、ユーザーエクスペリエンス (UX) 、
　パーソナライゼーションの重視　　33

⑨ ユーザーに対する利便性の高いサービスの提供　　34

⑩ 顧客データの有効活用　　35

第3章　チャレンジャーバンクが台頭した背景 ……………… 36

① デジタルバンキングとスマホの普及　　36

② 規制の緩和　　38
　（1）英国の金融界への新規参入促進策
　（2）米国の動向

③ 金融包摂―金融弱者を救うモバイルバンキング　　51
　（1）"Banking is necessary, banks are not."
　（2）金融包摂とは？
　（3）中国のチャレンジャーバンクと金融包摂

④ ESG 、SRI の推進　　60

第4章　オープンバンキング …………………………………… 66

① オープンバンキングとは？　　66

② API　　67
　（1）API と銀行 API
　（2）オープン API
　（3）英国のオープンバンキングとオープン API
　（4）EU の PSD2 と GDPR

③ 銀行 API の具体的な活用方法　　74

第5章 主要なチャレンジャーバンク、ネオバンク ……………… 77

① 英国：チャレンジャーバンク発祥の地　77
　（1）Starling Bank
　（2）Tandem
　（3）Monzo
　（4）Metro Bank
　（5）Atom Bank
　（6）Monese
　（7）OakNorth
　（8）Revolut
② ドイツ　97
　（1）N26
　（2）Fidor Bank
　（3）solarisBank
③ 米国　108
　（1）Chime
　（2）Varo Money
　（3）Aspiration
　（4）Moven
　（5）Simple
　（6）Square
④ 中国　119
　（1）WeBank（微衆銀行）
　（2）MYbank（网商銀行）
⑤ 韓国　133
　kakaobank
⑥ ブラジル　139
　Nubank

第6章　チャレンジャーバンクの主要オペレーション …… 143

① 口座の開設　　143
　（1）口座開設ができる資格者
　（2）口座開設の手続き
　（3）口座開設の所要時間と手順

② 英国の当座預金口座移管促進策　　147
　（1）当座預金口座の移管の容易化
　（2）当座預金口座の比較の容易化

③ デビットカード、クレジットカード　　149
　（1）キャッシュカード、デビットカード、クレジットカード
　（2）デビットカード、プリペイドクレジットカードの具体例
　（3）魅力あるカードのデザイン
　（4）即時通知機能
　（5）複数のカードの一括管理：Curve
　（6）クレジットカード
　（7）CVVコード

④ 入出金、支払　　158
　（1）入金
　（2）出金、支払

⑤ 預金　　160
　（1）預金口座の種類
　（2）プレミアム口座の具体例
　（3）ビジネス用口座
　（4）定期預金、CD

⑥ 融資　　164
　（1）個人向け融資
　（2）中小企業向け融資

⑦ 送金、外国為替　169
　（1）国内送金
　（2）外国為替、外国送金
⑧ 仮想通貨取引　176

第7章　ITとチャレンジャーバンク ················· 177

① ビッグデータ　177
　（1）ビッグデータの3V
　（2）ICTの進展、普及とビッグデータ
　（3）チャレンジャーバンクによるビッグデータの活用
② 人工知能　181
　（1）人工知能とディープラーニング
　（2）チャレンジャーバンクによるAIの活用
③ クラウド　186
　（1）クラウドコンピューティング
　（2）金融機関のクラウド活用に関する英国当局のスタンス
　（3）チャレンジャーバンクのクラウド活用例
　（4）伝統的な銀行とクラウド
④ ブロックチェーン　195
　（1）伝統的なシステムとブロックチェーンの相違点
　（2）ブロックチェーンの特性
　（3）チャレンジャーバンクによるブロックチェーンの活用
⑤ セキュリティ　199
　（1）オンライン本人認証
　（2）PINコード
　（3）バイオメトリクス認証
　（4）2要素認証、多要素認証
　（5）カードのセキュリティ

第8章　伝統的な銀行の逆襲 ·············· 208

① 伝統的な銀行の強み：信任　209
② 「競争と協働」の展開　210
③ 伝統的な銀行はチャレンジャーバンクにいかに向き合うか？　211
　（1）伝統銀行のリテール向けモバイルバンキング新設
　（2）伝統銀行の企業向けモバイルバンキング新設
　（3）投資銀行のリテール向けデジタルバンキング新設
　（4）伝統的な銀行が既存のデジタルバンキングを拡充
　（5）伝統的な銀行とチャレンジャーバンクとの協働
　（6）伝統的な銀行によるチャレンジャーバンクの買収

第9章　チャレンジャーバンクの飽くなき挑戦 ·············· 229

① 信任の獲得　230
　（1）現状
　（2）対策
② 収益力の強化　232
　（1）現状
　（2）対策
③ 資本基盤の強化　240
④ APIの活用によるサードパーティとの提携　244
　（1）オープンAPIとBaaS、BaaP
　（2）具体例
⑤ 国際化戦略　249
　（1）N26
　（2）Revolut
　（3）Moven
　（4）Nubank

📱))) コラム

第2章

- ▨ オンラインバンキング、デジタルバンキング、
  ネットバンキング、モバイルバンキング　26
- ▨ nomophobia（ノモフォビア）　27
- ▨ ミレニアル世代　31

第3章

- ▨ 中国のモバイルバンキング　37
- ▨ モバイルバンキングとモバイル決済　49
- ▨ 新型コロナウイルスとビル・ゲイツ　52

第5章

- ▨ AI（Analytical Intelligence、分析頭脳）　95
- ▨ ネットワーク効果　105
- ▨ モジュラー　106
- ▨ 紅包とWeChat、QQ、Alipay　120

第6章

- ▨ コンタクトレス決済　151
- ▨ CVVコード　157
- ▨ 当座預金と普通預金　161
- ▨ 英国の送金システム　171
- ▨ カスタマーレートとインターバンクレート　174
- ▨ Transferwise（トランスファーワイズ）　175

第7章

- ▨ 構造化データと非構造化データ　178
- ▨ WeBankのABCD戦略　198
- ▨ パスワードクラッキング　202

第8章

■ Finnの誕生と挫折　213

■ 2025年の崖　223

■ 土管化　226

第9

■ スタートアップの資本調達　242

■ 単一パスポート制度　249

脚注 ⋯⋯⋯⋯⋯⋯⋯⋯⋯⋯⋯⋯⋯⋯⋯⋯⋯⋯⋯⋯⋯ 252

参考文献 ⋯⋯⋯⋯⋯⋯⋯⋯⋯⋯⋯⋯⋯⋯⋯⋯⋯⋯ 258

序　章

チャレンジングスピリットが
生んだチャレンジャーバンク

（1）　Starling Bank の創業者 Anne Boden

　英国のモバイルオンリーバンクである Starling Bank の創業者 Anne Boden は、ウェールズのスウォンジーで製鉄会社の作業員として働く父と地元百貨店の店員として働く母の間に 1 人娘として生まれました[1]。

　Boden 家は決して裕福な家庭ではなく、毎週末になると 3 人が食卓を囲んで、翌週の支出対象と支出金額についてどのようにやりくりをするか、の家族会議が行われるという状況でした。

　Boden は、地元の高校からテクノロジー分野で有名なスウォンジー大学に進学して、AI をはじめとするコンピュータサイエンスと化学を専攻しました。ちなみに、彼女が属するクラスには 60 名の学生が在籍していましたが、そのうち女性はわずか 3 人でした。

　そして、1981 年に大学を優秀な成績で卒業する際に、彼女は化学の研究者としての途に進むことを考えていましたが、母親からとにかく確実に給料がもらえる銀行員になった方が良いとの強い勧めがあり、英国名門のロイズ銀行に入行することとしました。

　Boden は、ロイズ銀行が当時、コンピュータシステムに力を入れ始めたという噂を聞いたことから、コンピュータサイエンティストとしてのエキスパータイズを生かすことができると考えて同行を就職先に選びましたが、実際、入行するとすぐに支店に配属され、そこで与えられた仕事は窓口で顧客に対応するテラーの仕事でした。

　しかし、その後しばらくして本店に転勤となり、そこでは英国で最初の即時決済システムである CHAPS（清算機構自動決済システム）の開発に携わ

り、Bodenは持てるスキルを遺憾無く発揮しました。

　そして、1985年にロイズ銀行を退職後は、スタンダードチャータード（英）、UBS（スイス）、ABNアムロ（オランダ）、RBS（スコットランド）を経て、2012年にアイルランドの大手銀行であるAllied Irish銀行のCOOに就任しました。

②　金融危機後の伝統的金融機関のスタンス

　当時は、2008年のグローバル金融危機後で、当局から巨額の資本注入を受けていたAllied Irish銀行は、その後始末と業績回復への手掛かりをつかむのに忙殺されていました。

　一方、世の中ではデジタル化が進行して、買い物をするのにAmazonを使い、検索や閲覧をするのにGoogleを使い、音楽を聴くのにiTuneを使うというように、人々の生活がパソコンやモバイルアプリを中心に動く、といった傾向が急速に強まりました。

　こうした状況を眺めてBodenは、ユーザーと銀行との間の主要なチャネルは、実店舗や電話から、パソコンやモバイルアプリに移っていくと予想しました。

　しかし、伝統的な銀行を渡り歩いてきたBodenがいみじくも「金融危機後も、銀行の連中は誰もが300年続けてきたことを同じように繰り返そうとしている」と述懐するように、金融機関はとにかくグローバル金融危機が生じる前の状態にビジネスを戻すことに専念していました。その結果、金融界は他の産業界で進行するデジタル化の流れに大きく後れを取ることとなり、こうした状況を肌身で感じた彼女は、銀行を根源から改革する必要があることを確信しました。

　Bodenは2013年にAllied Irish銀行を退職しました。そして当時、世界で最もイノベーティブとみられていた銀行をいくつか訪問して多くの経営陣から聞き取り調査を行いました。しかし、そうした銀行も規制を遵守するためにレガシーシステムを継ぎ接ぎしながら必要最低限の機能を追加するとか、コスト削減のために強引に物件費や人件費を切り詰めるという糊塗策を講じる

ことに終始して、肝心のビジネスモデルを再構築することを怠っているといった実情にありました。

そこでBodenは、訪問した先々の銀行の経営陣に金融界の改革の必要性を強く訴えました。しかし、Bodenは経営陣の面々から、「営々と構築してきた巨大な金融システムを大きく変えることは土台無理だ」とか、「絵空事を唱えてみても無駄な話だ」、さらには「とても正気の沙汰とは思われない」と強烈な反発に会い、彼女の主張に耳を傾ける者は1人たりともいませんでした。

③ Starling Bankの設立と展開

伝統的な銀行のこうした経営スタンスを目の当たりにして、彼女は、金融の在り方を抜本的に変革するには、リスクは大きいものの残された手段はただ1つ、と考えました。

その手段とは、新しい銀行を設立することです。

これには、周辺から「すでに銀行は余るほどあるのにどうして新たに銀行を作る必要があるのか」とか、「現在ある銀行を変えればよいのではないか」、「仮に銀行を新設するにしても、既存の銀行のシステムを借りれば安く上がるのではないか」等々の声が湧き起こりました。

しかし、こうした声にBodenは頑として立ち向かい、むしろ、まったく新しいコンセプトとシステムを持つ銀行を立ち上げたいとする彼女のチャレンジングスピリットは、ますます燃え上りました。

2014年、ロンドンにモバイルオンリーバンク、Starling Bankが誕生しました。創業者は、もちろんAnne Bodenその人です。当時、彼女は55歳でした。Starling設立の所要資金の一部は、彼女がスウォンジーに持っていた自宅を売却して捻出しました。

当時の英国においては、金融界の幹部は中高年の男性陣が、またFinTech界のスタートアップは若手の男性陣が牛耳っていました。しかし、金融とテクノロジーのエキスパータイズを兼ね備えたBodenは、金融改革を実行するには自分こそが適時において適材適所である、との認識で自分を奮い立たせながら、まったくの白紙からStarlingを立ち上げ、そのトップとしてエネル

ギッシュに活動しました。彼女はこう述べています。

「金融の世界では、女性は少数だ。ITの世界でも、女性は少数だ。まして や起業家の世界では、女性はごく少数しかいない。これは、まったく異常と いうほかない。」

「金融危機の再来を回避するためにはdiversityが不可欠だ。金融危機は、同 一の思考方法を持ち、チャレンジングスピリットに欠けた人々により引き起 こされた。思考のdiversity、スタッフのdiversityなくして、金融界は多種多 様なユーザーニーズに的確に応えていくことはできない。」

さらに、BodenはStarling創設にあたって経験した苦労を次のように表現 しています。

「これまでまったく存在もしなかったようなことを新たに生み出すことは、 怖いこと、大変なことに違いない。しかし、それを怖い、大変だと思う時こ そ、本当は素晴らしい仕事をしている時なのだ。私はそう思ってこれまで頑 張ってきた。」

実際のところ、Starlingの成長の道程は順風満帆というには程遠い多事多 難なものでした。

Bodenが最大の難局を迎えたのは、2015年、CTO（テクノロジー最高責 任者）とCRO（リスク管理最高責任者）が数人のスタッフとともに、のちに StarlingのライバルとなるMonzoを立ち上げるために退職した時のことです。 これをみて、メディアはこぞって、主要幹部を突如として欠くことになった Starlingが存続の危機に瀕している、と大々的に報じました。

しかし、Bodenは、新たに競争相手ができることはStarlingにとってむし ろ好ましいことだ、と泰然と構えてこの難局を見事に乗り越えます。

その後、Starlingは、2016年に金融当局から銀行免許を取得して正式にチ ャレンジャーバンクとなりました。そして、Starlingに続けとばかり、雨後 の筍のごとく次から次へとチャレンジャーバンクが誕生することになったの です。

④　Starling Bank のミッション

　Boden の信念は、Starling をできるだけ多くの人々に、最も安い料金で、最も質の高いサービスを提供する銀行にする、というものです。

　こうしたミッションを持つStarling は、モバイルオンリーバンキングを打ち出したのみならず、次々と伝統的な銀行にはみられないサービスをユーザーに提供しました。これには、Starling が数多くのユーザーの要望を丹念に聞き取ったという背景があります。そうした地道なリサーチの結果、多くのユーザーが抱えている強い不満の1つに、伝統的な銀行が課する手数料が不透明であり、また高いことにある、という実情が明らかとなりました。

　そこで、Starling はたとえば、口座開設・維持手数料や海外でのカード使用・現金引出手数料、紛失したデビットカードの再発行手数料を無料にするとか、国際送金を伝統的な銀行の手数料はもとより TransferWise の料金よりも格段に低い手数料で行う等、各種手数料の無料化、低料金化を打ち出しました。

　また、Boden は「人々にとって最も大切なことは自分や家族の健康であり、次に大切なことはお金の健康である。多くの人々は、体のストレスに加えてお金のストレスを抱えている」として、アプリを使って、ユーザーのお金の管理と健康をコンセプトとしたPFM（個人の金融管理）のツールを提供して、ユーザーエクスペリエンス(UX)の向上に注力しています。

　こうした手数料やPFM に関するサービスは、ユーザーの間で好評を博して、後続するチャレンジャーバンクの間でも Starling に類似のサービスを提供することがごく一般的となっています。

　なお、Starling は、2017 年にweb サイトのカスタマーレビューの投票で英国におけるベストバンクに選出されています。

　さらに、Starling は、API エコノミー戦略を推進して、ユーザーが Starling のアプリを使ってサードパーティが提供する保険商品や年金ファンド、不動産ローン等にアクセスできるサービスとか、Starling マーケットプレースの開設によりサードパーティが Starling のインフラを使用してB2B でバンキングと決済機能を利用することができるサービスを提供しています。

　Starlingは、数多くのユーザーに人気のあるチャレンジャーバンクとして、2019年末には1百万人が口座を保有し、10億ポンドを預金しています。

　また、Starlingは、個人向けだけではなく中小零細企業に対しても金融サービスを提供しています。Bodenは、次のように述べています。

　「現実をみると、中小零細企業の経営者が銀行と取引を始めようとすれば、銀行のマネジャーと長々と話さなければならない面談が必要となる。

　そこで、Starlingは、モバイルのアプリを使って10分以内で法人口座を開設できて、その後の取引もすべてアプリで完結できるようなサービスを提供している。」

　このように、Starlingは、個人にも企業にも、スピーディで、スムーズに、そして透明性の高いサービスの提供を指向しています。

⑤　新型コロナウイルスと Starling Bank

　英国も、新型コロナにより、多くの中小零細企業主が会社の経営難に陥っています。

　Bodenは、自分自身がアントレプレナーであったことから、新型コロナで大打撃を受けている中小零細企業の経営者が直面する困難とストレスは痛いほど良く分かる、としています。彼女は、次のように述べています。

　「こうした中小零細企業の経営者は、自分の貯金を取り崩して会社に投入していることは勿論のこと、自分の心魂をも会社に投入しているのだ。彼らにとって、会社は生活の糧を得るというよりも、彼らの命そのものなのだ。

　Starlingは、資金手当てに四苦八苦している中小零細企業主に対して、政府が制定した休業補償融資と復興支援融資を実施して彼らを支援するという重要な責務を負っている。金融機関の中にはこのスキームにより融資することはリスキーであるとして消極的な向きもある。しかし、Starlingのミッションが中小零細企業のための融資である以上、仮に制度融資を行うことでStarlingが不利益を被ろうと、われわれは何らの躊躇なく本腰を入れて融資の実行に取り組む意向である。

　現状、Starlingに膨大な数に上る中小零細企業主から融資の申し込みが殺

到している。しかし、これまでStarlingが新たなスペックを持つ融資等をローンチする場合には、最初は小規模で実施してそれが成功すれば漸次ソフトウエアの手直し等により規模を大きくするという手法を採ってきており、休業補償融資と復興支援融資のように、当初からいきなり多くの借り手を対象にすることには、いささかの不安がある。しかし、中小零細企業主の苦しみを一刻も早く軽減するためにStarlingは組織を挙げて注力するつもりだ。

　この危機の時期に何かと理由を付けて融資を渋り、その結果、多くの中小零細企業主の資金繰りが窮することになるような事態はどんなことがあっても回避しなければならない。

　われわれは、後から振り返ってみると、この時期は、金融機関と金融テクノロジーが金融当局と共に協働して英国の何百万という中小零細企業を救って偉大な英国のビジネスを復活させた歴史的な瞬間であった、と誇りを持って語り継ぐことができるよう、全力を投入する意向である。」

　以上みてきたように、英国のモバイルオンリーバンクであるStarlingは、チャレンジングスピリットこそがチャレンジャーバンクの生みの親であること、そしてチャレンジャーバンクが立ち上がった後も、たゆまないチャレンジングスピリットが重要であることを証明しています。

　本書の各章では、Starlingを含むさまざまなチャレンジャーバンクについて、単に各々のプロファイルをサイロ的に記述するのではなく、横串を刺して、その特徴、機能、課題等を創業者の熱き想いを織り込みながらみていくことにします。

第1章

チャレンジャーバンクとは？

① チャレンジャーバンクとFinTech

　デジタルテクノロジーは、さまざまな産業界のビジネスの在り方を大きく変革しましたが、金融業界もその埒外ではあり得ません。

　インターネットやスマホの普及に代表されるITの進展、普及から、ユーザーが金融サービスに求めるニーズも、多種多様化し、ユーザーはいつでもどこからでも低コストでスピーディな金融サービスを享受することができるユビキタスの環境を求めています。

　特に、スマホの機能が格段に向上した結果、いまや電話機能付きコンピュータということができるまでとなり、ミレニアル世代を中心として、デジタルの世界で新たなユーザーエクスペリエンス(UX)を体験する期待が高まっています。

　そして、こうしたニーズや期待に応える形で、最新のITを活用して伝統的な金融機関が提供していないような新たな価値を顧客に提供する金融ベンチャーが出現しています。それが、チャレンジャーバンクです。こうした金融ベンチャーは、金融(Finance)とIT（Technology)を融合したビジネスを展開するベンチャーであり、FinTechスタートアップの1形態であるということができます。

　チャレンジャーバンクは、ユーザーの個々のニーズをきめ細かく吸い上げたイノベーティブな金融サービスを提供することにより、従来の銀行との差別化を図っています。すなわち、チャレンジャーバンクは、先進的なテクノロジーが生み出すイノベーションが可能としたカスタマーセントリックなビジネスで、金融の創造的破壊のフロンティアを走っています。

　そして、チャレンジャーバンクの大きな特徴は、ユーザーとの間をつなげる主要なチャネルが、実店舗ではなくデジタルデバイス、就中スマホにある点です。このように、デジタルファースト、モバイルファーストのチャレンジャーバンクでは、アプリの機能のみならずモニター画面のデザインに数々の工夫を凝らしてモダンなユーザーインターフェイス（UI）を実現して、ユーザーが賢明にかつ楽しく資金管理を行うことができるよう、サポートをしています。

② チャレンジャーバンクの挑戦

　チャレンジャーバンクは、当局から銀行ライセンスを取得して、オープンAPIやクラウド、AI等、最新のテクノロジーを駆使して伝統的な銀行にはない新たな価値を持つ金融商品・サービスをユーザーに提供して、ユーザーエクスペリエンス（UX）の向上を図ります。

　なお、チャレンジャーバンク発祥国である英国で銀行ライセンスを得るためには、金融行為監督機構（FCA；Financial Conduct Authority）と健全性規制機構（PRA；Prudential Regulation Authority）の認可を取る必要があります。

　そして、預金は、英国金融サービス補償制度により8万5千ポンドまでを上限として補償されます。これは、EUでも預金保険制度により10万ユーロまで補償されるというように、他国でも銀行ライセンスを取得した銀行に預入した顧客の預金は一定額まで預金保険制度により補償されることとなります。

　チャレンジャーバンクの大きな武器は、先進的なテクノロジーを活用することにより、特にモバイルアプリを使いこなしているミレニアル世代のニーズをきめ細かく吸い上げることにあります。こうした世代は、ちょうどスマホでeメールを送ったりニュースをみたり音楽を聴いたりすると同様、スマホにダウンロードしたアプリを使ってさまざまな金融サービスを享受したいとのニーズを持っています。

　また、チャレンジャーバンクのもう1つの強みは、実店舗を持たないこととリーンなシステム構築による固定費の節減等から、無料で各種サービスを

提供するとか預金に高い金利を付けることができる点にあります。

③ ネオバンク

　チャレンジャーバンクに似たFinTechスタートアップに、やはりモバイルバンキングを強みとするネオバンクがあります。

　チャレンジャーバンクは、規制上のさまざまな要件を充たしてはじめて規制当局から銀行ライセンスを取得することが可能であり、それ自体が大きなチャレンジとなります。すなわち、チャレンジャーバンクが銀行ライセンスを取得するためには、充実したマネジメント陣や強固な資本基盤、厳格なリスク管理体制、セキュアで必要十分なキャパシティを持つシステム、それにこうした諸条件を前提とした実現可能なビジネスプランが必要となります。

　一方、ネオバンクは、チャレンジャーバンクとは異なり、銀行ライセンスを取得していません。したがって、ネオバンクは銀行ライセンスを保有する既存の銀行と事業提携や協業をすることで、ユーザーに対して決済をはじめとするさまざまな金融サービスを提供します。一方、既存の銀行からみた場合には、ネオバンクと提携することにより、潜在的なユーザーを獲得することができます。

　ネオバンクは、銀行ライセンスの取得に高いハードルがある米国で多くみられています。

　なお、本書の以下の記述では、チャレンジャーバンクは、基本的にネオバンクを含めた広義のチャレンジャーバンクを意味し、特にチャレンジャーバンクとネオバンクを区別する必要がある場合にのみ、ネオバンクの用語を使用することにします。

　ネオバンクでは、許認可や資本規制等の対象となる金融サービスについては、すでにそうした要件を具備している金融機関との業務提携等によりカバーすることが期待できます。また、顧客の預金については提携した銀行に預ける形となり、したがって預金保険制度により一定額まで補償されることとなります。

　ネオバンクのネーミングは、ユーザーインターフェイス（UI）が実店舗から

デジタルバンキング、モバイルバンキングへ変革することを象徴しています。すなわち、ネオバンクのネオには、単に新しい（ニュー）ということではなく、過去から存在してきたものが変革するという意味合いがあり、ネオバンクは、伝統的な金融機関が提供してきた金融サービスを変革することを指向しています。

　ネオバンクのビジネスモデルは、提携金融機関のプラットフォームを活用することにより独自のユーザーインターフェースを構築します。そして、ユーザーはスマホ等のモバイルを使ってネオバンクが提供する金融商品・サービスを利用することができます。

　このように、ネオバンクはチャレンジャーバンクと同様、ユーザーの潜在的なニーズをきめ細かく汲みとり、ITの活用により金融サービスを提供するといった形でユーザーの利便性向上に大きな役割を果たしています。

　また、ネオバンクは既存の銀行とユーザーの間に立って、ユーザーの銀行に対する決済指図の伝達や、銀行の口座情報のユーザーへの提供といったサービスを提供するというように決済等の代行もビジネスとして展開します。この場合、ネオバンクのビジネスモデルは、伝統的な銀行（B）⇔ネオバンク（B）⇔顧客（C）というB2B2Cのパターンとなります。

　なお、Variant Market Researchによると、チャレンジャーバンクとネオバンクの市場規模の2017年から2025年の年平均成長率は45.8％で、2025年には3億5,600万ドルに達すると予測しています（図表1）。

【図表1】チャレンジャーバンクとネオバンクの市場規模の推計 （2017年～2025年）

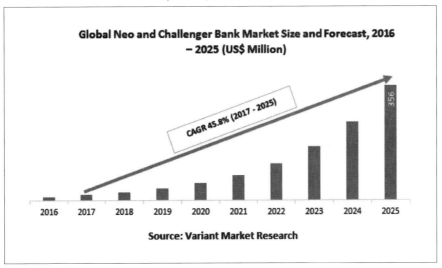

（出所）Variant Market Research
"Neo and Challenger Bank Market 2016 – 2025" 2018.1

$$\boxed{\text{第2章}}$$

チャレンジャーバンクの特徴

　ユーザーは、いつでもどこでも、自分のニーズにフィットした金融商品・サービスが低コストで得られることを望んでいます。

　チャレンジャーバンクは、まさしくこれに応えるべく、先進的なテクノロジーとデジタルチャネルを駆使して、ユーザーエクスペリエンス (UX) を向上させるという明確な目標を持っています。とりわけ、チャレンジャーバンクは、よりスピーディに、よりコスト効率良く、よりきめ細かに、よりユーザーセントリックに、ユーザーが持つさまざまな潜在的なニーズを汲み取るところに強みがあります。そして、この強みがチャレンジャーバンクに欠くことができない共通の特徴となっています。

　以下では、こうしたチャレンジャーバンクの特徴を10項目にまとめました。また、ここで述べた特徴点の詳細は、第5章主要なチャレンジャーバンクと、第6章チャレンジャーバンクの主要オペレーションで具体例をあげて記述しています。

① 柔軟で低コストのシステム構築で先端のテクノロジーを活用

　チャレンジャーバンクが持つ最大の強みは、伝統的な銀行のようにレガシーシステムを持つことなく、白紙から最新のテクノロジーを活用してユーザーにデジタルサービスを提供することができる点にあります。

　具体的には、チャレンジャーバンクは、レガシーインフラの巨大なネットワークをオーバーホールすることなく、新設のプラットフォームを使って、転々と変化をみせるユーザーニーズに柔軟に対応して、よりスピーディに革新的な金融商品・サービスをアジャイルに開発して、ユーザーに提供するこ

とができます。

　このように、チャレンジャーバンクは、堅牢なシステムを構築している伝統的な金融機関と異なり、最先端のテクノロジーを活用して低コストで高性能のシステムを構築して、各種各様のユーザーニーズに弾力的、迅速に対応することができるという強みがあります。

② 実店舗を持たないネットバンク

　既存の銀行が持つ主要なレガシーアセットには、上述のシステムのほかに、もう1つ実店舗があります。

　大半のチャレンジャーバンクは、ネットオンリーバンキングで、実店舗を持ちません。そして、チャレンジャーバンクとユーザーとの間で行われる金融取引の主要なチャネルは、スマホ等にダウンロードしたモバイルアプリとなります。

　まさしく、ユーザーは、銀行の店舗の代わりに、自分のポケットのなかに銀行を入れて歩き回っているということができます。

　実際にも、ミレニアル世代を中心にして銀行の店舗まで出かけて行ってさまざまな手続きをすることに要する時間と手間を嫌うユーザーが少なくありません。また、ITのデバイスに慣れ親しんでいるユーザーのなかには、銀行のスタッフと会話をしながら金融サービスの説明を受けるのを煩わしいと感じている向きもあるでしょう。

　チャレンジャーバンクのセールスポイントは、まさしく、伝統的な銀行の提供する金融サービス以上のベネフィットが実店舗に行くことなく得られる、というユーザーエクスペリエンス（UX）の向上にあります。

　もっとも、チャレンジャーバンクでも、英国の Metro Bank や Virgin Money のように実店舗とデジタルの双方のチャネルを使って金融サービスを提供しているケースがあります。こうしたリアルの店舗を展開するチャレンジャーバンクでは、ユーザーとの親密度を高めるためにさまざまな工夫を行っています。

　たとえば、Metro Bank は、実店舗のネットワークで、平日の営業時間延長

や土曜日や祝日の営業等のユーザーサービスを提供することにより、差別化を図っています。

📱🔊 コラム 　**オンラインバンキング、デジタルバンキング、ネットバンキング、モバイルバンキング**

　オンラインバンキングとデジタルバンキングは、パソコンやモバイルを使って金融サービスを提供するものとして同義として使われますが、オンラインバンキングはパソコンを使用するのに対して、モバイルバンキングはスマホ等のモバイル端末を使用するものとして区別することが少なくありません。

　また、オンラインバンキングは、預金口座の残高照合、振替等、基礎的な金融サービスを提供する一方、デジタルバンキングは、こうした基礎的な金融サービスのほかに、ユーザーの金融収支の管理（PFM）やデビットカードの取扱等、総合的な金融サービスの提供を意味する、として区別することもあります。

　なお、ネットバンキング（インターネットバンキング）は、オンラインバンキングやデジタルバンキングと同義です。

　また、モバイルバンキングで使われるデバイスには、スマホ、ガラケー、タブレット等がありますが、チャレンジャーバンクが念頭に置いているのは、主としてスマホのユーザーです。

　パソコンを使うにしても、スマホを使うにしても、デジタルバンキングは、ユーザーが実店舗に出向くことなく、「指先」で金融サービスを受けることができるイノベーションであるということができます。

---

③ モバイルバンキング：「ポケットの中の銀行」

英国における調査によると、スマホやパソコンを使ってデジタルバンキングを行っている割合は2007年では30％であったのが、2018年には69％と倍増しています[1]。また、デジタルバンキングで使用されるデバイスは、スマホが圧倒的な多数を占めています。

そして、2020年初の時点で、英国民の25％が実店舗がなくデジタルオンリーの銀行口座を持っています[2]。これは、1年前と比べて15％の増加であり、2025年までに新たに15％がデジタルオンリーの銀行口座を持つと予想されています。

また、2021年中に英国でモバイルバンキングを使うユーザーの数が銀行の実店舗を訪れるユーザーの数を凌駕するとみられています[3]。そして、2024年までに英国の7割を超えるユーザーがモバイルバンキングを使い、銀行の実店舗を訪れるユーザーは半減すると予想されています。実際のところ、英国における銀行の店舗数をみると、1988年に20,500あった実店舗は、2018年末には7,586に減少しています。

📱))) コラム　**nomophobia（ノモフォビア）**

nomophobiaは、no + mobile phone + phobia（恐怖症）を短縮した合成語で、どこにいても常にスマホを持っていないと落ち着かないとか、スマホの電池が残り少なくなりすぐ切れるのではないか常に心配である、というような精神的不安を抱える「スマホ依存症」（smartphone addict、スマホ中毒症）を意味します。

nomophobiaは、ケンブリッジ英語辞典にも掲載されており、スマホの普及により世界中でnomophobiaを抱えるスマホのユーザーが増加しているとみられています。

nomophobiaが深刻化すると、不安症、呼吸の乱れ、震え、発汗、動揺、時間や方向感覚の喪失、頻脈等の症状が現れ、家族や友人等、周りの人々にも

迷惑をかける恐れがあるとされています。

　2019年、米国民がスマホを使用した時間は、1日平均3時間43分で、日中12分おきにスマホをチェック（21歳以下では8.6分に1度）しているとの統計があります。その調査では、男性の58％、女性の47％がnomophobiaにかかっているとの結果になっています[4]。

④ コンタクトセンターによる顧客満足度向上に注力

　チャレンジャーバンクは、実店舗における対面サービスがない以上、それと同等、ないしそれ以上にきめ細かなカスタマーサポートにより顧客満足度（CS）を高めることが求められます。

　実店舗を持たないことのリスクは、ユーザーとの親密度の低下にあります。チャレンジャーバンクでは、このようなリスクを避けるために、極力ユーザーとの接点を緊密にすることに注力しています。その1つが、コンタクトセンターでの対応です。

　従来、顧客等から問い合わせやクレームの受け付けは電話がチャネルとなっており、「コールセンター」と呼ばれてきました。

　しかし、ITの進展によるインターネットの普及から顧客とのチャネルが多様化して、電話という音声通信だけではなく、スマホやタブレットによるeメールとかリアルタイムでのチャット、ツイート等によるカスタマーサポートを行うケースが増加しています。

　こうしたマルチチャネルのもとにあっては、顧客は急ぐ場合には電話やチャットでコンタクトし、複雑な問い合わせで詳細かつ正確な回答を求めるときにはeメールでコンタクトするというように、適宜選択することができます。

　このように、電話だけで対応するコールセンターではなく、さまざまなチャネルでカスタマーとコンタクトする部門は、「コンタクトセンター」とか「カスタマーサポートセンター」と呼ばれています。もっとも、名称はコールセンターであっても実際はマルチチャネルとなっているケースが少なくありません。

　コンタクトセンターの機能は、ユーザーが、チャレンジャーバンクのスタッフと、いつでも、どこからでも、簡単にコミュニケートすることができ、それを受けるサイドも、臨機応変に、かつ親身になって対応して、ユーザーが真に信頼することができる良質なサービスを提供することにあり、延いてはユーザーとの良好かつ長期的な関係を構築して、カスタマーエキスペリエンス (CX) の向上に資する重要な役割を果たすことが期待されています。

⑤　手数料の無料・低料金化、高金利預金

　チャレンジャーバンクは、実店舗を持たないことから物件費や人件費の節減が可能となり、また、システムも白紙からの構築となり伝統的な銀行のようにレガシーシステムに多額のリソースを投入する必要がないことから、それによるコスト節減効果を、ユーザーが支払う各種手数料の無料・低料金化や、高い預金金利の設定に結び付けることができます。

　また、チャレンジャーバンクが共通の特徴としていることは、いつの間にか高い手数料を取られていたということがないように、手数料の透明性を極力高めて、ユーザーがそのサービスを使うかどうかを適切に選択できるように配慮している点です。

　このように、プライシングの設定とその透明性がチャレンジャーバンクが掲げる戦略の1つであり、また、ユーザーにとっての大きな魅力となっています。

　実際にも、ユーザーが、実店舗を持つ銀行よりもデジタルオンリーバンクを選好する主な理由は、便利であることに加えて、預金金利が高いこと、海外でのカード使用料が無料であること等となっています。

⑥　照準とするユーザー：ミレニアルと金融弱者

　チャレンジャーバンクの基本的なコンセプトは、すべてのユーザーにさまざまな金融サービスを提供するユニバーサルバンキングではなく、特定のユーザー層に的を当てて、そのユーザーが既存の銀行では満たされていなかっ

た潜在的なニーズをきめ細かく汲みとり、可能な限りパーソナライズした金融サービスをユーザーにとって快適なデジタル環境で提供する、というものです。

（1）ミレニアル世代

生まれた時から、どっぷりとデジタルデバイスに浸かった環境で育ってきたミレニアル世代は、UberやAmazonのスピーディで便利なサービスに慣れ親しんでいて、あらゆる業界からそうしたサービスが受けられるのはごく当たり前だ、と考えるディマンディングな顧客層です。

こうしたミレニアル世代がスマホをチェックする回数は、1日当たり平均157回という統計もあります[5]。

また、米メディアViacomの子会社が行った調査をもとに作成されたミレニアル・ディスラプション指数によると、調査回答者の18〜33歳のミレニアル約1万人のうちの71％が銀行の店舗に出向いてテラーと話すよりも歯医者に行った方がまだましだ、としており、73％がAmazonやPayPal、Google、Appleが新しい銀行を立ち上げることを待ち望んでいる、としているとの結果が出ています[6]。

そして、回答した約半数が現在取引している銀行が提供する金融サービスは他の銀行と何ら代り映えするところがなく、FinTechスタートアップにより金融業界が刷新されることを望んでいる、としています。また、回答者の3分の1が、先行き3か月以内にいまの銀行を変えたいとしており、さらに将来、銀行は必要でなくなる、と予測しています。

なお、この調査は、15業種73企業を対象にしており、回答者に最もディスラプション（破壊）されそうな業種は何かと聞いたところ、金融業界であるとの結果となっています。

このように、ミレニアル世代は既存の銀行に対して格別強いロイヤルティーを抱いているわけでもなく、名前が良く知られた銀行でなくても特に抵抗感はない顧客層です。

こうしたミレニアル世代の既存の銀行に対する根強い不満と不信感を背景として、チャレンジャーバンクは、挙ってミレニアル世代の潜在的なニーズ

をきめ細かに吸い取って、彼らにとって魅力ある金融サービスの提供に注力しています。

　また、ミレニアル世代だけではなく、ジェネレーションＺもスマホを使いこなす世代として照準にするチャレンジャーバンクが少なくありません。

📱))) コラム　ミレニアル世代

　ミレニアルは、概ね1980〜1995年に生まれた世代をいい、日本では、ながら族と呼ばれる世代に該当します。

　なお、生まれた年により、次のような呼び分けをされています[7]。

【図表1】ミレニアル世代とその前後の世代

ベビーブーマー	1946-1964年生まれ	第2次大戦後のベビーブーム時代に生まれた世代
ジェネレーションX	1965-1979年生まれ	ベビーブーム時代のあとに来た低出生率の時代に生まれた世代
ミレニアル（ジェネレーションY）	1980-1995年生まれ	21世紀初に成人を迎えた世代。パソコン、スマホ、タブレット等を使いこなすテクノロジー革命の申し子で「デジタルネイティブ」とか「常時コネクティド」の世代とも呼ばれる。
ジェネレーションZ	1996-2010年生まれ	21世紀前半に成人を迎える世代。「真のデジタルネイティブ」とか「スクリーンエイジャー」（モニター画面を見て育った世代）とも呼ばれる。

（出所）KPMG LLP "Meet the Millennials" 2017.6をもとに筆者作成

（2）中小企業等

　チャレンジャーバンクの多くは、中小企業やフリーランサー、ノマドワーカー、移住者、低所得層、学生等、従来、既存の銀行から十分、金融サービスを受けられなかったような顧客層をターゲットとしてマーケットシェアを確保することを指向しています。

　このように、チャレンジャーバンクは、伝統的な銀行が追求してきたすべての種類の金融サービスをメニューに載せて顧客に提示するユニバーサルバンキングのビジネスモデルではなく、ニッチマーケットを地道に掘り当てていくビジネスモデルをとっているということができます。

　また、チャレンジャーバンクは、こうした基本的な金融サービスを受けられない顧客層のすべてを対象とするのではなく、自分の強みが生かせる特定の層に絞ってビジネスを展開することが少なくありません。

⑦ ブティックバンク：特定の分野に強み

　デジタル革命が進行している金融業界は、勝者がすべてのマーケットを独り占めにする、という世界ではありません。

　チャレンジャーバンクが目指すバンキングの世界は、各々の持ち味、強みを生かすことができるニッチマーケットを深耕して、各々のチャレンジャーバンクのビジネスに魅力を感じたユーザーを吸引しながら新たな価値を創造する世界です。

　すなわち、多くのチャレンジャーバンクは、すべてのリテールのバリューチェーンを網羅するのではなく、ニッチの分野に焦点を当てた金融サービスを提供しています。

　このように、チャレンジャーバンクは、金融商品やサービスの一部に特化してそれを深掘りするブティックタイプが多く、こうしたチャレンジャーバンクのビジネスモデルは、金融サービスのアンバンドリングを加速するドライバーになっていると考えられます。

　たとえば、英国のビッグ5（バークレイズ、HSBC、ロイズ、RBS、サンタンデールUK）の強みは、寡占による規模の経済ですが、チャレンジャーバン

クは、当座・普通預金、デビットカード、クレジットカード、無担保ローン、カーローン、PFM等のカテゴリーのなかの特定の分野に強みを持っています。

⑧ ユーザーインターフェイス（UI）、ユーザーエクスペリエンス（UX）、パーソナライゼーションの重視

チャレンジャーバンクが特徴とする「ユーザーインターフェイス」（UI）は、特にスマホの使い勝手の良さにあります。

実際にも、多くのチャレンジャーバンクは、支出、預金、送金、さらにPFM等をスマホのアプリでシームレスに提供することを強みとしています。

このように、ユーザーは、標準的なアプリでは飽き足らず、さまざまな機能をひとまとめにした統合的で、パーソナライズされ、そして手間がいらないユーザーインターフェイスを満足させるモバイルアプリを求めています。

そのためには、使いやすいように、webページをモバイルユーザーに魅力のあるデザインとすることがポイントとなります。伝統的な銀行も実店舗と並行してデジタルバンキングを提供していますが、こうした銀行のアプリに比べるとチャレンジャーバンクのモバイルアプリは、より洗練されたものとなっています。また、チャレンジャーバンクが提供するカードのデザインも、ユーザーインターフェイスを向上するうえで極めて重要な役割を演じています。

一方、「ユーザーエクスペリエンス」（UX）は、金融サービスが便利で簡単、スピーディであるという必要条件に加えて、楽しいとか、気持ちが良い、キュート、クールというユーザーフレンドリーな差別化要素を付け加えることが重要となります。ここでユーザーフレンドリーな差別化とは、チャレンジャーバンクがユーザーと共鳴するだけではなく、いかにチャレンジャーバンクがユーザーのことを知っていて親身になって対応しているか、をデモンストレートすることが重要となります。

この点で鍵となる要素が「パーソナライゼーション」です。ユーザー各々の個性が重視される状況にあって、多数の人々をひとまとめにしてターゲットとする従来型のマーケティングではなく、個々人の選好にマッチしたパーソナライゼーションマーケティングがはるかに大きな効果を発揮します。

ユーザーエクスペリエンスの向上には、このパーソナライゼーションが重

要なファクターとなります。さまざまなリサーチにより、多くのユーザーが、自分のニーズにマッチした特別の待遇を期待していることが明らかとなっています。これを裏返していえば、パーソナライゼーションを満たすことができないような企業にはユーザーは魅力を感じず、ユーザーはそうした企業から離反していくこととなります。

さらに、ソーシャルメディアやロケーションデータを活用するサービスの提供もユーザーエクスペリエンスを向上する有力な武器となります。

また、社会的価値観の変化を反映した差別化の重要な要因としてESGやSDGがあり、そうしたコンセプトを経営の軸とするチャレンジャーバンクも存在します。

ユーザーインターフェイスとユーザーエクスペリエンスの相乗効果により、ユーザーがチャレンジャーバンクを愛好するファンとなり、ユーザーとチャレンジャーバンクとの間の絆が強固なものなり、延いてはチャレンジャーバンクがユーザーから厚い信任を勝ち取ることが、チャレンジャーバンクの持続的な成長にとってきわめて重要な要素となります。

⑨ ユーザーに対する利便性の高いサービスの提供

すべてのチャレンジャーバンクに共通する大きな特徴は、カスタマーセントリックな視点を中心軸として金融商品・サービスを提供する、というブレない経営信念が貫かれていることです。

チャレンジャーバンクは、ユーザーが金融サービスに求めるスピーディで、簡単、それでいてユーザー目線から親身になって資金マネジメントにアドバイスを与えてくれる、といったニーズに対応して、さまざまな施策を講じています。

たとえば、チャレンジャーバンクに口座を開設する手続きは、店舗に出向いてカウンターの前にできた列に加わって順番を待つ必要は無く、簡単にスマホ等で済ますことができるケースがごく一般的となっています。また、そのスピードは、チャレンジャーバンクが分刻みで競っています。

そして、口座開設が行われた数日後に自宅にデビットカードが郵送される

ことになります。

　一方、PFM（個人の資金マネジメント）では、まさしく痒いところに手が届くようなサービスが提供されています。カード社会の欧米では、とかく過剰消費になりがちで、また若者を中心に貯蓄意識が低い状況にあります。こうしたことから、現時点の当座預金口座の残高をワンタップでチェックできることはもちろんのこと、当座貸越の状況に接近したら警告を発するとか、現時点までの消費状況をカテゴリー別にして既往の消費動向と対比することにより、使い過ぎを警告するとか、先行き旅行とか、結婚式、車の買い替え、家のリフォーム等、大きな支出予定がある場合には別勘定を設定して、それに備えてコツコツ貯蓄ができるようにする等、さまざまな側面からパーソナライズされたPFMのサービスを提供して、個人の生活面に密着した形でマネーライフをサポートしています。

⑩ 顧客データの有効活用

　金融業は、膨大な情報を取り扱うデータドリブン産業に属する業種であり、金融と情報はきわめて密接な関係にあります。

　チャレンジャーバンクは、ユーザーがスマホ等を通じて各種取引を行うデータを有効活用します。

　それには、ユーザー自身にデータをフィードバックしてユーザーの活用に供する側面と、チャレンジャーバンク自身が、ユーザーの取引をビジネスの促進に活用する側面があります。

　前者の例は、PFMでよくみられるサービスです。たとえば、Starling Bankは、ユーザーのデータを銀行のために使うという発想ではなく、あくまでもユーザーがいかに有効に資金を使うか、のために使うとしています。

　また、後者の例は、データを分析して、ユーザーの信用格付けを行い融資審査に生かすとか、ユーザーニーズにマッチした金融商品・サービスの提供を行うといったケースがあります。

チャレンジャーバンクが台頭した背景

　チャレンジャーバンクが台頭した背景には、国によりさまざまな要因がありますが、そこでみられる究極的な共通点は、「真にユーザーニーズにマッチした革新的な金融サービス、ユーザーエクスペリエンスを満足させる金融サービスを提供する銀行を創設する」というユーザーファーストをコアとする経営理念です。

　これを裏返してみれば、それだけ既存の金融界は個々のユーザーニーズにマッチした利便性のある、コストが安くデジタル時代に適応するような金融サービスを提供していない、とのユーザーの不満が潜在している、ということができます。これは、特にチャレンジャーバンク発祥国である英国の大手銀行や、中小零細企業や個人のファイナンスに消極的な中国の国立銀行にいえることです。

　以下では、チャレンジャーバンクが台頭した背景をややブレークダウンしてみることにします。なお、チャレンジャーバンク台頭の大きな要因として「オープンバンキング」がありますが、これは次の第4章で詳述することにします。

① デジタルバンキングとスマホの普及

　デジタルバンキングの台頭から、モバイル専門のチャレンジャーバンクが現れることはごく自然の展開ということができます。

　モバイルバンキングのユーザーは、いわば、ポケットの中に銀行の店舗を入れているような感覚でスマホを使いこなしていて、実にスマホはいまやユーザーが金融サービスを受ける主要なチャネルの1つとなっています。

　Citiが2018年に行った調査によると、米国民に最も幅広く使われているアプリの1つがモバイルバンキングであるとの結果が出ています[1]。それによると、第1位がソーシャルメディアのアプリ、第2位が天気のアプリ、そして第3位がモバイルバンキングのアプリとなっています。

　また、この調査によれば、過去1年間でユーザーの約半数、ミレニアル世代の約3分の2がモバイルバンキングのアプリの使用頻度を増やしていて、アプリにログインするタイミング（複数回答）は、居間のソファが4分の3、ベッドが5割弱、仕事中が4割弱となっており、ミレニアル世代の2割弱がデート中と回答しています。

　そして、調査対象の9割を超えるユーザーが銀行の実店舗に行くよりもスマホを選好し、ミレニアル世代の7割近くが、スマホを財布代わりにしている、としています。

　スマホを金融サービスに使う場合に、単に口座の残高をみるとかATMの所在地を調べる等、金融に関連した情報を得るといった使い方から、支出、預金、送金といった取引やPFM等に活用されるように広がっています。

　ユーザーに対していつでも、どこでも、低コストで、さまざまな金融サービスを提供するといったモバイルバンキングの利便性は、なにも個人だけのためのものではありません。特に、各種取引を少額かつ高頻度で行う中小零細企業や個人営業主にとっては、スマホで金融取引ができることは、経営の効率性向上に大きく寄与します。

　また、チャレンジャーバンクがアプリを通じて提供するキャッシュフローマネジメント等のサービスは、特に中小零細企業にとって重要な資金繰りの円滑化の観点から大きなメリットとなります。

📱))) コラム　中国のモバイルバンキング

　中国では、インターネットの利用者の95％がモバイルデバイスを使用していて、デジタルバンキングのユーザーと言えば、そのほとんどがスマホのユーザーを意味します。

　たとえば、中国では銀行口座保有者の6割近くがスマホで買い物を行い、公共料金を支払っています。このように、中国では、スマホセントリックなエコシステムが構築されており、中国の人々の生活にとってスマホは日常不可欠のツールになっています。

　また、中国で実店舗でのビジネスを行っている中小零細企業の顧客は、QRまたはバーコードでスマホ決済をすることがごく一般的となっています。

② 規制の緩和

　チャレンジャーバンクの誕生とその展開の背景には、伝統的な銀行における保守的な体質を打破するために、政府がニューカマーの進出による競争の促進を金融界の改革の起爆剤にする狙いで、さまざまな形で規制緩和を行うといった事情が存在します。

（1）英国の金融界への新規参入促進策
❶ 伝統的な銀行に対する信任の低下

　英国の銀行界は、グローバル金融危機後の救済合併等の影響から、大手5銀行のバークレイズ、HSBC、ロイズ、RBS、サンタンデールUKが寡占状態下でビジネスを展開する状況にありました。

　これを英国議会の報告書[2]でみると、5大銀行で個人取引の85％を、また4大銀行で中小企業との取引の80％のシェアを占めるという結果となっています。

　そして、このような状況は、"Too big (important) to fail. Too big to compete against." と呼ばれ、競争の無い状態が金融界の非効率性を生んでおり、また、消費者や中小企業のための金融サービスが十分提供されていない、と厳しく批判されました。実際にも、金融界への新規参入のハードルが極めて高く、競争状態が無い環境にあっては、イノベーションが生まれにくい状況にありました。

　こうしたなかで、グローバル金融危機後の大手銀行の経営不安定に加えて、

HSBCのマネロン事件、LIBOR不正操作事件等が重なって、伝統的な銀行に対するユーザーの信任が大幅に失墜するという事態に立ち至りました。

❷ 財務大臣のスピーチと金融改革

政府は、このような事態に対処するために、金融サービス業における競争原理の導入と中小企業振興策に軸足を置いた競争促進的な政策を採ることを明確化しました。

2013年2月、ジョージ・オズボーン財務大臣は、金融制度改革に関するスピーチを行いました[3]。その要旨は次のとおり、伝統的な銀行にとっては脅威である反面、新規参入の銀行の背中を押すような大胆な内容となっています。

「2013年は金融制度を改革する年である。銀行は、顧客のために存在するのであって、その逆であってはならない。

われわれは、顧客に選択という最強の武器を与える。それは、どの銀行と取引するか、より良い取引をするために銀行を自由にスイッチできる選択だ。

エスタブリッシュされた銀行をかき回すようなより良い斬新なサービスを提供するチャレンジャーバンクが誕生することを望みたい。

それには、中小規模の金融機関が容易に参入してビジネスを展開できるような素地を作ることが必要だ。

情報の相互伝達がリアルタイムにできるこの時代に、なぜ中小企業は融資を受けるのに数日間も待たなければならないのだ。なぜ、小切手が決済されるまでに6日間もかかるのだ。顧客や企業が、資金をもっと早く繰り回すことができるようにしなければならない。銀行間では資金の受払が即座にできるのに、なぜ、中小企業は決済に何日もかかるのだ。

ことほど左様に、決済制度は顧客のために機能していない実態にあり、これをオープンなものに変える必要がある。

そして、決済システムの公正性と透明性を確保して、新規参入の金融機関がこうしたシステムに容易にアクセスできるようにする。

政府は、決済システムはエスタブリッシュされた銀行のニーズを満たすためではなく、顧客のニーズを満たすものであることを確実にする。

選択は、マーケットや顧客サービスを改善するための最大の武器である。

そのためには、より多くの銀行が新規参入して、顧客に選択の幅を広げることが必要だ」。

また、2014年8月、ジョージ・オズボーン財務大臣が行ったスピーチの中で、FinTechベンチャーであるチャレンジャーバンクについて次のように述べています[4]。

「英国は、世界をリードする金融業界を持ち、金融技術の集積地であり、FinTechベンチャーが最も密集した国であるというように、金融イノベーションが成長する条件が整っている。しかし、慢心は禁物である。この成長著しいFinTech産業では、すさまじい国際競争が展開されている。

したがって、こうした英国の持つ好条件に加えて、政府がさらに金融イノベーションを促進する諸施策を実行すれば、英国が国際競争に打ち勝ち、ロンドンを世界のFinTechの首都（The FinTech Capital of The World）にすることができると確信する」。

そして、政府がこのために推進する諸施策のうち、規制環境の整備について、次のように述べています。

i 規制の根底にあるコンセプトは、イノベーションを促進するものでなければならない。

ii FinTechベンチャーが、中小企業の信用データを入手できるようにすること、決済システムが利用できるようにすること、また、企業向け貸出をより効率的にするため競争条件を整備すること、に関する法整備はすでに終えている。

iii 貸出の対象として適切な中小企業でも、70%の企業が1つの銀行だけに借り入れの打診をして、40%の企業が1回打診しただけであきらめている。

こうした実情から、現在、議会で審議されている中小企業法で、英国の大手銀行が中小企業に対する融資を拒否した場合には、その中小企業の情報を流すよう要請して、FinTechベンチャー等が銀行に代わって融資の提供を申し出ることができるよう、適切な施策を講じることにする。

iv スマホ決済を可能とする法律を制定、施行する。

❸ 規制緩和に向けての監督当局の再編

　英国政府は、金融界への新規参入を促してユーザーに対して良質な金融商品・サービスを提供する政策を採ることが必要であるとして、2013年に銀行全体を監督する金融サービス庁（FSA）を解体して、健全性規制機構（PRA、Prudential Regulatory Authority）と金融行動監督機構（FCA、Financial Conduct Authority）に分割しました。

　この監督当局の再編によって預金受入れ可能銀行を新設するためには、PRAからの認可を得る必要があり、PRAが認可するについてはFCAからの同意を取り付けることが条件となる、とされています。

　こうした監督当局の整備もあって、消費者や中小企業が円滑な金融サービスを受けることを指向した競争促進策としてチャレンジャーバンクの創設が推進されることになりました。

　また、銀行の新規参入に関する要件を見直して、資本規制、流動性規制の緩和と認可プロセスの改善が実施されました。

❹ チャレンジャーバンクの創設

　チャレンジャーバンクは、銀行ライセンスを取得したFinTechスタートアップですが、銀行ライセンスの取得自体、金融業界へのニューカマーのスタートアップにとっては、文字通りチャレンジしなければならない高いハードルでした。こうしたことから、時系列的にみると、英国ではまず銀行ライセンスを持たないネオバンクが誕生しました。

　その後、上述のような英国当局の規制緩和策により、FinTechスタートアップにとって銀行ライセンスを取得して、金融ビジネスに乗り込むことが、従来ほど困難なものではなくなりました。

　この結果、2015年にAtom Bank、Tandem Bankが、また翌2016年にはStarling Bank、Monzo Bankというように続々とチャレンジャーバンクが誕生しました。

　チャレンジャーバンクの設立には、経営陣が充実していることや、資本基盤の拡充の展望、実現可能なビジネスプラン、リスク管理の体制整備、システムの安全性等が求められます。

　こうして英国の金融業界は、伝統的な銀行と、主として個人と中小零細企業をユーザーとするチャレンジャーバンクによって構成されることとなりました。そして、FinTechスタートアップにより設立されたチャレンジャーバンクは、先進的なテクノロジーと革新的なサービスを武器に金融のリテールマーケットに続々と参入しました。

　このように、チャレンジャーバンクの誕生には、英国政府が金融業の競争促進を狙って政策面から新規参入を後押ししたことが大きく寄与しています。

❺ Regulatory sandboxの導入

　2016年、FCAは「政策は悪いことが起こるリスクだけを考えるのではなく、むしろ良いことが起きないリスクを重視して行うべきだ」、「FCAのイノベーションへの取り組みは、消費者の便益において競争を促進するために必要不可欠な義務である」とのコンセプトの下、Regulatory sandboxを導入しています。Regulatory sandboxは、FinTechベンチャーの新規参入、イノベーションの促進や金融サービスの競争促進に資する先進的な取り組みとして英国以外の規制当局でも採用されています。

　Regulatory sandboxは、イノベーティブな金融商品や金融サービスを生み出したFinTechベンチャーが、それを消費者に提供するに際して、現行法をそのまま適用せず、制度面での実験環境（砂場）を提供する仕組みを意味します。そして、FinTechベンチャーがマネロンとか詐欺等を防止する施策を講じていることを条件に、たとえ試みが失敗に終わったとしても、それがゆえに不利を被ることがないことをFCAが保証します。

　このように、Regulatory sandboxはFinTechベンチャーの金融ビジネスを支援するとともに、それが実際に消費者に提供された場合に、どのような結果となるかを見極めて、必要とあれば、現行法の手直しをするというものです。

❻ 銀行ライセンス申請プロセスを簡略化

　PRAとFCAは、銀行免許の申請プロセスを一段と簡略化することにより、新しい銀行の設立の促進を図っています。

　この結果、チャレンジャーバンク誕生の第2波が押し寄せることになり、チ

ャレンジャーバンク間の競争は激しさを増しています。

（New Bank Start-up Unit）

　2016年、PRAとFCAは、新銀行設立を一段と推進するため、共同してNew Bank Start-up Unit（新銀行設立支援部）を立ち上げています。イングランド銀行に開設されているStart-up Unitのwebサイトは、新しく銀行を設立する場合の手順を説明するほか、銀行設立のためのセミナーの開催や、銀行設立の体験談を紹介しています。

　このうち、銀行設立の手順については、従来は、体制整備が完全に実施されたことを条件に当初からフル免許を取得することを申請する方式でした。しかし、チャレンジャーバンクの設立を一段と容易にすることを主眼とする新たな手順では、初めからフル免許を取得する完全な体制整備がなされていることを求めず、スタッフの雇用やITシステム等が未整備の段階では、まず仮免許（AWR、Authorized with Restriction）を付与します。この仮免許を受けたチャレンジャーバンクは預金受入れができますが、その総額が5万ポンド以下である等の業務上の制限が課せられます。

　そしてその後、原則として1年以内にインフラ等が完全に整備された状態となれば、業務上の制限が撤廃されて正式の免許を取得することができます。また、仮に1年以内に完全整備ができなかった場合には、初めに戻って再申請をすることになります。

　こうした2段階認可制度は、モービライゼーションと呼ばれ、銀行免許が取得しやすいプロセスとなっています。また、最低資本金も、以前の5百万ポンドから1百万ポンドに引き下げられる等、資本規制や流動性規制も緩和されています。

　なお、Start-up Unitでは、新銀行設立について疑問があれば、eメールやヘルプライン（電話）でPRAやFCAから派遣されているスタッフに問い合わせることができるサービスを提供しています。

　また、チャレンジャーバンクが銀行免許取得後、しばらくの間はPRAやFCAがアドバイスを行う等、きめ細かくサポートすることにしています。

（2）米国の動向

　米国では、連邦政府が監督する国法銀行と、州当局が監督する州法銀行の2元銀行制度（dual banking system）が採用されています。

　そして、FinTechベンチャーによるデジタルバンクの設立を巡って、国法銀行については、SPNB（特別目的国法銀行）の免許付与についての可否の議論が訴訟にまで発展しており、また、州法銀行については、ILC（産業融資会社）の形で免許を付与されるケースが出現しています。

❶ 国法銀行

　米国では、英国のような新規参入を奨励することにより金融界の改革を推進する政策ではなく、既存の銀行に対して効率性と収益力の強化を要求することにより金融界の改革を促す、という基本的な方針が採られています。

　こうした政策の基本スタンスから、米国では、従来、銀行業への新規参入障壁は極めて高いものがあり、FinTechベンチャーが設立するデジタルバンキングは、銀行免許を持つ既存の銀行と提携するネオバンク的な形態となっています。

　しかしながら、米国においても、テクノロジーの急速な進展に伴うデジタルバンキングのカスタマーセントリックな金融サービスへの期待の高まりや、伝統的な銀行がカバーできていない層に対して金融サービスを提供すべきであるとする金融包摂の要請の強まりが相俟って、FinTechベンチャーに対して新たに銀行免許を与えてチャレンジャーバンクの設立を促進しようとする動きが台頭しました。

　2018年、米国財務省は、「経済的機会を創出する金融システム—ノンバンク金融、フィンテックおよびイノベーション—」と題する報告書を発表、このなかでFinTechベンチャーが新たに、連邦レベルでのSPNB（Special Purpose National Bank、特別目的国法銀行）免許を取得することを支持するスタンスを明らかにしています[5]。

　そして、これに続いて通貨監督庁（OCC、Office of the Comptroller of the Currency）は、「FinTech憲章」と呼ばれるSPNB免許を付与する憲章の草案を発表しました。

　OCCは、国法銀行の免許を付与する権限の一環としてSPNB免許を付与する権限を持っています。そして、国法銀行は連邦準備制度への加盟と連邦預金保険公社（FDIC）への加入が義務付けられています。

　また、SPNBは、信託業務、または銀行の3つの主要業務（預金、小切手支払、貸付）の1つ以上を行うことと定義されていますが、OCCによればFinTech憲章でFinTechベンチャーに付与されるSPNB免許の対象となる業務は、貸付業務と小切手支払に関わる業務の両方、またはいずれかとされていて、預金業務を行わず、したがって、連邦預金保険公社（FDIC）による預金保険の対象にならない、としています。なお、FDICは2008年以降、新たな銀行設立を認めていません。

　OCCによるFinTechベンチャーに対するSPNB免許付与が実現した場合には、全米でユーザーに対して貸付業務と小切手支払に関わる業務の両方、またはいずれかを提供することが可能となります。そして、2018年、OCCはFinTech憲章に基づく銀行新設の申し込みの受付を開始しました。

　こうしたOCCの動きについて、FinTechベンチャーでは、SPNB免許を取得することができれば、各州の免許を取得する必要がなくなり、全米での業務が可能となるとして歓迎する声が多数を占めています。しかし、FinTechベンチャーのなかにはFinTech憲章で銀行を設立しても、国法銀行として厳格な資本・流動性要件の充足やリスク管理体制の整備が求められ、また、預金ビジネスをできるわけではないことから、FinTech憲章に諸手をあげて賛成することはできないとの意見もみられます。

（訴訟問題に発展）

　OCCによるSPNB免許付与に向けての動きに対して、なんとしても既得権を守りたいとする伝統的な銀行は、これにより実質的に銀行の設立要件が緩和されることになるとして、強く反発、批判しました。

　さらに、OCCの動きは、規制当局間の権限を巡る縄張り争いを引き起こし、遂には訴訟問題にまで発展しました。

　具体的には、現在、FinTechベンチャーは、貸付業務や小切手支払ビジネスを行うにあたって州の銀行当局の許可を得る必要がありますが、SPNBの

免許を取得すれば州の銀行当局の許可は必要なくなります。

　そこで、州法銀行監督官協議会やニューヨーク州金融サービス局は、OCCにより自分達の権限が侵害されるとの危惧から、OCCにはFinTechベンチャーに対してSPNB免許を付与する法的権限はないとして裁判所に提訴しました[6]。

　こうした訴訟に対して裁判所は、OCCは単に提案したという段階にすぎず、それによる具体的な影響は不明であるとして、却下しました[7]。

　その後、OCCがSPNB免許の申請受け付けの手続きを進める中で、ニューヨーク州金融サービス局は、再度、OCCにはFinTechベンチャーに対してSPNB免許を付与する法的権限はないとして裁判所に提訴しました。

　これに対して、2019年、ニューヨーク南地方裁判所は、OCCは、FDICが付保する銀行に対する免許を付与することはできるが、FDICの保証を受けることができないFinTechベンチャー等に対してFinTech憲章を発布する法的権限はない、との判決を下しました[8]。

　この判決に対して、OCCは、あくまでも預金を受け入れないFinTechベンチャーに国法銀行免許を付与する権限を持つとして、上告しています。

（FDIC、モバイルバンクに預金保証を認可）

　こうしたなかで、2020年2月、FDICはVaro Moneyに対して預金保証を行うことを承認しました[9]。Varoは、2017年創業のモバイルセントリックバンクで、OCCは2018年9月に予備的な承認を付与しています。

　そして、FDICのVaroに対する預金保証の承認により、Varoは、国法銀行の免許取得に向けて大きく前進したとみられます。

　Varoが国法銀行の正式免許を取得するために残された条件は、OCCからの正式承認とFRBからの承認の取り付けです。

　Varoの国法銀行化が認められると、モバイルバンキングの国法銀行第1号となり、このことは、既得権侵害を恐れる伝統的な銀行の反対を押し切って、FinTechベンチャーに国法銀行の免許を付与するという規制当局の大きな方向転換を示すことになると考えられます。

❷ 州法銀行

　ILC(Industry Loan Company、産業融資会社）は、州法に基づいて設立される州法銀行の一形態で、FDICへの加入を条件に、一般融資、住宅ローン、クレジットカード等の銀行業務を行うことができます[10]。

　ILCは、ユタ州をはじめとして、カリフォルニア州、コロラド州、ミネソタ州、ネバダ州等が設立を認めています。なお、ユタ州では、ILCではなく、産業銀行（Industrial Bank）と呼んでいます。

　1987年の米国の銀行持ち株会社法は、原則として非金融業による銀行保有を認めていませんが、同法成立以前に制定の州法がILCの設立を許可する際にFDIC加入を条件としている場合には、例外としてこれを認めています。そのためILCは銀行持株会社法の抜け穴といわれてきました[11]。

　実際にも、小売業者、自動車メーカー、証券会社等が親会社となって多くのILCがその子会社として設立されています。

　2005年、ウォルマートはILCの設立を銀行監督当局に申請しました。ウォルマートは、ILC設立の目的は、系列内でクレジットカードや小切手業務を行うことによりコストを削減することにあるとしましたが、地域の中小銀行を中心に、このような大規模な小売業者の狙いは、結局のところ銀行のリテール業務に進出することにある、としてこれに強力に反対しました。

　その後、2007年、米議会が一般事業会社（連結売上の15%以上が非金融業務からの会社）によるILCの買収、新設を禁止する法案の審議入りするとか、FDICがILC申請の受付および審査を凍結するモラトリアムを発動したこと等から、結局、ウォルマートは申請を取り下げるに至りました。

　また、2008年のグローバル金融危機後に成立した金融規制改革法で、ILCの新規認可を3年間禁止したこと等から、ILC設立の申請、認可の動きはしばらくの間、途絶えていました。

　ところで、既存の銀行を中心とするILC設立に反対する議論は、一般事業会社が銀行を所有することは、一般事業会社が持つリスクが表面化した場合に銀行にも累が及ぶ恐れがあり、延いては金融システム全体に悪影響を及ぼすシステミックリスクを引き起こすことも否定できないとして、金融システム全体の健全性維持の観点から金融と産業の分離を唱える主張を根拠として

います。

　これに対しては、非金融業の金融業務参入により保守的な金融界における競争が促進され、その結果、より便利で、スピーディで、安いカスタマーセントリックなサービスが受けられるといったUI、UX向上の観点からの議論や、既存の銀行からこれまで金融サービスを十分受けることができなかった人々や中小企業にも金融サービスを享受する機会ができるとする金融包摂の観点から非金融業の金融業務参入を推進すべきとの議論があります。

　そして、ITの進展からスタートアップが金融のさまざまな分野に進出するなかで、ILC設立を是とする議論が勢いを増してきました。

　こうした状況を背景として、FDICによるSquareのILC設立認可という米国金融界にとって画期的なイベントが出現しました。

（SquareによるILC免許取得）

　Squareは、2009年に米国で創業したモバイル決済ビジネスを行うスタートアップです。

　Squareは、店舗が所有するモバイル端末を使って顧客のクレジットカードで決済するインストアペイメント方式を採用しています。なお、Squareは同様のサービスを日本や豪州、カナダ、英国においても展開しています。

　2020年は、米国金融界のデジタルトランスフォーメーション（DX）の幕開けとして捉えることができる年となりました。

　2020年3月、Squareは、FDICから条件付きでILCの業務を行うことができる銀行免許を取得しました。

　また、Squareは、ユタ州の金融当局からの承認も得て、2021年に子会社のSquare Financial Servicesを立ち上げることにしています。この子会社は、FDICとユタ州の金融当局の監督下に置かれて、中小企業向けに預金と貸付業務を行う銀行となります。

　なお、FDICは、預金保険制度の安定的な運用を維持するためには、免許を取得した銀行が十分の資本基盤を持つこと、親会社がILC型銀行となる子会社に対して資本及び流動性で補完的な役割を担うこと、報告体制が十分整備されていること等が重要であり、こうしたことを条件に、ILC型銀行の免

許を認めたとしています[12]。

　Squareは、上述のとおりこれまで中小企業向けにモバイル決済サービスを提供していますが、このうち既存の銀行から融資を受けることが困難な中小企業が実に6割を超えています。Squareは、ILCの免許を得たことから、これまでSquareでモバイル決済サービスを行ってきたデータを活用しながら、こうした中小企業向けに預貸金ビジネスを展開することとしています。

　Squareが取得した産業融資業務ができるとする免許は、関係会社との取引が制約されること、要求払い預金が提供できないこと、総資産が1億ドル未満であること等の制約が課されています。このうち、総資産規模が制限されているのは、これまで、金融サービス会社や一般事業会社がILCを銀行業参入の手段に使っており、その結果、資産規模が急激に拡大したという経緯によるものです。Squareでは、こうした規制に対しては貸付債権を第三者の投資家に売却することにより、バランスシートの膨張を抑える方針です。

　なお、SquareがILC型銀行の免許を取得したと同じ日に、NelnetもFDICから同じタイプの免許を取得しています[13]。このNelnetは、学生やその家族向けのローンや返済プランの比較情報等をインターネットで提供するスタートアップで、先行きNelnet Bankを立ち上げる予定です。

　今後、米国においても、FinTechスタートアップがユーザーニーズをきめ細かく吸い上げながら勢力を伸ばして、州立銀行という形で銀行業務に本格的に進出する動きが加速していくものと考えられます。

📱🔊 コラム　モバイルバンキングとモバイル決済

　モバイルバンキングの主要な機能にモバイル決済があります。モバイル決済には、インストアペイメント（店舗内決済）とリモートペイメント（遠隔決済）があります。

①インストアペイメント（店舗内決済）：店舗内で店員と顧客が対面して、スマホ等のモバイル端末を使用して取引の決済を行うサービスです。これには、顧客が所有するモバイル端末を使う方法と、店舗が所有するモバイル端末を

使う方法があります。

ⅰ 顧客所有のモバイル端末を使用：顧客がカード情報等の決済情報をスマホに格納しておき、決済時にスマホからその情報を加盟店の決済端末に提示します。

ⅱ 店舗所有のモバイル端末を使用：店舗が所有するスマホ等に低廉なカードリーダーを接続して、顧客が提示するクレジットカードにより決済する方式です。具体的には、次のようなステップで決済されます。

 a. 店舗側が、このサービスを提供する会社から専用アプリを、店舗が所有するスマホ等にダウンロードする。

 b. 顧客との間でクレジットカードを使って決済する際には、店舗側はドングル（dongle）と呼ばれる小型の装置を店舗所有のスマホ等のヘッドフォンジャックに差し込む。

 c. 店舗側は、顧客が提示したクレジットカードをドングルのリーダーを通してスキャンする。

 d. 顧客は、スマホ等の画面で決済金額が正しいことを確認したうえで、タッチ画面を使ってサインする。

 e. 領収書は、メールによる送信となるが、店舗側がプリンターを備えている場合にはその場で受け取ることができる。

　この方式は、次のように、中小企業や個人営業者にとってもユーザーにとっても大きな利便性があります。

・クレジットカード利用が少ない中小規模の店舗を持つ業者や屋台等の移動店舗、イベントの事業者でも、高額の専用カードリーダーを導入する必要がなく、レジなしにスマホ等によるクレジットカード決済が可能となり、また運用コストを低く抑えることができます。

・店舗が支払う手数料も総じて低廉であり、また、店舗への入金が短期間で行われ、店舗の資金繰りの効率化に資するメリットがあります。

・顧客にとっては、従来、現金でなければ決済できなかったような小規模店舗等でも、クレジットカードを使うことが可能となります。

②リモートペイメント（遠隔決済）：店員と顧客が対面することなく、インターネット上で取引の決済を行うサービスで、Ｍコマースとも呼ばれます。ここで、「Ｍコマース」(mobile commerce)とは、Ｅコマース(electronic commerce)の一種で、スマホ等のモバイル端末を使用した電子商取引です。

　Ｍコマースで購入できる商品・サービスのメニューが豊富になったこともあり、パソコンではなく、スマホやタブレット端末といったモバイル端末を使用するＭコマースが急速な伸びを示しています。

　また、Ｍコマースで、商品・サービス等の販売が行われた料金を、スマホ等の利用料金と合わせて決済できるサービスを提供するケースもみられます。

③　金融包摂：金融弱者を救うモバイルバンキング

（1）"Banking is necessary, banks are not."

　1994年、ビル・ゲイツが発した "Banking is necessary, banks are not."（銀行が提供する金融サービスは必要だが、銀行は必要ではない）という言葉は、加速するテクノロジー革命を背景に、将来は銀行業がデジタルトランスフォーメーション(DX)により再定義されることを予告する名言として語り継がれることになりました。

　また、2015年には、ビル・メリンダ夫妻が創設したゲイツ基金の年次報告書の中で、銀行業は必要だが銀行は不要である、との言葉を繰り返して述べたあとに、これが意味するところを次のように敷衍しています。

　「デジタルテクノロジーにより、開発途上国の人々は低コストで送金したり、物を売買したり、貯金や融資をすることができるようになる。いずれ、開発途上国の人々は銀行の店舗に出向くことなく、口座を開設したり融資を受けることが可能となる。そして、2030年までには、技術進歩が開発途上国の人々の生活を劇的に変えることになろう。」

　「ここで、鍵となるのが携帯電話だ。すでに開発途上国では、携帯電話にデジタルマネーを蓄えるケースも出てきている。

　伝統的な銀行は、コスト負担が大きいとして、貧困の人々に金融サービス

を提供しようとしない。それで、多くの大人が銀行口座を持つことができない状況となっている。小口ローンや小口貯金をする人々が住んでいる小さな村落に銀行の支店を開設することは、確かに意味をなさない。

　一方、携帯電話を提供するFinTechスタートアップは、取引をデジタル化して行うことから、限界費用はほとんどかからず、利益をあげることができる。いまや多くの国で70％を超える人々が携帯電話を所有しており、その取引量は膨大なものとなっている。したがって、手数料が低くても所得の低い人々に金融サービスを提供して利益をあげることができるのだ」[14]。

　このように、ゲイツ夫妻は、開発途上国に多数存在する金融弱者をサポートするという金融包摂の観点からモバイルバンキングの推進を主唱しています。

📱⑴ コラム　新型コロナウイルスとビル・ゲイツ

　新型コロナウイルスがパンデミックとなって猛威を振るう状況において、ビル・ゲイツが2015年に講演で語った内容を改めて振り返ってみると、ビル・ゲイツの先見性が、コンピュータの分野だけではなく、ウイルスの面でも発揮されたものとして注目を浴びています[15]。

　彼は、そのスピーチで、要旨、次のように警鐘を鳴らしています。

　「われわれが子供時代、最も恐れていた災害は、核戦争だ。

　しかし、現在、人類の最大の脅威は戦争ではなく、ウイルスである。

　今後、数十年のうちに1千万人以上の死者が出る災害があるとすれば、それは戦争より感染性の強いウイルスが原因だろう。

　われわれはこれまで核の抑止に巨額の資金を費やしてきたが、疫病の抑止にはほとんど手つかずの状況である。われわれは次のパンデミック襲来への準備ができていないのだ。

　われわれが備えるべきは、ミサイルの襲撃ではなく、ウイルスの襲撃だ。

　エボラの時も防御態勢はまったく不十分であったが、医療従事者の英雄的な努力に加えて、空気感染をしないエボラの性質、それに感染が都市部にまで拡大しなかったという運にも助けられて犠牲者は西アフリカ域内にとど

まった。

　しかし、次は運に恵まれないかもしれない。次の疫病が発生したら、劇的な危機を招くことになるかもしれない。ウイルスには、感染しても無症状で、感染者がそのまま飛行機に乗ったり商店街に行ったりするケースもある。実際のところ、スペイン風邪は空気伝染するウイルスが原因で、瞬く間に世界中に蔓延して3千万人を超える犠牲者を出した。

　われわれは、いますぐにでもウイルスに備える体制を構築することが必要だ。

　そうした体制作りの中で喫緊の課題はワクチンの開発だ。バイオテクノロジーの発展によりワクチンの研究開発、製造に要する期間は劇的に短縮することが可能だ。これを世界規模で行う必要がある。

　エボラは、われわれにウイルスへの備えを一刻も早く始めるべきだ、との警鐘を鳴らしたのだ。

　いまから準備すれば次のウイルス襲来への対策に間に合う。

　なにも、戦争を恐れてスパゲッティの買いだめをしたり、地下室に逃げ込んだりする必要はない。

　時間はわれわれに味方をしてくれない。

　いますぐに、ウイルス対策を始めるべきだ。」

（2）金融包摂とは？

　金融包摂（Financial Inclusion）は、基本的な金融サービスを受けられないような個人や中小零細企業、起業家、フリーランサー、農家等が、リーゾナブルなコストで利便性の高い金融サービスにアクセスできるようにする取り組みをいいます。

　金融サービスを受けられない理由には、所得、雇用、年齢、業種、国・地域等の要因がありますが、なんといっても金融機関が個人や中小零細企業等の信用リスクを審査するデータが不足しているという問題があります。

　金融サービスは、個人が日々の生活を、また、中小零細企業等が日々のビジネスを行うことに必要不可欠な要素です。そして、金融包摂により、人々の生活水準の向上と中小零細企業等のビジネスの活発化が期待できます。

　金融サービスは、金融機関が実店舗を張り巡らす時代から、スマホやパソコンを使って金融サービスを普及させる時代へと大きく転換しつつあります。

　そして、金融サービスを提供する金融機関とそれを利用するユーザーの双方がこうしたITを活用して、融資、貯蓄、保険、決済、送金等の金融サービスを提供、享受することができる金融包摂が進展しています。

　ビル・ゲイツが主張するように、金融包摂を解決する強力な方法はデジタルバンキング、就中モバイルバンキングにあります。

（金融包摂推進に向けて－国際機関のスタンス）

　世界銀行は、2011年から3年ごとに金融包摂の必要性を裏付けるデータを「The Global Findex database」の名称で公表しています。その2017年版では、世界144カ国を対象に15歳以上の15万人を超える対象者から聞き取り調査を行っています[16]。

　この調査結果では、世界全体で銀行口座を保有していない成人の数は17億人に上りますが、そのうち11億人は携帯電話を所有しており、そして4億8千万人がインターネットにアクセスしています。たとえば、中国では、銀行口座を保有していない人の82%が携帯電話を持っています。

　この間、携帯電話やパソコンを利用したデジタルバンキングは大幅に増加して、2017年にはデジタルで資金の受払を行う口座保有者の割合は、世界全体で76%、開発途上国で70%となっています。

　こうしたことから、世界銀行では、先行き携帯電話とパソコンの一段活用によって、十分な金融サービスを受けられていない人々を金融システムに組み込む金融包摂を推進することができる可能性が高い、としています。

　また、国連は、開発途上国の貧困撲滅と自立支援を趣旨として、2005年をマイクロクレジット元年と宣言しています。さらに、2010年にはG20において「金融包摂のためのグローバルパートナーシップ」（GPFI）が創設されて、GPFIの金融サービスへの普遍的アクセス及び利用の推進が再確認されました。

　そして、2016年、G20財務相・中央銀行総裁会議は、デジタル金融包摂の原則を採択して、金融包摂の推進にデジタル技術を活用することを優先するよう勧奨しました。

（3）中国のチャレンジャーバンクと金融包摂

　ここでは、中国におけるチャレンジャーバンクの台頭の背景にある金融包摂を中心にみることにします。

　中国の伝統的な銀行のビジネスは、高コストでリスク管理の事務も複雑なことから、勢い1ロットの金額が大きな大企業に対する融資が中心となっています。

　中国人民銀行と世界銀行が公表した中国における金融包摂に関する共同報告書では、G20の中小企業の27％が金融機関から融資を受けているのに対して、中国ではわずか14％にとどまっています[17]。

　この報告書では、その理由として融資申請の際の複雑な手続きや高い事務コスト、1件当たりの融資金額の低さ、融資承認までにかかる長い時間等をあげています。

❶ 金融弱者と伝統的な銀行の融資スタンス

　中国の金融機関は、インターネットバンクが登場する前は、国営銀行、大手商業銀行、地方の信用金庫、それに外国銀行で構成されており、そのなかで、国営銀行が事実上の独占状態にありました。また、民営銀行は1996年設立の中国民生銀行（Minsheng Banking Corporation）の1行だけです。

　中国の国営銀行は、設立の主な目的が国営企業に対する金融サービスの提供であることから明らかなように、その顧客は大企業が中心であり、民営企業に対する融資は極めて慎重で、融資するにしても高い金利で実施されていました。

　また、国営銀行の顧客に対するサービスも、およそユーザーフレンドリーと言うにはほど遠いもので、単純なサービスを受けるだけのために銀行窓口に列を作って長時間待たなければならないことも日常茶飯事でした。

　こうした状況下、国営銀行の融資が民間企業よりも政府系の製造業や不動産開発、公共投資への融資に大きく傾斜しており、個人や中小企業、農業、サービスセクター等に対する融資は軽視され、このような層がビジネスを行うために必要となる資金が伝統的な銀行から円滑に流れていないことが大きな問題となりました。

　実際のところ、中小零細企業や、地方の個人営業主（小規模農家、酪農家、漁夫）、それに移民労働者、失業者、女性、若者、学生等が十分な金融サービスを受けられない状況にあり、特に労働人口の8割が勤務する中小企業への融資が疎かになっていることに対する社会的な不満が蓄積されてきました。

　これには、伝統的な銀行は、担保がなく、信用履歴が不透明でリスクが高く、利益が安定しない中小零細企業への少額、短期の貸付にはコストがかかりすぎるとして極力慎重なスタンスを取る結果、国営の大企業への融資に偏るという背景があります。

　このため、中小零細企業がどうしても運転資金を必要とするときには、背に腹は代えられないとして結局、高利貸のもとに駆け込むことになりました。この結果、悪質なP2Pがはびこる等、闇金融が暗躍するといった事態が頻発しました。

　中国の中央銀行である中国人民銀行は、伝統的な銀行が中小零細企業への融資に消極的であることを問題視して、これに対処するため、中小零細企業向けの融資円滑化のために流動性の供給を増やしました。

　また、政府は、大手・中堅の商業銀行に対して、銀行内に金融包摂部を創設して金融包摂を推進するよう勧奨しました。しかし、大半の銀行は既存の顧客との取引が重要であるとして、それに関わりのない施策にリソースを投入することに消極的で、政府の思うようには進捗しませんでした。

　この間、中国では、国営企業の債務過多の状況が一段深刻化することに加えて、経済成長が急減速するという問題に直面しています。先行きの中国経済を牽引していく主役は国営企業ではなく、民間企業となることは明らかであり、民間企業に資金が潤沢に行き渡ることが中国経済の発展のための前提条件となります。特に、中国の経済が、投資主導から消費主導へと転換する状況下、中小小売店や個人に対する金融サービスは、極めて重要となっています。

　こうした中で、中国の消費者の間でスマホ等のモバイルデバイスを活用して金融サービスにアクセスする動きが強まり、金融当局は、デジタル化を中心軸において金融業界の抜本的な革新を推進することが極めて重要であることを認識しました。

❷ **中国当局による金融包摂推進の国家戦略**

　中国当局は、FinTechを活用したスタートアップによる個人や中小零細企業向けの融資拡大を指向するスタンスを明確化する政策を打ち出しました。

　すなわち中国では、2015年末、習近平国家主席が議長を務める委員会で金融包摂を推進させる国家戦略を2016〜2020年に展開する計画が承認されました。この計画では、金融業界にデジタルテクノロジーを導入する必要性が明確に述べられています。

　具体的には、先進のテクノロジーを活用して、個人や中小零細企業に効率的に金融サービスを提供する新たな金融機関が強く求められました。その金融機関とは、実店舗を持たないバーチャルバンクです。

　このように中国当局は、かねてからの課題である中小零細企業や農民、個人等への金融円滑化のソリューションとなる切り札はインターネット専業銀行の開設にある、と判断しました。

（チャレンジャーバンクの創設）

　中国銀行業監督管理委員会は、2年間に亘る実態調査の結果を踏まえて、国家資本を含まない純粋の民営銀行で100％インターネットによる中小零細企業や消費者向け金融サービスを展開するデジタルバンクの創設を認めることにしました。デジタルバンキングにより経済のダイナミズムの源泉である中小零細企業への融資が円滑になり、こうした企業が活性化することは、中国経済の持続的な成長にとって極めて重要な条件となります。

　2014年、中国政府は試行的に国の資本が入らない純粋の民間銀行6行の新設を認可しました。そして、WeBankやMYbankは、他の数行とともにチャレンジャーバンクの免許を中国銀行業監督管理委員会から取得しました（WeBank、MYbankの詳細は第5章4参照）。

　中国で最初のデジタルバンクとして営業を開始したチャレンジャーバンクはWeBankです。

　2015年初頭に行われたWeBankの開業セレモニーに出席した中国国務院の李克強総理は、WeBankの経営陣を前に次のようなスピーチをしています。

　「インターネットを利用した銀行の創設により、中小零細企業や個人に対し

て低コストで便利な金融サービスを提供するという実質的なベネフィットを与えるとともに、伝統的な銀行に対しては、革新をさらに加速させる圧力をかけて大胆な改革を迫ることになるだろう。

これはWeBankにとっては小さな一歩であるが、中国金融界にとっては金融革新を推進する大きな一歩である」。

そして、総理自らが営業開始のボタンを押して、スマホのアプリから借り入れを申し込んできたトラックの運転手に対して35千元の融資を実行しました[18]。

これからみても、中国政府がいかに民営のインターネット専業銀行の活動による中小零細企業や個人への金融円滑化と、伝統的、硬直的な金融システムの改革、そしてそれを通して中国の経済活性化に力を注いでいるかが窺われます。

こうした当局のスタンスをさらに実践的な政策として推し進めることを目的に、2016年、中国金融包摂調査機構は、「デジタル金融包摂の実践と開発」と題するレポートを公表しています。

❸ プラットフォーマーとチャレンジャーバンクの戦略

中国には、BAT（バイドゥ、アリババ、テンセント）と呼ばれるインターネット3大プラットフォーマーが存在します。

そして、WeBankの大株主はテンセントであり、MYbankの大株主はアリババの金融サービス部門を担うアント・フィナンシャルです。

テンセントは、中国で人気が高いメッセンジャーアプリのQQと中国最大のソーシャルメディア・プラットフォームであるWeChatを開発、運営しており、いまや中国最大のテクノロジー会社となっています。そして、WeChatを入り口として個人消費者向けにSNS、ゲーム、金融等を提供するテンセントエコシステムを構築しています。特に、金融面では、決済サービスのWeChat PayがWeChatと相性の良い紅包（お年玉）機能を具備することでSNS、メッセンジャーのユーザーに人気を博しています。

そして、テンセントはこのWeChat Payをベースにして総合的な金融サービスを展開することを狙ってインターネット専用銀行のWeBankを創設しました。

　一方、中国で2番目にインターネット専業銀行の免許を取得したチャレンジャーバンクのMYbankは、アリババとその傘下のアント・フィナンシャルがテンセントのWeBankに対抗して設立したものです。

　アリババは、中国最大のe-コマース企業であり、WeBankの大株主のアント・フィナンシャルは、アリババの金融サービスを担うグループです。アント・フィナンシャルは、決済プラットフォームであるAlipayを運営しており、個人と中小零細企業を対象とした多種多様な金融ビジネスを展開しています。

　また、アント・フィナンシャルでは、P2Pレンディングのほかに、オンラインで消費者金融、中小零細企業向け小口ファイナンス、保険、資産運用サービス、信用情報サービス、クラウドファンディングを運営しています。

　そして、WeBankとMYbankの双方とも、親企業が持つユーザーデータや各種金融サービスから収集、蓄積される膨大なデータを分析、活用して、ユーザーの信用リスクの審査をリアルタイムで的確に把握するという強みを持っています。

　すなわち、伝統的な銀行が、預金、担保、クレジットスコアを3種の神器とするのに対して、WeBankやMYbankは、場所、取引、トレンドをもとに親企業が持つ大量のデータを即時に分析して信用審査をするリスクコントロールモデルを持っていて、これによりコストを節減し、不良債権のリスクを抑制する効果を上げています。

　WeBankやMYbankは、こうした強みをフルに活用してマイクロファイナンスに特化したビジネスを展開しています。すなわち、伝統的な銀行は1百万元未満の融資は扱わないことが一般的ですが、マイクロ企業、中小零細企業の借入れ希望金額はこれよりもはるかに小さいことが多く、日々の資金繰りに四苦八苦している状況にあります。

　そこで、中国を代表するプラットフォーマーのテンセントとアリババは、中小零細企業や農業、個人の資金調達が困難であるという課題を大きなビジネスチャンスと捉え、傘下のWeBankとMYbankを手足として活用して、最新のテクノロジーを駆使した信用リスクの分析等を駆使することにより、こうした層への融資を積極的に推進しています。

　これは、テンセントとアリババといったプラットフォーマーと、中小零細

企業等の金融弱者とが協働して経済価値を共創するというマイケルポーターのCSV（Creating Shared Value）の典型的なケースであるということができます。

WeBankの副社長のHenry Maは、誇らしげに次のように述べています。

「銀行業の経営と金融包摂の促進は、一見すると矛盾する考えのようであるが、少なくともWeBankはこれが可能であることを身をもって示した」[19]。

④　ESG、SRIの推進

ESGは、環境（Environment）、社会（Social）、ガバナンス（Governance）の頭文字を取ったもので、企業や社会が持続的に成長するためにはESGの要素が不可欠なものである、とするコンセプトです。このことは、逆にESGを重視しない企業や社会には、先行き成長する過程に大きなリスクが潜在していることを意味します。

また、ESG投資は、財務諸表等の定量的な指標や数値だけではなく、ESGの定性的な視点を重視して投資の意思決定を行う手法で、持続可能な投資とか社会に責任を持つ投資という意味を込めて責任投資と呼ぶこともあります。

一方、SRI（Socially Responsible Investment、社会的責任投資）は、投資の基準にCSR（Corporate Social Responsibility、企業の社会的責任）の要素を含める投資手法で、ESG投資と同義です。

チャレンジャーバンクには、経営理念にESGないしSRIの重視を掲げたビジネスモデルに基づいた運営を推進しているケースがみられます。

❶ Aspiration

クリントン元大統領のスピーチライターで、Aspirationの共同創業者兼CEOのAndrei Chernyは、「われわれは、ありふれた銀行や証券会社を作ろうなどと思ってはいない。われわれがAspirationを創設する唯一の目的は、より良い世界を作ることだ」と述べています。

すなわち、Aspirationのスローガンは、社会的に意義のある持続可能な金融・投資商品をユーザーに提供することです。

Aspirationは、SEC登録の証券会社に属していますが、実際のサービスは、投資サービスとバンキングの双方を、実店舗を持たないインターネット専用で提供しています。

（投資サービス）

Aspirationによる証券会社としてのサービスをみると、ユーザーは、Aspirationに投資信託の口座を開設することができます。投資信託は2つのファンドへの投資が可能です。

このうちの1つが石油のパイプライン等の設備に投資しないESG投資ファンドです。このサステイナブルファンドは、Aspiration Redwoodファンドと名付けられています。このファンドは、企業の社会的責任の追及と企業利益の追求は決してトレードオフの関係にはないとのコンセプトのもと、ESG

【図表2】Aspiration Redwoodファンドを構成する7つのファンド

ファンドの目的	ファンドの内容
貧困	飢えとホームレスで苦しんでいる世界中の人々を支援するファンド
水資源	開発途上国の人々に清潔な水を供給するために井戸を掘ることを支援するファンド
教育	米国の生徒に充実した教育プログラムを提供できるように教師にトレイニングをすることを支援するファンド
環境	アフリカの野生動物やアマゾンの熱帯雨林等、世界の環境を保全することを支援するファンド
健康	ワクチン、薬剤の供給や、がん、糖尿病、アルツハイマー、エイズ等の治療に向けた研究を支援するファンド
人権	人身売買や虐待を禁止し、女性、移民、障害者の権利を擁護する運動を支援するファンド
Aspirationオポチュニティファンド	新たにビジネスを始めようと苦闘している起業家に対して、最高5千ドルのマイクロローンを提供するファンド

（出所）Aspirationの資料を基に筆者作成

を重視し、またそのことが収益に寄与するように経営されている企業に投資するファンドです。Aspirationでは、ESG投資を一部の限られた投資家ではなく、すべての投資家に供するという目的で設定しており、投資額は10ドルから可能となっています。

　Aspiration Redwoodファンドは、さらに7つのファンドから構築されています（図表2）。

　Aspirationは、投資信託の運用で得た利益の10%をチャリティに寄付します。そうした寄付の対象には、貧困から抜け出すためにビジネスを始めようとする低所得の起業家向けにマイクロローンを提供する非営利団体等があります。

　また、ユーザーはAspirationのアプリの寄付プラットフォームからチャリティに参加することができます。チャリティの種類には、貧困、水資源、教育、環境、健康、人権がありそこから1つを選択することも全部を選択することもできます。

（ユーザーに社会的責任のある資金の使い方を勧奨）

　Aspirationは、ユーザーがどのような企業が提供する品物を買ったか、その企業は環境や従業員、社会をどのように扱っているかをベースに社会的インパクトスコア（social impact score、People/Planet impact score）を採点して、それをユーザーにフィードバックすることによりユーザーに社会的責任のある資金の使い方を勧奨しています。

　2017年、AspirationはスマホのアプリにAIM（Aspiration Impact Measurement）という機能を付加しました。

　AspirationのCEOのAndrei Chernyは、アル・ゴア元副大統領と一緒に仕事をしている時に、消費者がお金の力をいかにベストに生かすかを考え、その延長としてAIMスコアを開発するに至ったと述べています[20]。

　AIMは、AspirationがESGに関わる企業のスコアを計算して、それをAIM People and Planetスコアとしてユーザーに提供するもので、特に社会貢献意識が高いミレニアル世代に魅力的なサービスとなっています。

　消費者が購買する商品・サービスを提供する企業のスコアは、

① People：企業は従業員、顧客、コミュニティを大切に扱っているか、

② Planet：企業が提供している商品・サービスは地球にやさしいか、

　の2つの尺度で採点します。採点は、この2つの尺度を合計して100点満点で行われます。

　ここで注目すべきは、①においていわゆる株主第1主義ではなく、広義のステークホルダーを重視した経営をしているか、を採点の基準としている点です。

　Aspirationは、AIMを導入する1年前から約5千にものぼる企業について、ダイバーシティ、従業員の給与、エネルギーの効率使用、カーボンフットプリント等について75千のESGに関連するデータを集めて、このAIMスコアのスキームの構築を準備してきました。

　各企業のESGへの取り組みや、それに対する顧客の反応は時とともに変化することから、常時それをモニタリングすることにより、AIMスコアはアップツーデートされます。また、企業によっては、サステイナブルデータを開示することに消極的なケースもあり、その場合には当該企業のAIMスコアは実態よりも低く採点される可能性があるとしています。

　ユーザーに提供されるAIM People and Planetスコアの具体的な採点の手順をみると、ユーザーがAspirationの口座の資金を使って、AIMスコアの対象の店で買い物をしたとします。すなわち、その店は、AIMがさまざまなデータを使って算出したスコアを持っています。

　そうしたデータの代表例には、従業員の処遇や顧客の対応については、CEOと従業員の給与格差はどうか、従業員に健康保険制度が適用されているか、従業員のダイバーシティはどうか、顧客満足度はどうか、等があります。

　また、企業のビジネスが地球にやさしいかについては、2酸化炭素の排出はどうか、エネルギーの効率的な使用がなされているか、電源には太陽光発電が使用されているか、等があります。

　そして、AIMのアプリのアルゴリズムが、その店のスコアとそれまでのユーザーの買い物履歴によるスコアを総合勘案して、各々のユーザーのサステイナビリティスコアを計算して、その結果を毎月末にユーザーのスマホに表示、通知します。また、ユーザーが買ったと同じような品物を売っている店

とその店のスコアの情報がスマホに表示され、ユーザーは店別のスコア比較をすることが可能です。

これにより、ユーザーは購買行動により自分がどれだけ社会のサステイナビリティに貢献しているかを数値でチェックすることができ、ユーザーが買い物をするときに、従業員や顧客を大切にし、また地球にやさしい店に足が向く効果が期待できます。

このように、ユーザーは自分の資金を票として企業に投票することにより、企業のビヘイビアに大きな影響を及ぼすことができます。

AIMが採点対象としている企業は5千を超えていますが、Aspirationでは、まだAIMスコアを獲得していない企業に対して、自社の2つの尺度に関わる情報をAspirationに提供してAIMスコアを獲得するよう促すほか、ユーザーがスマホからツイートで企業に対してAIMスコアの取得を進言することを勧奨しています。

Aspirationでは、こうした働きかけによって、企業が自社のスコアアップを目指して、従業員の処遇や顧客の扱いの向上と、地球にやさしいビジネスの展開に注力することにつながる効果が期待できるとしています。

なお、Aspirationは、ユーザーにESGを意識した行動を勧奨するだけではなく、Aspiration自身も、環境保全に向けての地道な活動を行っています。たとえば、ユーザーがAspirationのアプリを使ってガソリンスタンドでガソリンを買うと、Aspirationは全米のガソリン価格の平均からユーザーが購入したガソリンの量を推計します。そして、それに見合った2酸化炭素ガス排出量を環境保護庁のデータを使って推計します。Aspirationは、こうして推計された2酸化炭素ガス排出量に見合う2酸化炭素ガス排出権をコンピュータを使って自動的に購入して、2酸化炭素ガス排出をオフセットします。

❷ bunq

bunqは、2014年にオランダ中央銀行から銀行免許を取得して、翌2015年に創業したモバイル専門のチャレンジャーバンクです。

bunqは、サステイナブル・ファイナンスのリーダーとして確固たるステータスを築いています。

（グリーンカード）

　bunqの創業者であるAli Niknamは、ユーザーがbunqの提供する効率的でシンプルな金融サービスを利用することで、社会に貢献できるような商品を開発することが重要である、との認識のもとに、口座を開設したユーザーにグリーンカードを提供しています。グリーンカードは、Mastercardが発行するクレジットカードの一種です。

　Niknamは、「環境問題への取り組みにはさまざまな方法があるが、その中でも植樹は最も手軽にできる1つだ」としています。そして、bunqは、"You spend. Forests grow. Everyone's a winner."のスローガンのもと、伐採で荒れ果てた森林の再生に取り組む活動を行っているNPOであるEden Reforestation Projectsと提携して、bunqのユーザーがグリーンカードで100ユーロ使うごとに、マダガスカルのマングローブに木1本を植樹することとしています[21]。

　Niknamによると、bunqのユーザーが毎月1,000ユーロを使うとすると、5年後にはユーザー自らが排出する2酸化炭素排出量をオフセットする計算になるとのことです。なお、グリーンカードは、プラスティック製より環境にやさしく長持ちするステインレススチールで作られています。

（SRI）

　bunqは、徹底したSRI（社会的責任投資）を実行しています[22]。すなわち、武器、タバコ、賭博、原子力、石炭、オイルシェール等に関連した企業に対する投融資は一切実施しない一方、人的資源、環境、市場倫理、ガバナンス、社会的インパクト、人権の6つの基準からみて優れているとリサーチ会社が判断した企業に積極的に投融資を実施しています。

　また、bunqは、"It's your money, so you decide."とのスローガンのもと、ユーザーがbunqに預けた資金の融資先について、環境を重視した欧州の企業（green European companies）のリストを提示して、ユーザーがそのなかから自由に融資先を選択することができるようにしています。

第4章

オープンバンキング

　英国の金融改革の大きな柱の1つに、オープンバンキングがあります。

　このオープンバンキングのトレンドは、英国のみならず主要国の伝統的な
銀行とチャレンジャーバンク双方のビジネスモデルの在り方に大きな影響を
与え、延いては金融改革を推進するにあたっての重要な要素となっています。

① オープンバンキングとは？

　チャレンジャーバンクの出現の背景には、オープンバンキングの強力なバッ
クアップがあります。

　オープンバンキングは、これまで銀行が保有してきたデータやシステムと
いったリソースの一部を外部の企業等（サードパーティー）に提供するとい
うコンセプトです。すなわち、オープンバンキングは、銀行がデータ等を独
占的に保有するよりも、他企業とシェアしながら協働して活用することの方
が、それによって生まれるシナジー効果から価値の創出が促進される、との
考えから生まれたソリューションです。

　デジタル革命の進展により、ユーザーが銀行に求める商品、サービスの内
容が高度化・複雑化してそれがめまぐるしく変化しており、また、そのアク
セスチャネルも多様化して、ユーザーはいつでもどこでも必要な情報を得て、
スピーディに低コストで取引をしたいとするユビキタスの環境を一段と強く
求めています。

　実際にも、ユーザーの間にITが深く浸透するにしたがって、ユーザーニー
ズは転々と変わり、それに対応するためにさまざまなサービスが生まれるな
かで、ユーザーニーズにうまくフィットしたサービスが生き残るといった事

態が展開しています。

　こうしたユーザーニーズに対して、既存の銀行が自前のリソースだけで対応するには時間もコストもかかることから、外部のFinTechベンチャー等の力を導入することが、厳しい競争に生き残るためにはどうしても必要となります。

　そこで、オープンバンキングにより、従来は組織の中でサイロ化されていたデータをFinTechベンチャー等のアプリのデベロッパーや提携企業等のサードパーティと共有することになりました。

　銀行は、こうした外部企業が生み出したアプリにより新たな商品・サービスをよりスピーディに、かつより低コストで顧客に提供することが可能となり、ユーザーエクスペリエンス(UX)を向上させることができます。

　このように、オープンバンキングにより、銀行はFinTechスタートアップをはじめとするサードパーティとの連携を強めて、ビジネス機会を最大化する戦略を推進することが可能となります。

　オープンバンキングのメリットを最終的に享受することができるのは、ユーザーであり、とりわけこれまで十分にファイナンスを受けることができなかった個人や中小零細企業です。

　このように、オープンバンキングは、金融機関のビジネスモデルをリデザインし、延いては金融業界の構図を大きく塗り替えるインパクトを持っています。

② API

　オープンバンキングは、銀行が蓄積、保有したデータやシステムの一部を外部に提供して、FinTechベンチャー等がそれを活用しながらアプリを開発する等、銀行とFinTechベンチャー等が連携、協働することにより価値を共創することを本質としますが、この両者を結び付けるのに不可欠なツールとなるのが、APIです。

（1） APIと銀行API

　API（Application Programming Interface）は、オープンバンキングを支えるITです。

　すなわち、APIは、企業が保有するデータやソフトウエアといったIT機能の一部をFinTechベンチャー等のサードパーティに提供するための接続仕様です。これにより、FinTechベンチャー等は機動的にアプリを開発してユーザーに提供することができます。

　こうしたことから、APIは、企業⇔FinTechベンチャー等⇔ユーザーという提携戦略であるB2B2C（Business to Business to Customer）を推進するビジネスモデル構築の鍵となるツールであるということができます。

　APIの活用は、さまざまな業種に亘っていますが、そのなかで金融機関が提供するサービスに関わるAPIを「銀行API」（banking API）と呼んでいます。すなわち、銀行APIは、銀行がデータやソフトウエア等のIT機能の一部をFinTechベンチャー等に提供する接続仕様です。銀行APIでは、B2B2Cが Bank to Business to Customerとなります。

　伝統的な銀行は、これまで営々と蓄積してきた膨大なデータを持っており、このこと自体、大きな強みであるといえます。しかし、レガシーシステムの下でそうしたデータを活用してイノベーティブな金融商品やサービスをユーザーに対して提供するとなると、時間もコストもかかります。

　一方、金融サービスに対するユーザーニーズは、モバイルやパソコンの普及によって、いよいよ多種多様となっており、それがめまぐるしく変化する状況が進行しています。

　伝統的な銀行がこうしたユーザーニーズにマッチしたサービスを適時適切に提供するソリューションが、銀行APIです。

　オープンバンキングのもとで銀行APIを活用すれば、FinTechベンチャーは、APIを通して提供されるデータ等を活用して多種多様なユーザーニーズにマッチするイノベーティブなアプリを低コストでスピーディに開発することができます。

　すなわち、FinTechベンチャーがアプリを白紙から個々に開発、作成することは時間も労力も要することから、FinTechベンチャーがAPIにより銀行

がすでに持っている機能等を呼び出して、これをベースに新たなアプリを効率的に制作することが可能となります。

　具体的には、デベロッパーとしてのFinTechベンチャーが、APIが規定する手続きに沿ってプログラムを記述すれば、一からプログラミングをすることなくその機能を利用したアプリを作成することができます。

　そして、従来、銀行が保有していたITシステムでは不可能、または可能であるとしてもコストと時間を要するようなイノベーションをスピーディに、かつ低コストで実現することができます。

　このように、銀行APIは、銀行とFinTechベンチャー等が協働して、新たなビジネスの創出、ビジネスの規模の拡大、収益の向上につなげるといった事業価値の創造に寄与し、延いては銀行、FinTechベンチャー、ユーザーといった3者間の絆を強固なものとして、共存共栄の関係を構築するFinTechエコシステムの形成につながることが期待できます。

（銀行APIによるサービスの種類）

　銀行APIは、銀行がFinTechベンチャー等に提供する業務の範囲により、参照・照会系APIと更新・実行系APIに分類されます[1]。

① 参照・照会系API

　金利・手数料照会、口座情報照会、入出金明細照会、カード請求額照会、株価・為替相場情報照会、店舗・ATM所在地等

② 更新・実行系API

　口座開設、資金移動、振込・振替指図、口座振替（引落）、投信・株式・保険商品購入指図、諸届（住所変更等）、ローンシミュレーション等

（2）プライベートAPIとオープンAPI

　APIは、APIのインターフェースの対象となるアプリの開発者であるFinTechベンチャーの範囲をどうするかにより、プライベートAPIとオープンAPIに分類されます。

　すなわち、プライベートAPIはインターフェースの対象を限定されたFinTechベンチャーとするのに対して、オープンAPIは幅広く外部のFinTech

ベンチャーを対象とするものです。

　プライベートAPIは、ある企業が保有するデータやアプリの機能の一部を、その企業に属しているFinTechベンチャーか、企業と契約を交わしているFinTechベンチャーに限定して提供するものです。そして、こうしたFinTechベンチャーが開発したアプリは、一般に公開することができますが、企業とのインターフェースはあくまでも当該FinTechベンチャーに限定されます。

　一方、オープンAPIは、FinTechベンチャーが望めば、FinTechベンチャーの適格性やデータ管理の面で特に問題がある場合を除いて、銀行が保有するデータやアプリの機能の一部をFinTechベンチャーに提供するというものです。

　オープンAPIはさらに、登録したFinTechベンチャーであれば誰でもアクセスができる「パブリックAPI」と、一定の資格要件等が定められたグループに所属する会員だけがアクセスすることが可能な「メンバーAPI」に分類されます。

　銀行がオープンAPIを採用する背景には、さまざまなFinTechベンチャーが出現している状況にあって、そうしたFinTechベンチャー間の競争促進を通して一段とイノベーティブなアプリが開発されユーザーに提供されることにより、銀行のコアビジネスの発展に繋がるという狙いがあります。

（3）英国のオープンバンキングとオープンAPI

　いまや主要各国で導入が進んでいるオープンバンキングを最初に打ち出し、それを官民一体となって強力に推進している国は、ほかならぬ英国です。

　すなわち、英国では、政府の要請により2015年に銀行業界や消費者団体の代表者から構成されるオープンバンキング・ワーキンググループが組成され、オープンAPIによって、銀行がこれまで蓄積してきたデータをいかに有効に活用して国民の取引、貯蓄、借入、投資活動に資することができるか、また、銀行はいかに新たな金融商品、サービスを求める顧客を吸引できるか、が検討されました。

　そして、翌2016年に、オープンバンキング・ワーキンググループの検討結果が、報告書として公表されました[2]。この報告書は、銀行が保有するデー

タをいかに活用して競争と効率性を高め、銀行セクターのイノベーションを促進するかについての指針を内容としています。

　報告書では、まずオープンAPIの定義が明確にされています。

　それによれば、オープンAPIは、オープンデータ（たとえば、銀行が提供する商品のメニュー）や限定されたメンバーだけでシェアされるデータ（たとえば、個人が銀行と取引した内容のリスト）へのアクセスを支援するテクノロジーである、と定義しています。

　そして、オープンAPIで入手したデータを、オープンにするか、シェアするかは自由であり、またオープンAPIのアプリは、厳格な個人情報の保護と安全性、それに法律やガバナンスの枠組みが確保されることの必要性が強調されています。

　また、競争・市場庁（CMA, Competition and Markets Authority）は、個人と中小企業に対する銀行サービスをレビューしたうえで、大手銀行に対してオープンAPIを導入してサードパーティと口座情報等のデータを共有して、オープンバンキングにより、銀行とFinTechベンチャー等の間で顧客情報をセキュアな環境のもとで共有するよう勧告しました。

　英国財務省では、オープンAPIにより次の効果が期待できるとみています。

・銀行の顧客は、どの銀行がより有利な預金を提供するかを比較、判断することができる。

・銀行は、顧客をつなぎとめるために、より良い商品、サービスを提供することに注力することが期待できる。

・中小企業は、会計を効率的に処理することができる。

・詐欺等の不正行為を効率的にモニターすることができる。

・英国経済全体の観点からは、APIによりイノベーティブな商品、サービスの開発に向けての競争が一段と強まり、これが顧客の銀行取引の利便性向上に繋がることが期待できる。

　そして、報告書では、次の提言を5年間かけて実行に持っていくとしています。

①オープンAPIは、webによるシステム構築により、できる限り広範に亘るイノベーションを生むことを目指すべきである。そして、自己のためのア

プリを制作する個人やFinTechベンチャー、銀行の委託によりソリューションを開発する業者、大手金融機関、APIのプロバイダーと提携して自己のソリューションの開発を指向する他業種のグループに至るまで、幅広い主体がオープンAPIを活用することが期待される。

②顧客のデータをシェアする場合には、顧客からその都度、明確な同意を得なければならない。オープンAPIのプラットフォームは、高い透明性を持ち、また、データは必要とする期間を超えて保持しないことが重要である。

③顧客データの保護については、すでにデータ保護法（the Data Protection regime）が存在し、オープンバンキング・スタンダードは、これを変更するものではない。しかし、顧客の同意は一定のフォームによりなされ、また、いかなるデータが提供され、いかなる目的でそれが使用されるかを明確にする必要がある。また、顧客データの保護については、特にサイバー犯罪による攻撃に対して万全の対策を講じることが重要である。

（4） EUのPSD2とGDPR

EUでは、金融機関とFinTechベンチャーが連携していく場合の法基盤として、PSD2（第2次決済サービス指令）とGDPR（一般データ保護規則）を制定、公布しています。

❶ EUのPSD2（決済サービス指令改訂）

EUでは、オープンバンキングを促進するための法整備が行われています。

具体的には、EUは、決済の安全性・安定性の向上、利用者保護、決済サービス市場の効率化、FinTechベンチャーも含めたレベルプレイング・フィールドの確保の観点から、決済サービス指令（PSD：Payment Services Directive）をPSD2として改正しました（採択2015.11、国内法化期限2018.1）。

従来のPSDでは、銀行、電子マネー事業者、決済サービス事業者といった決済サービス提供者を免許制とするとともに、財務要件は自己資本規制を課し、また、資産保全については、銀行は預金保険を付保し、電子マネー事業者、決済サービス事業者は他の財産から隔離、優先弁済することが義務付けされていました。

これに対して、PSD2では、決済指図伝達サービス提供者（PISP）と口座情報サービス提供者（AISP）に分類して各々次の機能を担うこととしています。

i　**PISP**（**Payment Initiation Service Provider**）：**決済指図伝達サービスプロバイダー**

利用者の依頼により、他の決済サービス提供者（銀行、電子マネー事業者、決済サービス事業者）に開設されている利用者の決済口座に係る決済指図を伝達するサービスを提供する。

ii　**AISP**（**Account Information Service Provider**）：**口座情報サービスプロバイダー**

利用者が、他の決済サービス提供者（銀行、電子マネー事業者、決済サービス事業者）に開設されている1つまたは複数の決済口座の情報を統合して提供するオンラインサービスを提供する業務を行う。

そして、PISPは免許制、AISPは登録制とし、財務要件については、PISPは資本金5万ユーロ以上、AISPはなし、としています。また、資産保全については双方ともなし、としています。

PISPとAISPは誰もが利用することが可能で、ユーザーの合意があれば銀行はPISPやAISPからのAPI連携を拒むことができない、とされています。

❷ EUのGDPR（一般データ保護規則）

2018年から適用のGDPR（General Data Protection Regulation）は、個人データに関する事業者の遵守事項と個人の権利を定めた規則です。具体的には、以下のように個人情報保護を強化し、個人が事業者に対して個人データの削除や移管を可能とするルールが整備されました。

i　個人データに関する事業者の遵守事項

適切な安全管理措置を講じる。

目的達成に必要な期間を超えて個人データを保持してはならない。

個人データの侵害が発生した場合、監督機関に対し72時間以内に通知しなければならない。

大量の個人データを取扱う事業者は、データ保護オフィサー（Data

Protection Officer）を任命しなければならない。

　欧州から域外への個人データの移転は原則として禁止される。

ii　個人データに関する本人の権利の保護

　個人データの取得に際して事業者は自らの身元や連絡先、処理の目的、第三者への提供の有無、保管期間、データ主体の有する権利等について、データ主体に通知しなければならない。

　事業者はデータ主体から同意を得るとともに、データ主体が自由に同意を撤回することができる権利を適切に行使できるようにしなければならない。

　個人データをデータ主体から直接取得していない場合、事業者は本人にデータの入手先を通知しなければならない。

　GDPRにより、銀行は、個人データに関する本人の権利の保護を図ることを前提として、個人データをユーザーから同意のうえで預かり、FinTechベンチャー等に提供するという金融プラットフォームのプロバイダーとしてのビジネスを展開することが可能となりました。

　そして、PSD2とGDPRは、データ開放・共有、データ利活用の推進を促し、オープンバンキングとオープンAPI、BaaSという形でビジネスモデルに具現化されています。

③　銀行APIの具体的な活用方法

　銀行は、APIをどのようにマネタイズすることができるのでしょうか？

　金融エコシステムを構築する中心的役割を担う銀行APIは、同時に銀行の立ち位置を変化させることになります。

　これまでのビジネスモデルでは、銀行がユーザーニーズにマッチするような金融商品・サービスを開発して、それを実店舗やデジタルチャネルを通じてユーザーに提供するというB2Cで総合金融サービスを提供することが基本的なフレームワークでした。

　これに対して、銀行APIでは、銀行はプラットフォーム提供者となり、ベ

ンチャー企業等サードパーティは、プラットフォームを通じて銀行のデータやIT機能の一部を活用してユーザーニーズにマッチするアプリケーションを形成します。

こうしたB2B2Cのビジネスモデルにあって、銀行はどのように立ち振る舞うことになるのでしょうか？

主な選択肢は、次の3つになると考えられます。

①銀行が提供する金融商品・サービスと、ベンチャー企業等サードパーティが提供する金融商品・サービスとが直接競合することになるパターン

②ベンチャー企業等サードパーティがユーザーインターフェース（UI）の窓口となり、銀行はプラットフォーム提供者として機能するパターン

③銀行が提供する金融商品・サービスと、ベンチャー企業等サードパーティが提供する金融商品・サービスが競合するのではなく、相互の補完関係で新たな価値を共創することにより、銀行とサードパーティの双方がユーザーに対して、優れたユーザーエクスペリエンス（UX）を提供するパターン

①では、ユーザーニーズに機敏に対応してスピーディかつ低コストで金融商品・サービスを提供するアプリを開発することができるベンチャー企業等サードパーティの持ち味が発揮されて、銀行との競争上、優位に立つことになると予想されます。

一方、②は、銀行がプラットフォーム機能に特化することになるBaaP（Banking as a Platform）モデルです。もっとも、これが極端化した場合には、銀行の役割がいわゆる土管化（dumb pipe）する恐れがあります。土管化とは、サードパーティがユーザーと直接取引する機能を担う一方、銀行はユーザーと接点を持つことなく、データや決済機能等をサードパーティに提供する機能を担うことを意味します（第8章コラム参照）。

そこで、③の銀行がサードパーティと協働する形で銀行、パートナー、ユーザー等をメンバーとする金融エコシステムを構築することにより、ディストリビューションチャネルの拡大を図りながらユーザーニーズにマッチした金融商品・サービスを提供するという価値共創のビジネスモデルが、伝統的な銀行が選択するベストシナリオであるということができます。

　具体的には、銀行がプラットフォーマーとしてベンチャー企業等に対して
APIを通じてデータ等を提供する一方、これによりユーザーとの接点をすべ
てベンチャー企業等に渡すのではなく、引き続き収益のコアとなるユーザー
との接点は維持、強化する戦略を追求するビジネスモデルが、エコシステム
における銀行の最適な立ち位置になると考えられます。

第5章

主要なチャレンジャーバンク、ネオバンク

　以下では、英国、ドイツ、米国、中国、韓国、ブラジルにおける主要なチャレンジャーバンクやネオバンクを概観します。

　なお、各行の紹介は、悉皆的に記述することなく、特にその銀行に特徴的なポイントに焦点を当ててみることにします。また、具体的なオペレーションの内容については、第6章主要オペレーションで横断的に述べることとします。

① 英国

　英国銀行業界は、伝統的な大手銀行による寡占状態にあり、このため、ユーザーへの金融サービスの低下が問題とされてきました。こうした状況下、政府は、金融界の競争促進を図るためにさまざまな規制緩和を行い、金融界への新規参入を促しました。この結果、数多くのチャレンジャーバンクが誕生して、伝統的な銀行にはみられないさまざまな工夫を凝らした金融商品・サービスを提供することにより、多くのユーザーを誘引しています。

（1）Starling Bank

　Starling Bank（スターリングバンク）は、2014年にロンドンで創設され、2016年に金融当局から銀行免許を取得したチャレンジャーバンクです。

　Starlingの創業者は、Anne Bodenです（序章参照）。

　Starlingは、2017年に英国でモバイルオンリー、アプリオンリーの当座預金口座の提供を開始しました。

　なお、Starlingの名称は、動きが素早く、気取らず、社交的な性格を持つホシムクドリの名前をとったものです。そして、Starlingのアプリは、そうした性格をそのまま反映したものとなっています。

　Starlingが狙う主要なユーザーは、生活するのにスマホが不可欠とするデジタルネイティブです。

　Starlingでは、預金量とユーザーの数を総合勘案すると、Starlingのカスタマーの多くは、Starlingをメインバンクとして活用していると推測しています。

　口座開設についてStarlingでは5分以内で可能であるとしています。個人が口座開設を申請するとスマホに確認コードが送られてきます。それに対して、申請者は、名前、生年月日、eメールアドレス、現住所を連絡、次に短いフレーズをスマホに録音して、パスポートか運転免許証の写真とともに送ります。これで口座開設の手続きは終了して、2、3日後に申請者の住所にデビットカードが郵送されてきます。

　なお、口座開設は、たとえばシェアハウスで同居しているパートナーとの間でジョイント口座を開設することも可能です。また、当座預金口座を使って友人等の間で割り勘を行うこともできます。

　デビットカードは、デュアルカレンシーカードで、1つのデビットカードで、ポンドでもユーロでも使うことができます。また、海外でのカード使用、現金引出手数料は無料です。カードが使用されるとリアルタイムでプッシュ通知があります。

　Starlingは、さまざまな金融サービスを取り揃えるのでなく、個人と中小企業向けの当座預金口座を軸にしたサービスに絞ってビジネスを展開しています。当座預金には付利されます。

　また、手数料の透明性確保に注力しており、ユーザーが当座貸越を使用すると、1日当たりどれだけの金利負担となるかが金額で表示されるとともに、当座貸越の金利負担を他行と比較した結果が7、30、60、90日間で表示されます。

　Starlingは、モバイルオンリーで実店舗を持たないことから、現金の預入・引出は、ATMのほかに店舗網が充実している郵便局でも可能となっています。

（PFM）

　Starling は、PFM（Personal Finance Management）に注力しています。

　Starling の創業者である Anne Boden は、「Starling の目的は、たとえば当座貸越から途方もなく高い手数料をとる、というのではなく、ユーザーが自分のお金をうまく管理することを手伝うことにある。スマホのアプリを開けば Starling 口座の残高がすぐ分かる。アップルウオッチで体の健康状態を常時、チェックすると同様、Starling のアプリをみて、自分のお金の健康状態を常時チェックできるようにしたい、という目的でアプリを作った。コツコツ貯蓄をするためには、たとえばコーヒーを買うのに 1.6 ポンドかかるなら、端数の 0.4 ポンドを自動的に貯蓄口座に入るようにする。このように、スマホを使って賢明に支出、貯蓄ができる」としています。

　また、ユーザーがデビットカードを使用して買い物等をすると、自動的に食料、旅行、コーヒー、ビール、エンターテイメント等の項目と買い物をした店舗に分類されてモニター画面に表示されることから、ユーザーは自分の支出行動をチェックして、無駄遣いを防止できるようになっています。

　なお、Starling に続いて設立された他のチャレンジャーバンクも、こうした Starling のサービスに類似したサービスを提供しています。

（2）Tandem

TANDEM

　Tandem（タンデム）は、2013 年に英国で創設され、2015 年に英国で 2 番目に銀行免許を取得したチャレンジャーバンクであり、モバイルファーストバンクです。

　Tandem は、2015 年に一旦銀行免許を取得しましたが、Tandem への投資家が予定通りに出資をしなかったことを原因とする資本基盤の整備不十分から 2016 年に免許がサスペンドされました。しかし、2017 年、Tandem が銀行免許を持つ中小銀行のハロッズ銀行を買収することによりこの問題は解決されて、2018 年に銀行免許を正式に取得しました。

　Tandem は、当座預金口座、貯蓄口座、1，2，3 年満期の 3 種類の定期預金、クレジットカード、ローンをスマホやパソコンを通じて提供しています。

　また、Tandem は、ユーザーが保有する異なる金融機関の複数の口座をユーザーのスマホやパソコンにダウンロードされた Tandem のアプリに紐付けて一括管理することができるアカウントアグリゲーション技術を強みとするスタートアップと提携しています。これにより、Tandem のユーザーは当座預金口座を開設している他のメインバンク等の口座にアクセスして、統合的な資金管理をすることができます。

（ユーザー＝共同創業者）

　Tandem の経営理念は、金融商品を売るのではなく、アプリを介してユーザーのマネーマネジメントの向上をサポートする「ユーザーの金融コントロールセンター」になることにあります。そこで Tandem は、アプリに金融コントロールセンターの機能を組み込むにあたって、ユーザーの声を幅広く聞きました。

　具体的には、Tandem は 1 万人を超える多くのユーザーを「共同創業者」と位置付けて、Tandem をより良い銀行にするために、銀行の経営方針からアプリの機能、ウエラブル機器の採否等、さまざまなアイディアや意見を経営サイドに提供することを勧奨しています。ちなみに、Tandem（縦につながる）という名称はユーザーの発案によるもので、Tandem とユーザーが良きパートナーシップを形成して Tandem をより良くするために共に努力しよう、との意味が込められています。

　また、ユーザーの間からは、貯蓄に関して「貯蓄をしようにも、日々のやりくりに追われてそれどころではない」とか、「一応、貯蓄目標は設定しているが、何かと物入りが多くてなかなか目標額に到達できない」等の声が聞かれました。

　こうした声をもとに Tandem は、貯蓄の要諦は、①続けること、②無理をしないこと、それには③少額から始めること、にあると考えました。そこで、Tandem は、ユーザーが貯蓄口座へ預入する次の 3 つの方法を提供しています。

❶ 端数の貯蓄

　たとえば、5ポンド30ペンスの買い物をすると70ペンスが当座預金口座から貯蓄口座に回る、というように買い物をした時の金額でポンドに満たない端数があれば、その端数を「Tandem自動貯蓄口座」（付利年率0.5％）へ預入されます。これは、Tandem自体の口座のほかに、Tandemに紐付されたすべての口座に適用されます。

　この端数貯蓄機能は、Tandemが行動経済原則の適用により貯蓄に関わる問題を解決することを狙ったものです。すなわちTandemでは、ユーザーがこうした少額の貯蓄を無意識に行うことにより、それまで自分は貯蓄など土台無理な話だ、と考えていたユーザーの貯蓄行動を変えるきっかけになる、としています。

❷ 安心の貯蓄

　Tandemのアプリは、Tandemに紐付されたすべての口座において、どれだけ預入と引出があるかのデータをもとに、毎週いくら貯蓄する余裕があるかを算出して、その金額をスマホのモニターに表示します。ユーザーは、それをみて収入の5〜15％を目標に毎週いくら貯蓄するかの水準を設定すると、その額が毎週自動的に当座預金口座から自動貯蓄口座に回されます。

　こうしたユーザーの収支をベースとする貯蓄余裕額の算出機能や、ユーザーが貯蓄目標を設定するにあたっての助言機能には、AIの機械学習アルゴリズムが活用されています。

❸ 随時の貯蓄

　上述の❶、❷のほかに、ユーザーはいつでも、いくらでも自動貯蓄口座に預入することができます。

❹ 資金収支の総合的な把握

　Tandemでは、自動貯蓄口座への預入のほかに、Tandemに紐付されたすべての口座の預入、引出、カードの使用状況等のデータをすべてまとめたレポートを作成して、モニターに表示します。ユーザーはそれをみて自己の消費

行動の欠点等を見出して自分の「お金の健康」の維持、改善に努めることができます。

　このようにして、Tandemでは、なかなか貯蓄することに踏み出すことができないユーザーに対して伝統的な銀行では為しえないようなユーザーエクスペリエンス（UX）を提供して、ユーザーに貯蓄の習慣を身に着けてもらうことを推進しています。

　Tandemのアプリにこうした機能を具備するために、Tandemは、ニューヨークでコグニティブ・アプリを金融機関に提供しているFinTechベンチャーと提携しています。この提携により、Tandemはコグニティブ・コンピューティングの機械学習を活用して、ユーザーの支出行動が行き過ぎているときに警告を発するとか、手数料を節減するためのコツをアドバイスしたり、将来発生しそうな出来事への備えの貯蓄を奨励しています。

（ハロッズ銀行の買収効果）

　上述のとおり、Tandemは銀行免許を持つハロッズ銀行を買収しましたが、Tandemは、買収したハロッズ銀行のエキスパータイズを活用して住宅ローンを提供しています。

　Tandemが対象とする主な顧客は、フリーランサーとかコンサルタント等、定期的な収入がなく、年収を推測することが難しいことから、本来、住宅ローンを借りるに足るキャリアーがあるにもかかわらず、伝統的な銀行からの借り入れができないような業種に属する人々です。

　また、ハロッズ銀行の買収により顧客数が急増したことから、創業時に構築したITのインフラから拡張性のあるクラウド（AWS、アマゾンウエブサービス）にシフトしています。

（3）Monzo

　Monzo（モンゾ）は、2015年に英国でMondoの名前で創業し、2016年に銀行免許を取得したことを機会に名称をMonzoに変更したモバイル専門の

チャレンジャーバンクです。

　創業者は、以前Starlingの創設にあたったTom Blomfieldです。したがって、Monzoのビジネススタイルは、機能も金融サービスの内容もStarlingに類似しています。

　Monzoは、カスタマーニーズに応えることを第一義とすることを信念としており、「われわれは、銀行免許を持ったカスタマーサービス会社です」と宣言しています。

　また、Monzoのスローガンは、未来の銀行（The bank of the future）を目指してユーザーと一緒になって銀行を作ろうというもので、ミレニアル世代の人気を集めています。実際にもMonzoは、「Monzoコミュニティ」と称してユーザーとの間のチャットのなかから、ユーザーニーズをきめ細かく汲みとり、それを商品開発やアプリの改善等に役立てています。

　こうしたユーザーとの交流は、SNSに加えて、英国の各地でコミュニティフォーラムを開催して、Monzoの各部門のスタッフと参加者が一堂に会して活発な議論を交わしています。

　Monzoの口座の開設は、人手を介することなくすべてシステムで行われ、1分以内で完結します。口座の開設は、16歳以上であれば可能で、将来はこれより若い人も対象とする構想を持っています。

　また、たとえば友人等との共同口座（joint account）を作ることも可能です。Monzoの口座では当座貸越が可能で、当座貸越の機能をオンにするかオフにするか、また当座貸越に限度を設定することができます。

　Monzoのアプリでは、ユーザーの支出が食料品の買い物や外食等、12のカテゴリーに分類されて、消費行動を認識できるほか、ユーザーがこれまでの消費行動に照らして過剰な消費を行おうとした時には、Monzoのアプリがユーザーに警告を発信します。

　こうした警告は、口座振替が通常行われる金額から乖離しているときにも発信されます。

（ポット）

　ポットは、Monzoコミュニティから出されたアイディアを採用したもので

す。ここでポットは、マネーポット、つまり貯金箱を意味します。

　具体的には、Monzoの口座内に先行きの支出に備えて区分けした別勘定を
ポットとして設定します。

　ポットは目的別に、パソコンの買い替え、海外旅行、住宅購入の手付金、さ
らには緊急時に必要となる支出等、いくつも作ることが可能です。たとえば、
スペインへの旅行代金を貯金するなら「スペインへ旅行」との名前のポット
を作ります。そのポットには、スペインのビーチの写真をアップロードして
付けるといったこともできます。

　そして、給料日に一般勘定からポットに資金をシフトしたり、一定のイン
ターバルで少額を自動的に移管するように設定します。また、買い物でポン
ド未満の端数が出た時には、端数の切り上げ分を自動的にポットに貯金する
こともできます。Monzoでは、このように少額の積み立てを日常生活の中で
コツコツと行うことが、最も有効な貯蓄の手段だとしています。

　ポットに預入された資金は日常の支出に使うことはできませんが、計画の
変更等により日常資金が不足を来すようなことがある時には、ポットから一
般勘定への付け替えが可能です。

　しかし、安易に付け替えができないように、ポットをロックしておいてそ
こから目的外で資金を引き出すためにはパズルを解かなければならないよう
に設定することもできます。敢えてこうしたややこしい動作を必要とするこ
とは、ユーザーがせっかく特定の目的のためにコツコツ貯蓄してきた資金を
引き出して日常の支出に使うことが妥当かを立ち止まって考えるcooling-off
の時間を与えることを狙いとしています。

　このように、コミュニティから出されたアイディアをもとにして創られた
ポットは、ユーザー自らの浪費を抑制する等、計画的な家計を実践するのに
役立てられています。

（**システム**）

　Monzoは、システムを開発するにあたって、わずか数カ月間でプラットフ
ォームをすべてインハウスで構築しました。これは、中小企業のファイナン
スからデリバティブ取引まで幅広い機能を持つシステムを構築するのではな

く、当座預金口座にフォーカスした機能に絞った結果です。そして、シンプルで柔軟なシステムからスタートして、漸次ユーザーニーズを汲み取りながらシステムの機能付加を図るとしています。

（4）Metro Bank

Metro Bank（メトロバンク）は、2010年に英国で銀行ライセンスを取得したチャレンジャーバンクです。

Metro Bankは、実店舗での対面業務とデジタルバンキングの双方を展開する銀行で、英国において実店舗を持つ銀行として当局から銀行ライセンスを与えられたのは、実に100年振りとなります。

創業者のVernon Hillは、英国の伝統的な銀行の対応が悪い、遅い、窓口に長蛇の列ができる、という金融サービスをみて、「伝統的な銀行のやり方を変える。この改革に参加しよう」（Changing the way Britain banks. Join The Revolution.）とのスローガンの下、米国で自分の手により創業したCommerce Bankの顧客重視のビジネスモデルをそのまま再現する形で英国に持込み、Metro Bankを創設しました[1]。

デジタルバンキングが浸透するなかにあっても、個人や中小企業の間には、実店舗での対面で金融サービスを受けたいとする向きが少なくありません。Metro Bankでは、そうしたニーズを汲み取って、実店舗とデジタルバンキングの両面作戦でいくことを選択しました。

Metro Bankは2016年にロンドン証券取引所に上場しています。なお、Metro Bankは、2019年初に自己資本規制における自己資本の必要額の算出を過小にしたというミスを犯し、この結果、一時的に自己資本不足の状態となり株価が急落する、という局面がありました。

（実店舗のユニークなサービス）

大半のチャレンジャーバンクがデジタル専門であるのに対して、Metro Bankは実店舗で対面サービスを行うことが主、パソコン、モバイルでのデジタルバンキングが従という形でビジネスを展開しています。もっとも、デジ

タルが従といっても、そのサービスは、他のチャレンジャーバンクに引けを取らない内容となっています。

　Metro Bankでは、顧客を獲得するのではなく、Metro Bankの「ファン」を増やすことが重要であるとしていますが、まさしくその経営方針をさまざまな施策に体現しています。

　Metro Bankの店舗が休みとなるのは、クリスマスなど年4日だけです。また、営業時間は、平日が朝8時から夜8時までと伝統的な銀行に比べると長く、土曜日は夜6時まで、日曜日は午前11時から午後4時まで営業しています。こうした平日の長時間営業や週末営業のスタイルは、創業者のVernon Hillが、米国で設立したCommerce Bankの営業スタイルをMetro Bankにそのまま持ち込んだものです。

　また、営業時間については、実際の営業開始時間の10分前、営業終了時間の10分後でも入店することができる「10分ルール」が採用されています。

　店舗内には、「馬鹿げた規則は一切なし」(NO STUPID RULE)とのポスターがありますが、これは伝統的な銀行の硬直的なルールを排除することを強調したスローガンです。また、ポスターには、Metro Bankでは小さな文字で書かれた内容を後になってユーザーが知って驚くというようなことはありません、と書かれています。

　Metro Bankはすべての店舗において、店舗を銀行の支店(branch)ではなく、商店街の店舗(store)のようにするといった戦略を展開しており、実際にも店舗にはstoreの名称が付けられています。

　英国の伝統的な銀行では、支店を訪れると、まず窓口に列を作っている人々の後尾に並ぶ必要があります。しかし、Metro Bankでは仮にユーザーを待たせる時には、ユーザーと一緒に来た子供や犬にフレンドリーな環境を提供するために、子供にはキャンディー、犬には水やビスケットを与えるほか、来店客全員に飲み物が無料で提供されます。さらに、Metro Bankに用事がない人でもトイレの使用ができるように配慮しています。

　また、店舗はガラス張りにして入りやすくしているほか、窓口に加えてドライブスルーでユーザーが乗車したままスタッフとやり取りできる店舗や、ドライブスルー専門の店舗もあります。

　さらに、店内でクリスマスやハロウィーン等の季節行事をはじめ数々のイベントを実施したり、定期的に子供向けの金融教育プログラムを提供しています。

（商品メニューではなく顧客サービスで勝負）

　Metro Bankでは、複雑な仕組みを持つ預金や投資商品等、多種多様な商品メニューを提供するのではなく、預金・貸出共に取扱商品は極力減らして、カスタマーファーストの徹底による顧客サービスの質的向上を差別化戦略としています。

　実際にも、Metro Bankでは預金金利は他行に比べて低水準に抑える等、プライシングでの競争戦略をとらず、あくまでも実店舗におけるサービスの質的向上や親しみやすさにより、Metroファンの獲得を指向しています[2]。

　そして、店舗でスタッフがユーザーと対面で話をする際には、金融商品のセールスというよりも、ユーザーの真のニーズを聞き取ったうえで、アドバイスをするといったスタンスをとっています。

　Metro Bankは、ユーザーに対するサービスを充実させるために、徹底した行員向けトレーニングを実施、また、顧客満足度を勘案した報酬体系としています。

　Metro Bankでは、地域の雇用創出にも注力しており、店舗を新設する際には、そのエリアの住民を優先して雇用しています。

　なお、英国競争・市場庁が2019年実施した英国の銀行に対する顧客満足度調査では、Metro Bankは、総合で2位、オンライン・モバイルバンキングでは1位、顧客関係・口座管理では2位、支店・ビジネスセンターのサービスでは2位と上位にランクされています。なお、総合と顧客関係・口座管理、支店・ビジネスセンターのサービスで1位となったのは、スエーデンを本拠地とするHandelsbankenです。

（5）Atom Bank

　Atom bank（アトムバンク）は、英国銀行史の過去100年で銀行免許を取得した2番目の銀行（1番目はMetro Bank）で、実店舗もwebサイトも持たない英国最初のモバイル（スマホとタブレット）アプリ専業のチャレンジャーバンクです。

　すなわち、Atom bankは、2014年に設立、2016年にフル銀行免許を取得して営業開始の正式認可を得て創業した銀行です。なお、Atom bankはKPMGが実施しているFintechの優良企業の選定で2016年、トップ10に入賞しています。

　Atom bankの本社は、ロンドンから離れた北東部のダラムにあり、ロンドンに小規模の事務所を設置しています。

　Atom bankの創業者は、Metro Bankの創業者であるAnthony Thomsonと、HSBCのインターネットバンキング部門長を務めたMark Mullenです。

　起業家として銀行を創設して資金を集めた経験を持つThomsonと、優れたデジタル技術を持つMullenは、FinTechの世界で理想のコンビといわれました。そして、このコンビでAtom bank創設後2年というスピードで開業に漕ぎ着けたのです。

　Atom bankの最大の出資者は、スペインの大手銀行BBVAです。

　Atom bankは、StarlingやMonzoのように当座預金口座はなく、あくまでも中長期のマネーマネジメントを顧客に提供しています。具体的には、3，6ヵ月、1，2，3，5年物の定期預金と住宅ローン、それに中小企業向けローンを提供しています。なお、定期預金の預入額の上限は合計10万ポンドとなっています。また、住宅ローンは、固定金利で2年と5年があり、LTV（Loan-To-Value）で75，80，85，90％別に金利が設定されています。

（モバイルアプリ専業銀行）

　Atom bankは、スマホをはじめとするモバイルアプリを唯一のチャネルとしてサービスを提供するアプリ専業銀行です。

　創業者のThompsonは、次のように述べています[3]。

「銀行の店舗に行くことを『ダイレクトバンキング』、スマホを使うことを『リモートバンキング』と呼ぶことがあるが、まったく馬鹿げた話だ。自宅やオフィスから歩いて銀行の店舗に行くことこそがリモートというものだ。

スマホは、ユーザーがどこにいても手元にあり、リモートとはまったく無縁である。スマホほど近いものはない。

われわれが Atom bank と名付けたのは、まさしくユーザーと銀行との距離が atom（原子）ほど近いことを示したものだ」。

また、Thompson は、週末を含めて24時間アクセスできるモバイルオンリーの Atom bank を創設するに至った動機を次のように述べています。

「Metro bank の創設にあたって、われわれは、多くのユーザーが抱えている次の疑問に答えることにした。

なぜ、ユーザーが本当に銀行に行きたい時間に開いていないのだ？

なぜ、ユーザーが出勤途中の朝8時頃に銀行に行きたいのに開いていないのだ？

なぜ、ユーザーが帰宅途中の夜8時頃に銀行に行きたいのに開いていないのだ？

なぜ、ユーザーが勤務から解放される週末に銀行が開いていないのだ？

こうした疑問のすべてに的確に答えるには、モバイルバンキングがベストだ」。

（生体認証）

Atom bank は、顔や声を利用した生体認証の仕組みを他行に先駆けて導入しています。

モバイルバンキングのログインには、通常、ID が使われますが、Atom bank では、6桁のパスコードのほかに、ユーザーが顔認証か声認証のいずれかを選択できることとしています。したがって、ユーザーが Atom bank に口座を開設するためには、顔と声を登録する必要があります。

すなわち、アプリで自撮りの写真を送るか、簡単な言葉をしゃべると Atom bank はそれを登録して、ユーザーがログインするときの認証に使用します。これにより、面倒なパスコードやペットの名前等を覚える必要もなくなります。また、Atom bank では、先行き指紋認証の導入も企図しており、これが

導入されると3種類の生体認証から選択できることになります。

（6）Monese

Monese（モネーゼ）は、英国で2013年に設立され、2015年に営業を開始したモバイル専門銀行です。

Monese は、ネオバンクでMonese に預金された資金は、Monese が提携している銀行に預託されて、Monese が融資等に使用することはありません。

Monese の開設は、創業者の Norris Koppel がエストニアから英国に移住した時に伝統的な銀行で当座預金口座を開設できないフラストレーションがきっかけとなっています。

すなわち、Koppel が英国に移住して間もなく銀行に預金口座の開設を申し込んだところ、英国における信用履歴が無いとか、住所を証明する公共料金の請求書がないといった理由で、銀行から門前払いを受けました。預金口座がないと給与の振込もアパートを借りることもできません。これは、なにもKoppel に限られたことではなく、英国に来たばかりのすべての人が遭遇する問題です。

そこで、Koppel は、住所証明や所得証明、信用履歴証明がなくても、スマホで自撮りした写真とパスポートかID カードがあれば口座を開設することが可能なスマホオンリーのMonese の創設を決意しました。

これにより、英国に到着してすぐに口座の開設が可能であり、また、定期的な収入が無いユーザーに対しても口座開設の途が開かれました。

Monese は、2016年4月にアムステルダムで開催された欧州FinTech 会議でベストチャレンジャーバンク賞を授与しています。

（国境なき銀行）

Monese のスローガンは「国境なき銀行」（banking without boundaries）です。具体的には、EEA（欧州経済領域）に居住していたら誰でもMonese の英ポンド建て、またはユーロ建ての口座を持つことができます。なお、これはBrexit の本格移行後も基本的に変わることはない、としています。

　Moneseの営業開始に先駆けて口座開設の予約を申し込んだ顧客は欧州各国から実に56千人にのぼりました[4]。

　Moneseは、これまで31カ国に居住する1百万人のユーザーを獲得、1日に約3千人の新規ユーザーを獲得しており、先行きさらに新たなエリアに拡大していきたいとしています。

　Moneseのユーザーサポートは英、仏、独、ポルトガル、ブラジルポルトガル、ブルガリア、伊、スペイン、ルーマニア、ポーランド、チェコ、トルコ、エストニア、リトアニアの14か国語で行われています。

　海外送金は、8通貨で25カ国向けに可能で、インターバンクレートで外貨に交換のうえ送金されます。Moneseでは、海外送金手数料は、伝統的な銀行に比べると2割弱（8割強安）であるとしています。

　Moneseは、決済プラットフォームの大手PayPalとのコラボを行っています。これにより、英国のユーザーは、世界のどこにいてもMoneseとPayPalの口座をリンクさせてMoneseのアプリを開くだけでPayPalの残高や最近の取引をチェックすることができます。

　また、MoneseのカードをPayPalのデジタルウォレットに組み込んで、PayPalの顧客である世界中の消費者や小売業者に送金することができます。

（ノマドワーカー等を顧客に）

　Moneseは、常に英国にいるわけではなく英国とさまざまな国との間を行き来するものの、英国の銀行に口座を持つ必要のある人々に、特に適したチャレンジャーバンクであるということができます。すなわち、MonzoやStarling Bank等の多くのチャレンジャーバンクがミレニアル世代等、デジタルネイティブを主要なユーザーとして想定しているのに対して、Moneseの創設の狙いは、国をまたがって移動するユーザーのニーズを汲み取ることにあります。

　そうした人々には、いわゆるノマドワーカーや、定住国を持たないグローバルシチズン、移住者、留学生、フリーランサー、プロジェクト従事者等がいます。なお、ノマド（nomad）の本来の意味は遊牧民で、ノマドワーカーは、オフィス以外のさまざまな場所でスマホやタブレット、ノートパソコンを使

ってコミュニケートしながら仕事をする人をいいます。

　また Monese は、速やかに、かつ簡単に銀行口座を持ちたいとする転勤者や外国人、旅行客にも適したチャレンジャーバンクです。

　このように創設当初の Monese は、英国に移住してきたばかりの人々とか定住国の無い人々をターゲットとしていましたが、いまでは、Monese のアプリの使い勝手が良い等の理由で、こうした人々以外に多くの一般人を誘引して、ユーザー数を増やしてきています。

　Monese に口座を開設したユーザーの特徴は、伝統的な銀行をメインバンクとしながら Monese を単にサブバンクとして使うというよりも、Monese をメインバンクとして活用している点にあります。実際にも、Monese に口座を開設したユーザーのうち、給振の対象口座を Monese にしているユーザーの割合は75％に達しています。

（7）OakNorth

　OakNorth（オークノース）は、2015年に設立され、英国100年の歴史の上で3番目に銀行ライセンスを取得したチャレンジャーバンクです。

　OakNorth は、欧州の数あるユニコーンのなかでも、創業からわずか30カ月という最短期間でユニコーンに到達した FinTech ベンチャーとして有名です。

　OakNorth のアクセスチャネルは、スマホやパソコンにより行われます。

（アントレプレナーが創設したアントレプレナーのための銀行）

　OakNorth は、2015年に Rishi Khosla と Joel Perlman の2人のアントレプレナーにより設立されました。

　OakNorth を設立する以前、2人は、企業からリサーチ分析を受託する小規模の会社を創業してビジネスを展開していました。その後、会社は順調な成長を遂げ、それに必要となった運転資金の借り入れを大手銀行に申請しました。しかし、銀行は、OakNorth が名の知れない中小企業であり、それもビジネスの内容が馴染みのないものであるとして、先行きの成長に必要なファイナンスを提供することを拒否しました。

　その後、2人は会社を経営していく過程で、将来性が有望であるにもかかわらずOakNorthと同じように資金調達に苦しんでいる数多くのアントレプレナーに遭遇することになります。そこで、2人は先行きの経済を支える屋台骨となるこうしたアントレプレナーのニーズに応えることができるビジネスモデルをベースにしたチャレンジャーバンクの設立に踏み切ることを決断しました。

　このように、OakNorthは、将来の成長を目指すアントレプレナリアル・スピリット旺盛な個人営業主や中小零細企業に対して各々のビジネスニーズにマッチした融資を提供することに特化したチャレンジャーバンクです。

　実際にも、OakNorthの創業者は「われわれは、従来型の銀行を創るために金融界に乗り込んだわけではない。われわれのミッションは明確だ。それは、急成長を遂げている企業が、その志を追求するために必要とする融資を付けることだ」とし、OakNorthは、「アントレプレナーが創設したアントレプレナーのための銀行」であると主張しています。

　また、OakNorthは「自分たちは、誰も相手にもしなかったアントレプレナーに対して融資を行っている。それも特に低い金利での融資ではないことから、伝統的な銀行にチャレンジしているわけではなく、そうした意味のチャレンジャーバンクではない」としています。

　OakNorthでは、こうした経営方針の下、とりわけ2008年の世界的な金融危機以降、アントレプレナーのみならず、伝統的な銀行が門前払いをするような中小零細企業に対して積極的な融資を展開しています。

（OakNorthの最強のIT）

　OakNorthのON AI（OakNorth Analytical Intelligence、OakNorth業務分析頭脳）プラットフォームは、融資の審査、契約締結、実行、融資後のモニター等、融資プロセスに関わる一連の業務をコンピューターで行います。

　具体的には、ON AIは、過去のデータの分析や対象企業が属する業界のシナリオ分析を行うバックワードルッキングな伝統的な方法を、対象企業のベンチマーク、マクロ経済の予測、対象企業に的を絞ったシナリオ分析を行う先進的なフォワードルッキング法で補完する機能を果たします[5]。そして、シ

ナリオ分析は最新のテクノロジーとビッグデータを組み合わせて行います。

　ON AIプラットフォームの活用により、中小零細企業にカスタマイズした融資を伝統的な銀行の10分の1という短期間のうちに実行することが可能となり、ユーザーエクスペリエンス（UX）の向上を図りながら中小零細企業の成長をサポートすることができます。このように、OakNorthでは、信用審査や貸付業務を機械学習により行うことにより、伝統的な銀行に比べて格段に短い期間で貸付プロセスを実行します。

　また、融資審査、実行、融資後のフォローに必要な人員を大幅に削減して、効率的な融資ビジネスを実現しています。

　さらに、ON AIが信用判定も精緻に実施することから、ローンポートフォリオの質的向上を期待することができます。すなわち、貸付後もON AIによりすべての借り手のビジネス面と金融面の双方のデータをモニターすることにより、先行きの返済遅延やデフォルトの可能性を逸早く把握して、問題解決策を借り手との間で協議してプロアクティブにその発生を回避する手を打つようにしています。

　もっとも、OakNorthでは融資の審査をすべてON AIに丸投げしているというわけではありません。ON AIが分析したデータが融資を行うのに適切であるとみられる場合には、OakNorthは、当該企業の経営幹部との話し合いの場を持ち、幹部が企業の現状を十分把握し、また、先行きしっかりとしたビジネスプランを構築しているかを確認のうえ、融資の可否を判断します。このようなプロセスを経て、仮に収益やキャッシュフロー等のデータが良好なものであってもマネジメントやガバナンスの在り方に不満を持って融資を拒否する場合には、その理由を明確に経営幹部に伝達して、体制を立て直したうえで再度融資を申請する機会を与えることにしています。

　このように、OakNorthではON AIが人手による審査を代替するというより人手による審査をON AIが補助することにより、伝統的な銀行に比べて審査プロセスを効率化するという位置付けでON AIを活用しています。

　成長著しい中小企業にあっては、融資を得られないことによる機会費用は甚大なものがあります。こうしたことから、OakNorthでは、先行きプロセスの8割をオートメ化して、融資審査をさらに迅速にできるように持ってい

きたいとしています。

📱))) コラム　**AI（Analytical Intelligence、分析頭脳）**

　精神学者の Robert Sternberg は、人間の知能は 3 種類に分類されるとする三頭理論 (triarchic theory) を提唱しました[6]。

① 分析的知能 (analytical intelligence)

　複雑なパターンを認識して、それを論理的に説明したうえで、将来起こり得るイベントを的確に予測する能力。

② 創造的知能 (experiential intelligence)

　予期せぬ出来事やジレンマが発生した場合に、新たな技術やアイディアにより創造的な解決策を見出してその課題を解決する能力。

③ 実践的知能 (practical intelligence)

　たとえ自分を取り巻く環境が変化しても、これを冷静に捉えて的確に対応する能力。

　そして、Sternberg は、人間として成功するためにはこの 3 つの知能がバランスよく保たれることが重要であるとしています。

（8）Revolut

Revolut

　Revolut（レボリュート）は、2015 年に英国で創設されたチャレンジャーバンクです。

　Revolut は、英国の金融テクノロジーのインキュベーターである Canary Wharf で創設されたことから明らかなように、先進のテクノロジーを駆使したデジタルバンクです。

　Revolut は、当初、免許がとりやすい電子マネー業者 (electronic money institution) として、デビットカードの発行や、外貨両替、P2P 送金等を提供して多くのユーザーを集めましたが、その後、チャレンジャーバンクの免許

を取得してモバイルによる当座預金口座等の金融サービスを提供しています。

　Revolutは、創設3年目にして時価総額が1,700億ドルにまで拡大した英国最大のユニコーンです。

（Revolut 創設の狙い）

　Revolutの創設者の1人でCEOのNikolay Storonskyは、クレディスイスやリーマンブラザーズのトレーダーとしての経験から、銀行の課する手数料や為替レートが顧客ニーズに真に沿ったものかどうかはなはだ疑問であるとして、銀行は、よりカスタマーセントリックなサービスを提供することが重要である、と考えました。

　こうした創設者の理念を映じて、Revolutでは、口座開設料は無料で、アプリにより27種類の通貨に交換することが可能であり、その相場はインターバンクレートで行われます。また、海外送金が無料という特徴も打ち出してユーザーを吸引しています。Storonskyによると、Revolutは伝統的な銀行よりも10倍良質の金融サービスを10分の1の低コストで提供することを目標とする、としています。

　Revolutの創設者のもう1つの狙いは、チャレンジャーバンクで最初に複数通貨を使用できるカードを作ることであり、Revolutでは、実に140を超える通貨でのカード支払いやATMの引き出しに対応しています。

　また、Storonskyは、将来は、預金、借入れ、貸出、支出、年金、住宅ローン、投資助言等のサービスがスマホの1つのインターフェイスでシームレスに可能となる最適なユーザーエクスペリエンス（UX）の提供を目指すとしています[7]。

（仮想通貨）

　Revolutは、仮想通貨の取り扱いも行うデジタルバンクです。

　Revolutでは、ユーザーが仮想通貨取引を行うにあたって取引所を利用すると、時間も手数もかかるとして、スマホから簡単に取引できるサービスを提供しています。

　具体的には、ユーザーが保有するさまざまな種類の通貨のどれからでも

Bitcoin や Litecoin、Ethereum、Bitcoin Cash、XRP に交換することができます。

また、グラフ化した画面で仮想通貨の相場をリアルタイムでチェックすることができるほか、保有する仮想通貨の相場が、ユーザーがあらかじめ設定した一定の水準に達した場合にはアラートで知らせる機能も付加されています。

さらに、スマホを使って保有する仮想通貨を他の Revolut ユーザーに即時に送金することができます。

なお、Revolut では、ユーザーが Revolut に支払った仮想通貨に関わる資金は、FSCS（金融サービス補償機構）等により保証されるものではない、と警告しています。

〈海外展開〉

Revolut は、欧州で展開しているほか、2017 年に米国に進出したのち、2019 年には豪州に進出しています。

また、第1波の海外進出として、米、豪のほか、ニュージーランド、シンガポール、日本、また、それに続く第2波として、インドネシア、マレーシア、インドへの展開も計画中です。

② ドイツ

（1）N26　Ｎ26

❶ N26 創業のコンセプト

N26 の前身は NUMBER26 という名前で 2013 年、ドイツ（本拠地ベルリン）で創設されました。NUMBER26 は当時、銀行免許を持つオンライン決済サービス会社の Wirecard と提携するネオバンクでしたが、2016 年に銀行免許を取得すると同時に社名を N26 に変更して、チャレンジャーバンクとなりました。

なお、ユーロ圏に属する銀行に対する免許は、2014 年に導入された単一監

督メカニズム（Single Supervisory Mechanism、SSM）により、欧州中央銀行（ECB）が付与することになっています。

N26の26という数字は、「バンキングをより簡潔に、機能的に、楽しめるものに創り変える」というコンセプトをもとに、ルービックのキューブの26手から取ったものです。すなわち、複雑な問題でもその解決方法が分かっていれば、わずか数回の動きで解くことができる、金融もまったくこれと同じで、イノベーションの欠如から複雑でユーザーのフラストレーションが高まることもしばしばあるが、正しいアプローチと動きさえすれば、バンキングを根本的に改善することができる、という趣旨からN26の名称が付けられたものです。

N26への預金は、預金保険制度が適用されて、10万ユーロまで保護されます。

N26の筆頭株主は、PayPalの設立者であるピーター・ティール率いるValar Venturesです。N26には、このほかにテンセントやアリアンツ等が出資しています。

❷ 欧州を代表するモバイルファーストバンク

N26は、その前身であるNUMBER26の時代は、"Europe's first completely mobile bank"と謳っていたようにモバイルオンリーでしたが、その後、モバイルとパソコン双方のサービスを提供しています。しかし、N26が主力としているチャネルはあくまでもモバイルです。

このように、N26は、モバイルファーストバンキングとしてミレニアル世代をターゲットに絞り込んで、徹底的にユーザーインターフェース（UI）とユーザーエクスペリエンス（UX）を追求したデジタル戦略を展開しています。

N26の創業者は、N26創設当初から、ユーザーの対象を自国のドイツに限定せず、欧米諸国に幅広く展開することを考えていました。そして、EEA（欧州経済領域）内の単一パスポート制度を活用して、欧州大陸の各国のユーザーを吸引したほか、2019年には米国で金融サービスの提供を開始しました。

N26の口座は、ドイツのほかに、スペイン、イタリア、ギリシャ、アイルランド、スロバキア、オランダ等の欧州諸国や米国に居住している18歳以上

であれば、開設が可能となっています。

　なお、N26は、2018年に英国に進出して、英国のユーザーにポンド建ての当座預金口座を提供していましたが、Brexitにより2020年4月に英国から撤退しました[8]。

　N26のユーザーサービスは、英語をメインの言語としているほか、独、仏、スペイン、イタリアの各言語で対応しています。

　ユーザーは、N26のアプリをスマホ等にダウンロードして簡単に口座を開設することができます。N26は、特にユーザーからアプリの使い勝手が良いとの評価を得ています。

　また、ユーザーはN26から送られてくるEU諸国で使用することができるMasterCardのデビットカートでのキャッシュレス決済や、N26が提携しているTransferWiseの利用によるN26ユーザー間の海外送金等の金融サービスを利用することができます。

❸ FinTechスタートアップとの協働

　N26は、金融サービスをリバンドルして、1つのプラットフォームで口座開設から決済、国内・国外送金といった通常のバンキングは勿論のこと、当座貸越、融資、P2P決済、外国為替、さらには投資、保険まで行うことができる戦略を推進しています。

　そのために、システムは他社との連携で効率的に構築してリソースの使用を節減して、アプリの使い勝手の良さや機能の充実といったユーザーインターフェース（UI）とユーザーエクスペリエンス（UX）にリソースを重点的に投入するほか、プラットフォーマーとしての強みを存分に生かして幅広い分野で数多くの企業と提携して、さまざまな金融サービスを提供しています[9]。

　たとえば、ユーザーは、ドイツのロボ・アドバイザー会社vaamoを通じて小口の投資を行いながら、ユーザーのリスク選好に応じてカスタマイズしたポートフォリオを構築することができます。

（2）Fidor Bank

　Fidor Bank（フィドールバンク）は、2010年創業のドイツ（本拠地ミュンヘン）のデジタルオンリーのチャレンジャーバンクです。

　2007年、Fidor Bankの3人の共同創設者（Matthias Kröner, Dr. Michael Maier, Steffen Seeger）は、インターネットをはじめとするデジタルデバイスがユーザーの間に普及し、またSNSでのコミュニケーションが進展する中で、多くのユーザーが高度の金融サービスや優れたユーザーエクスペリエンス（UX）を求めているにもかかわらず、伝統的な銀行は相も変わらず店舗で代り映えのしない商品・サービスを提供することによって利益を得ていることに苛立ちを覚えました。

　そこで、彼らは、ユーザーニーズに対応することに焦点を絞って、先進のテクノロジーを活用して、既存の金融サービスをすべて塗り替えるイノベーションをベースとした金融サービスを魅力的なユーザーエクスペリエンスと共に提供する銀行を白地から創設することを決断しました。

　2007年、Fidor Bankは、独当局に銀行免許の申請を行い、2009年に免許を取得、翌2010年に営業を開始しました。

　Fidor Bankは、自らを「銀行ライセンスを持ったFinTechカンパニー」と称して、最新のテクノロジーを駆使して革新的な金融商品・サービスを機動的に生み出すことにより、デジタル世代を主要なターゲットとしてユーザーエクスペリエンスの差別化を図っています。

　この結果、Fidor Bankは、2013年から2014年にかけてイノベーションに優れた銀行として数々の受賞を得て、一躍有名となりました。

　なお、Fidor Bankは、2015年に英国当局からも銀行免許を取得して、英国でもビジネスを展開していましたが、Brexitに関わる不透明さを嫌気して英国から撤退することにしています。

　Fidorグループの中核となるFidor Bankは、Fidor TecsとFidor Payment Servicesの2つの企業を傘下に持っています。

　このうち、Fidor Tecsは、Fidor Bankのfidor OSプラットフォームとAPIライブラリーを運営している会社です。

　一方、Fidor Payment Servicesは、Fidor Bankの戦略的企業で、世界中に40を超える決済方法を提供しています。

　2016年、Fidor Bankは、仏の第2の金融グループBPCEにより買収されましたが、引き続きFidor Bankの名称で営業を展開しています。

　Fidor Bankは、オープン性とコミュニティという2つの原則を掲げています。

❶ Fidor Bankのオープン性

　Fidor Bankの「オープン性」は、Fidor BankがAPIを活用してFinTechスタートアップや金融関連サービス会社と幅広く提携して、そうしたサードパーティが開発したさまざまなアプリをユーザーに提供することを意味します。

　オープン性は、Fidor Bankがコアシステムを持っていても、それだけではユーザーが要求するさまざまなニーズに応えることが困難であり、パートナーとの間でエコシステムを構築することがベストソリューションであると、Fidor Bankが認識していることを具現化したものである、ということができます。

❷ Fidor Bankのコミュニティ

　Fidor Bankの「コミュニティ」は、銀行とユーザーとの間やユーザー同士の絆を強固なものとすることを目的とした仲間的な色彩が濃い組織です。

　Fidor Bankが掲げるモットーは、ソーシャルメディアとユーザーエクスペリエンス（UX）を通じてユーザーとの間で交流を深める「友達とのバンキング」（banking mit freunden）の提供です。

　Fidor Bankでは、ユーザーと銀行との付き合いを楽しいものとして、ユーザーと銀行が一緒になった「ファンクラブ」を軸とするデジタルコミュニティ銀行を指向しています。

　このコミュニティの組成の背景には、すべてのユーザーがデベロッパーとなる潜在能力を持っている、とのFidor Bankの創業者の強い信念が反映されています。すなわち、Fidor Bankでは、スタッフとユーザー、またはユーザー同士がモバイルやパソコンで情報や意見を交換することを通じて、Fidor Bankの戦略を遂行するうえで、より良いソリューションを導出して、さらに

その絆を強固なものにすることを期待しています。

　こうした情報交換には、Fidor Bankからは、たとえば家計の収支に関する事柄や、貯蓄に関するアドバイス、デジタルバンキングのセキュリティについてのアドバイス、またユーザーからは、たとえばFidor Bankの金融サービスに対する評価、新たな金融商品・サービスの開発の提案があります。

　Fidor Bankは、このコミュニティに多くの参加者を誘引するために「ソーシャルメディアバンク」を標榜して、FacebookやTwitter、LinkedIn、YouTube、SlideShareといったSNSを駆使し、またCEOも自らそうしたSNSでFidor Bankの特徴等を発信しています。

　Fidor Bankが促進するコミュニティの成果の1つに、コミュニティのメンバーとFidor Bankのスタッフとの協働で作成した冊子「Fidor Bank Moneyfesto」があります。この冊子には、お金のやりくりについての10のルールが記述されています。

　また、コミュニティへの参加者の活動を促進するために、たとえばFidor Bankのサイトに的を射た質問をした場合やその質問に対して優れた回答をした場合に、質問者と回答者の双方に少額のお礼をするとか、金融商品やサービスの開発に関わる提案をしてそれが実際に採用された場合には報奨金を支給する等の策も講じています。

　さらに、Fidor Bankの金利設定にも、コミュニティへの参加者の意向が反映されるような仕組みを導入しています。たとえば、FacebookのSNSでFidor BankのHPへアクセスして「いいね！」をクリックした人数があらかじめ設定した水準を上回った場合には、それ以降年末までの預金金利を引き上げるとか、預貸金利を設定するにあたっては参加者を共同経営者のように位置づけてコミュニティの参加者の意見を聞く、といったことも行われています。

　Fidor Bankは、SNSからのアクセス数と預金口座開設数には明確な正の相関があることが確認され、また、コミュニティの参加者は、デジタル世代に限らず、極めて多様性を持った構成になっている、としています。

　なお、このコミュニティに参加するためには、Facebookからeメールアドレスと名前を通知すれば可能であり、Fidor Bankのユーザーであることは必ずしも要件とされていません。これは、コミュニティに参加して活動するこ

とにより Fidor Bank が真に信頼できる銀行（Fidor はラテン語で「信頼」の意味）であることが分かった参加者が、いずれ Fidor Bank のユーザーになることが期待されるからです。実際にも、コミュニティプラットフォームへの参加者の 3 人に 1 人が Fidor Bank に口座を開設しており、Fidor Bank が当初予想していた 10 人に 1 人の割合を大幅に上回っています[10]。

❸ fidor OS と FidorTecS

　Fidor Bank のコミュニティを支えているシステムが fidor OS です。Fidor Bank の創業者は、オープンで透明性の高いシステム、利便性が高くユーザーとの間の交流が促進されてそれが銀行の発展につながるようなシステムを提供することができるようなベンダーを探しました。しかし、そうしたニーズを満たすことができるようなシステムは見当たらず、結局 in-house でシステムの開発を手掛けることになり、その結果、構築されたのが fidor OS です。

　この fidor OS プラットフォームにより、ユーザー間の交流が促進され、いまではドイツにおける屈指の金融コミュニティが形成されるまでとなっています。

　fidor OS は、FidorTecS により構築され、運用されています。当初、fidor OS プラットフォームは、もっぱらコミュニティの運営のために構築されたものでしたが、その後、Fidor Bank のコアシステムを構成する重要な要素に発展しました。そして、このシステムは、FidorTecS が他企業にホワイトレーベルで提供しています。

　また、fidor OS は、オープン API によりサードパーティとの間で金融サービスをユーザーに提供しています。

　Fidor Bank では、fidor OS を活用することによって、伝統的な銀行のようにレガシーシステムに縛られることなく、e メールアドレスやスマホの電話番号、Twitter のアカウントを使ってリアルタイムで決済、ローン、送金等が可能となっています。

❹ Fidor Bank のエコシステム

　スマホをはじめとするデジタルデバイスの普及により、ユーザーニーズが

高度化、複雑化してそれが転々と変化する状況にあっては、それに単独の組織で対応することは困難となっています。

Fidor Bank は、この点を逸早く認識して、パートナー、アプリのデベロッパー、ホワイトレーベルの企業等の間で強固なエコシステムを構築しています。

伝統的な銀行のなかには、異業種から金融分野に乗り込んでくる新規参入者を脅威とみる向きもありますが、Fidor Bank では、こうした企業も幅広くパートナーにしたエコシステムを構築して、ユーザーニーズにマッチする金融商品・サービスを開発、提供しています。

そうしたパートナーは、P2P で国際的な決済サービスを提供する企業や、P2P レンディング、クラウドファイナンス、仮想通貨取引を提供する企業、オンラインでバーチャルゲームを配信する企業、外国為替を提供する企業等、多種多様な顔ぶれで構成されています。

fidor OS プラットフォームとオープン API は、こうしたパートナーのサービスと Fidor Bank の金融サービスを統合してユーザーに提供しています。また、Fidor エコシステムは、FidorTecS が他の金融機関や小売業者に対して fidor OS をカスタマイズしてホワイトレーベルで提供する機能を担っています。これにより他の金融機関は、カスタマイズされたバージョンを使用して、たとえば特定のユーザーの獲得を目指した口座を作り出すことができます。さらに、Fidor Bank は、他の金融機関や小売業者、さらには通信業者、スタートアップの銀行にデジタルテクノロジーをアドバイスするコンサルタントのビジネスも展開しています。

そして、こうしたサードパーティの数が漸増していってさまざまなアプリやサービスが生み出されるなかで、ネットワーク効果（コラム参照）が働いて Fidor エコシステムは、より強固なものへと成長しています。

このように、Fidor Bank エコシステムは、テクノロジーと金融商品・サービスの提供とがうまく結合することにより、ネットワーク効果が発揮されていることが大きな特徴になっています。

コラム　**ネットワーク効果**

　ある商品やサービスの利用者の数が増えるほど、ユーザーの利便性が高まり、それに伴って商品やサービスの価値が上がりそれを提供する側の利益も増加する効果を「ネットワーク効果」とか「ネットワーク外部性」と呼んでいます。

　たとえば、スマホ等の通信サービスでは、ネットワークへの加入者数が多くなればなるほどサービスの質が向上するというように、ネットワークへの加入者が質に影響を与えることになります。

　また、プラットフォームの利用者が増加するほど、ネットワークで結ばれた利用者の間で、単独では生み出すことができないような価値を創造する効果が期待できます。

　ネットワーク効果は規模の経済性を表した概念であり、ネットワーク産業にみられる大きな特徴となっています。

　ネットワーク効果によって利用者への普及率が高まれば利用価値が高まって、その結果は、さらに利用者が増えて普及率が高まるといったフィードバックが生じます。そして、利用者が一定の数に達して閾値を超えると爆発的にその商品・サービスが普及するというクリティカルマスの状態に到達します。

（3）solarisBank

　solarisBank（ソラリスバンク）は、2016年、ドイツの銀行当局から銀行免許を取得して創設されたチャレンジャーバンクです。

　solarisBankには、ABN-AMROやBBVA、VISA、SBIグループ等が出資をしています。

❶ solarisBankの BaaP

　solarisBankは、エンドユーザーに姿をみせない黒子として、パートナーで

ある金融機関や企業にプラットフォームというインフラを提供します。こうしたサービスをBaaS（Banking as a Service）とか、BaaP（Banking as a Platform）と呼んでいます（BaaS、BaaPの詳細は第9章4参照）。

solarisBankでは、FinTechスタートアップ等のパートナーがエンドユーザーから受け入れた預金を預かり、また、パートナーに融資も行っています。

solarisBankのMarko Wenthin社長は、solarisBankのサードパーティとなる提携先企業に向けて次のように述べています[11]。

「solarisBankは、ドイツの銀行免許を持つテクノロジーカンパニーです。私達は、ドイツの当局から銀行免許を取得するのに四苦八苦しました。しかし、皆さんはそのような苦労をする必要は毛頭ありません。皆さんはsolarisBankと提携することにより、エンドユーザーに最適な金融ソリューションを提供するビジネスモデルをいとも簡単に実現させることができるのです。solarisBankのプラットフォームを活用することにより、是非、皆さんの夢を実現させてください。」

solarisBankのBaaPは、ブロックの積み重ねで形成されたモジュラー型バンキングインフラ（コラム参照）です。こうしたブロックには、預金口座、KYC（Know Your Customer、顧客確認）サービス、消費者ローン、中小企業への融資、当座貸越、アルゴリズムによる信用格付け、カード決済等があります。

solarisBankのパートナーとなる企業は、各々のビジネスモデルにマッチさせるように、solarisBankのAPIを通じてテイラーメードでいくつかの種類があるブロックから適宜選択、組み合わせて、個人や企業のエンドユーザーに対して金融サービスを提供することができます。

....

📱))) コラム　**モジュラー**

モジュラー型製品は、標準化され汎用性のある部品の組み合せにより開発、製造される製品です。モジュラー型では、部品同士のインターフェイスが標準化されていて、単純に部品同士を組み合わせれば製品化できることから「組み合わせ型」とも呼ばれます。

　モジュラー化が進んだ分野では、新規参入の技術的障壁が低くなり、技術開発が促進されることとなります。すなわち、モジュラー型の場合には、部品の開発は最終製品の開発と切り離した形で進めることができ、この結果、多くの企業が技術革新に取り組むことが可能となります。

　モジュラー型に対するコンセプトは、インテグラル型です。インテグラル型では、製品の性能を発揮するために部品同士のインターフェイスを調整してすり合わせる必要があるために「すり合わせ型」とも呼ばれます。インテグラル型の場合には、企業が部品の技術開発を行う場合には最終製品を開発、製造する企業との間で緊密な連絡を取りながら調整する必要があります。

❷ BaaPを活用した金融サービスの具体例

（融資）

　solarisBankが提供するモジュラー型バンキングのプラットフォームを活用することで、サードパーティであるFinTechスタートアップ等は、solarisBankが持つ機能を使ってさまざまな金融商品・サービスの開発を効率的に進めることができます。

　たとえば、solarisBankのBaaPを活用するパートナー企業が新たに中小企業への融資を手掛ける場合には、4〜8週間のうちに融資業務を開始することが可能です。そして、パートナー企業に対して融資を申請した中小企業は、48時間以内にローンの可否の連絡を受けることができます。また、eコマースの小売り業者は、顧客に対してローンを使うオプションを供与する、といったことも可能です。こうしたローンは、パートナー企業が独自のブランドを設定して顧客に提供することになります。

　さらに、中小企業へ融資を行うパートナー企業は、solarisBankのプラットフォームに搭載されている証券化機能を活用して中小企業への貸付債権を証券化したうえで自己のポートフォリオに組み込んだり、solarisBankのビジネスローンAPIを活用してファクタリングを行うことができます。

　一方、solarisBankのパートナー企業に対して消費者ローンを申請したエンドユーザーは、10分以内でローンの可否の連絡を受けることができます。ま

た、消費者ローンの申請者のリスク審査は、solarisBankのリスクモデルによる結果をそのまま使うことにするか、パートナー企業のリスクアペタイトを加味してsolarisBankのリスクモデルを調整したうえで使うことにするか、弾力的に対応することが可能です。

（**カード**）

solarisBankのパートナー企業は、自分のブランドでエンドユーザーにカードを提供する、といったホワイトレーベルでの活用ができます。

すなわち、パートナーの企業はsolarisBankのカードAPIを使って、独自のデザインでVISAやMastercardの個人向け、またはビジネス用のデビットカードの提供をすることが可能です。そうしたデビットカードは、solarisBankの口座にリンクされます。そして、エンドユーザーが口座の開設やカードの発行を申請した時には、solarisBankのデジタルKYCがリアルタイムで顧客確認を行うことになります。

また、パートナー企業は、エンドユーザーのカードの手数料を自由に設定することができます。

③ 米国

（1）Chime

Chime（チャイム）は、2013年創業の米国のネオバンクです。Chimeの提携先銀行は、The Bancorp Bank と Stride Bankです。

Chimeは、実店舗を持たないモバイルオンリーバンクで「ミレニアル世代のための銀行」と銘打っています。

Chimeには、米国のネオバンクでは最大となる8百万を超えるユーザーが口座を開設しており、また、時価総額でみても米国のネオバンクでは最大となっています。

Chimeには、当座預金口座と普通預金口座があります。そして、Chimeの口座と外部の銀行の口座やクレジットカード、投資勘定に紐付けることがで

き、そうした口座から簡単にChimeの口座に振替をすることができます。

❶ 手数料の透明化、無料化

米国の金融機関の金利等を比較するDeposit Accountsの調査によると、銀行口座を持つ米国民が、ATM手数料として支払う金額は平均して月2.28ドル、口座維持手数料は4.58ドル、当座貸越手数料は34ドルとなっています。Chimeは、こうしたユーザーが負担する手数料の問題を解決することを1つの目標としています。

Chimeでは、口座維持手数料は無料で、口座の最低残高維持義務はなく、送金手数料、外国為替手数料、カードの発行・更新手数料、提携ネットワークのATM使用料はすべて無料です。こうした手数料の無料化は、いまや多くのチャレンジャーバンクやネオバンクでみられるところですが、Chimeが特徴としていることは、当座貸越に関わる手数料です。

米国の消費者が当座貸越で金融機関に支払っている手数料は、全体で年300億ドルにのぼります。

❷ 当座貸越サービスの無料提供

一般に銀行のアプリには、ユーザーが当座貸越になる支出をするとか、当座預金口座の残高がたとえば100ドル以下といった低水準になるとアラートで知らせる機能があり、その知らせを受けたユーザーはそれをみて支出の要否を改めて考えるとか、普通預金口座からの振替で当座預金口座の残高を増やすことになります。そして、当座預金口座の残高不足を承知の上で支出するということであれば、当座貸越を利用して手数料を支払うことになります。

しかし、特に給料日の前に日常品をどうしても購入しなければならないのに、それが預金口座の残高では賄えないというように、日々の家計のやりくりに頭を悩ましているユーザーが少なくありません。

そこで、Chimeは、ユーザーに対してSpotMeという名称の当座貸越の無料利用サービスを提供しています。

すなわち、Chimeでは毎月の給与振り込みが500ドル以上のユーザーであれば、20ドルを上限として当座貸越の利用料を無料としています（もっとも、

ユーザーはこの無料サービスを辞退して他のChimeユーザーのやりくりのために任意の額のチップを払うことができます）。なお、既往の口座使用履歴により当座貸越の無料利用額の上限が100ドルまで引き上げられることがあります。また、当座貸越の上限を超える支払いは自動的に拒否されます。

　そして、当座貸越の状態にあって、給与が振り込まれたりユーザーが預金をした場合には、SpotMeの機能によりマイナス残高となっている口座に自動的に預入されます。

　なお、この当座貸越が利用できるのは、デビットカードを使用して買い物をするケースに限定されていて、たとえばATMを使っての現金引き出しには適用されません。

（2）Varo Money

　Varo Money（バロマネー）は、2015年創業の米国（本拠地サンフランシスコ）のモバイルオンリーバンクです。

　Varoはネオバンクで、提携先の銀行はBancorp Bankです。したがって、Varoがユーザーから受け入れた預金はBancorp Bankに預入されることになりFDICがこれを保証します。

　また、Varoがユーザーに提供するVisaデビットカードは、Bancorp Bankが発行します。

　Varoは、2015年の創業当時から国法銀行としての免許取得を目指していましたが、2020年2月、FDICはVaroに対して預金保証を行うことを承認しました[12]。

　Varoが国法銀行の正式免許を取得して、Varo MoneyからVaro Bankになるためには、FDICからの預金保証に加えて、OCCからの正式承認とFRBからの承認を取り付ける必要があります。

　そして、Varoが国法銀行免許を得た場合には、Varoがユーザーから受け入れた預金はBancorp Bankに預入されることなく、Varo自身が受け入れの主体となります。また、全米50州の企業等に融資を行うことができるほか、ユーザーにクレジットカードを提供することができます。

❶ 資金収支面からユーザーの生活をサポート

　Varoのミッションは、ユーザーが抱えている資金管理の問題に対してベストソリューションを提供することにより、その土台をしっかりとしたものにして、将来に亘ってユーザーが適切なPFMを実行していくことができるように道筋をつけることにある、としています。

　Varoは、当座預金口座と貯蓄口座を提供しており、また、Varoの口座を他銀行の口座にリンクすることもできます。

　Varoでは口座開設・維持手数料、Varoの口座間の送金手数料、ATM使用料、デビットカード再発行手数料は無料で、口座の最低預入残高義務もありません。

　また、給振については、あらかじめユーザーが設定した一定の率を自動的に貯蓄口座に預入することができます。

　貯蓄口座は、次の条件を満たせば高い金利が付されます。

ⅰ　1か月に5回以上デビットカードを使用して買い物をする。または、

ⅱ　1か月に1千ドル以上の給振がある。

　また、25千ドルまでの消費者ローンや保険も提供しています。

　Varoでは、AIの機械学習により、ユーザーが先行き支払いを請求される内容や金額と給与収入の予想を行います。そして、当月、どれだけ支出をコントロールすればどれだけ貯蓄することができるかを計算してユーザーに通知します。

　こうした機能は、資金の収支にあまり関心を払わず、急な支出に直面するとやりくりに窮するようなミレニアル世代のニーズにマッチしたものとして人気を博しています。

❷ 給与支給の2日前に口座に振り込み

　伝統的な銀行では、雇用主が銀行に給与振込の手続きをしてから被雇用者が給与を受取るまで2日間かかりますが、Varoでは、雇用主が給与振込の支払い手続きをVaroに行うと、Varoは即座に被雇用者の当座預金口座に給与を振り込んで、ユーザーはそれを使用することができます。

　日々の収支のやりくりに苦労しているユーザーにとっては、通常より2日

前に給与を手にすることができ、これにより当座貸越を回避できる等、利便性の高いサービスとなります。

　なお、こうしたサービスは多くのチャレンジャーでもみられるようになっています。

（3）Aspiration

　Aspiration（アスピレーション）は、2015年に米国（本拠地カリフォルニア）で創業した実店舗を持たないデジタルオンリーの金融サービス会社です。

　Aspirationは、SEC登録の証券会社に属しますが、実際のサービスは、バンキングと投資サービスを兼ね備えています。

　Aspirationの大きな特徴は、企業の社会的責任の追及と企業利益の追求は決してトレードオフの関係にはないとするゆるぎない信念で、ESG、SRIを重視した社会的に意義のある持続可能な金融・投資商品を提供する経営を徹底していることです（第3章4参照）。

（バンキングサービスとESG）

　Aspirationのバンキングサービスをみると、ユーザーは、Aspirationに日々の支払いのための当座預金口座と、先行きの資金需要に備える貯蓄口座を設定することができます。ユーザーは、当座と貯蓄口座間の資金移動を自由に行うことが可能です。

　そして、Aspirationに預金された資金は自動的にAspirationが提携する銀行にシフトされ、FDICの保証対象となります。

　ユーザーが口座を開設すると、Aspirationからデビットカードが支給されます。ユーザーがデビットカードで買い物をした場合には、0.25％のキャッシュバックがありますが、その支出内容がAspirationによって社会的に意義のある支出と認められた場合には、ユーザーにボーナスとしてキャッシュバックが追加支給されます。

　また、ユーザーが知人等にAspirationを紹介して当該知人等が口座を開設した時には、Aspirationは、ユーザーが選択する種類のチャリティに25ドルを寄

付します。さらに、知人等が開設した口座が10日以上維持されると、今度は口座開設者が選択する種類のチャリティにAspirationが25ドルを寄付します。

　Aspirationは、"If you want to gain trust, you need to give trust."を経営方針としており、ユーザーとの間の信頼関係を最も重要視しています。そうしたポリシーのもと、Aspirationは手数料について、真に必要なコストをカバーする水準に設定して、手数料から利益を得ない方針を貫徹しています。

　その一例として、ユーザーがデビットカードを使ってAspirationのネットワークのATMから現金を引き出す場合は、月5回まで無料であり、またネットワークに入っていないATMを使用して手数料をとられた場合には、Aspirationが補償します。しかし、ユーザーがAspirationのESG、SRIを重視した経営に賛同してAspirationの補償を辞退したうえで進んで手数料を支払うとする場合には、月6ドルを上限として手数料を支払うとの選択ができるとしています。

（4）Moven

　Moven Enterprise（ムーブン）は、2011年に設立された米国（本拠地ニューヨーク）のネオバンクです。

　Movenの創業者兼会長のBrett Kingは、Bank 2.0、Bank 3.0、Bank 4.0の著者です。Brett Kingは、2009年刊行のBank 2.0では、テクノロジーによって顧客行動が急速に変化して、バンキングの変革が必然となっていることを記述、2012年刊行のBank 3.0では、モバイルバンキングの出現によって、バンキングは実店舗に出かけて行うのではなく、手許で行うことができるようになったことを記述、そして、2018年刊行のBank 4.0では、マルチチャネルの実現、普及により、FinTechプレーヤーが、次々とイノベーティブな金融商品・サービスを生み出して、既存の銀行のビジネスモデルを根本から変革、破壊していくことを記述しています[13]。

　アメリカン・バンカーは、2012年、Brett Kingに The Innovator of The Year Awardを授与、また、ニューヨークタイムズは、Movenを "Bank of the Future" であると称賛しています。

（BaaS）

　Moven は、多くの銀行に BaaS（Banking as a Service）の機能を提供するネオバンクです。このことから、Moven は、自身を金融機関ではなく B2B のバンキングテクノロジーに特化した金融アプリであると称しています。

　Moven と提携している銀行は、ホワイトレーベルでユーザーに対してモバイルバンキングサービスを提供しています。こうしたモバイルバンキングの機能には、決済機能、口座から支払があった場合のリアルタイム通知、海外送金、デビットカードの提供等があります。

　現在、Moven のプラットフォームを使用してエンドユーザーに対して金融サービスを提供している銀行には、カナダの TD Bank やニュージーランドの Westpac があります。

　このうち TD Bank は、Moven のプラットフォームを活用して PFM の機能を持つ TD MySpend により、ユーザーが口座の資金を使って支出した場合にユーザーのスマホにリアルタイムで通知をしてデジタル領収書が送信されるとか、ユーザーの支出行動を自動的に追跡してそれを項目別に分類して表示することにより、ユーザーが従来の支出から大きく乖離していないかをチェックすることができる等の金融サービスを提供しています。

　また、Westpac は、Moven のプラットフォームを活用してスマホのアプリ CashNav により TD MySpend に類似の機能をユーザーに提供しています。

　Moven と提携している銀行等は、このほかにインドネシアの BCA、ロシア最大のオンライン決済サービス提供会社の Yandex.Money、日本の SBI グループ、Varo Money があります。

　Moven が提供する上述のさまざまなサービスは、最新のテクノロジーにより実現されています。具体的には、データサイエンス、行動心理学、行動ファイナンス、フィナンシャルアナリティクス、AI を駆使して、イノベーティブバンキングを BaaS により提携銀行に提供しています。

　なお、Moven は 2020 年 4 月まで個人ユーザーの口座も開設していましたが、新型コロナの影響による資本調達不如意から Moven のリテールビジネスを続行することが困難になったとして、個人口座を Varo Money に譲り渡して、BaaS に特化しています。

（5）Simple

Simple（シンプル）は、2012年に創業した米国（本拠地オレゴン州ポートランド）のネオバンクです。

Simpleは、実店舗を持たないモバイルやパソコンをチャネルとするデジタルバンクです。

Simpleは、2014年にスペインの大手銀行BBVAにより買収され、ユーザーがSimpleに預けた預金は、BBVAに移管されることになります。

❶ Simple創設の背景

Simpleの共同創業者兼CEOのJosh Reichは、Simple創業の3年前の2009年、彼が預金をしている銀行を訪れて、いつも経験しているフラストレーションを味わうことになりました。そうした原因には、立ったままの長い待ち時間、不透明な手数料、窓口のスタッフによるまどろこしい説明、必要でもない商品の執拗な勧誘等があります。彼は、待ち時間中にスマホを使ってやり場のない怒りをeメールで友人（のちのSimpleの共同創業者）にぶちまけます。

「どうして、銀行のサービスはこうも複雑怪奇なのだ？」

「銀行は、ユーザーを困らせるためではなく、サポートするために存在するのではないのか？」

「仮に銀行が、馬鹿げた高額の手数料を取らないことにしたらどうだろうか？」

「仮に銀行が、ユーザーの資金のやりくりについて安心できるようなサービスを提供するとしたらどうだろうか？」

Josh Reichは、この各々の質問に対する答えは、すこぶるシンプルなものであり、それが理由で新設するネオバンクの名称をSimpleにしたとしています。そして、彼は、Simple創設後もこうした質問を常時念頭において、それに正面から真摯に応える経営を心掛けている、と述べています。

❷ Simpleのビジネス

　Simpleは、文字通りバンキングに必要不可欠な要素に絞ったシンプルなビジネスモデルを構築しています。

　まず、Simpleでは、宣伝費がかかる広告は一切行うことなく、口コミでユーザーの誘引に注力しています。

　また、口座は、個人向けの当座預金口座のみで、企業向けのビジネス口座はありません。口座維持手数料や最低残高維持義務等はありません。

　当座預金口座を開設すると、SimpleからVisaデビットカードが提供されます。ユーザーは、デビットカードを使って米国最大級の5.5万台のATMネットワークへのアクセスが可能です。

　また、たとえば口座への給振ができるとか、ユーザーが受け取った小切手をスマホで写真に撮って自分の口座に入金することができます。一方、支払小切手については、SimpleのアプリにあるPay BillsかMail a Checkのセクションに支払・送金詳細を入力することで可能です。

　また、Simpleの口座を持つユーザー同士の即時送金や、他の銀行からの電信為替による預入ができます。

　その後、Simpleは通常の口座に加えて共同口座 (shared account) の提供を開始しました。これは、ルームメイトや兄弟、恋人等と共同で口座を持つために作る口座です。

　Simpleのユーザー層は、実にバラエティに富んでおり、日々の資金繰りに苦しむ自営業主とか、金儲けを目指すウイザード、世界中を走り回って資金管理はモバイルでしかできないビジネスパーソン等がいます。

　Simpleは、こうしたさまざまなユーザー層に対して、賢明な消費と貯蓄を行うツールを提供しています。具体的には、Simpleの予算ツールを活用することにより、1つのアプリで家計収支を管理することができます。たとえばユーザーは、スマホのアプリを使って、貯蓄目標額の設定、そのための毎月のコツコツ貯蓄の設定と実行、衝動買いに駆られた時に本当にそれを買う金銭の余力があるかのチェック等を行うことが可能です。

（6）Square

Square（スクエア）は、2009年に米国（本拠地サンフランシスコ）で創業したモバイル決済ビジネスを行うスタートアップです。

Squareは、小売店をはじめとする中小零細企業を主要なユーザーとしています。

2020年3月、SquareはFDIC（連邦預金保険公社）から条件付きで産業融資会社（ILC、Industry Loan Corporation）の業務を行うことができる銀行免許を取得しました（第3章2参照）。

❶ モバイル決済

モバイル決済は、顧客、または店舗が所有するスマホ等のモバイル端末を使用して決済を行うサービスです。実際にはモバイル決済の大半がスマホを使って行われることから、モバイル決済をスマホ決済とかスマホ支払ということが少なくありません。

Squareは、顧客が提示するクレジットカードを店舗が所有するモバイル端末を使って決済するインストア・ペイメント方式を採用しています。なお、Squareは同様のサービスを日本や豪州、カナダ、英国、アイルランドでも展開しています。

具体的には、ICカード対応のSquareリーダーを店舗が所有しているスマホやタブレット端末に差し込み、決済端末として使用します。顧客が代金支払いのためにクレジットカードを提示すると、店舗側はSquareリーダーで取引情報を読み取ります。取引情報は暗号化され、カードリーダーやモバイル端末に保存されることなく、送信されます。そして、店舗側への入金は最短で翌営業日となります。また、レシートの発行は、カードを使用した顧客の携帯電話番号やeメールアドレス宛てにデジタルレシートで送信されますが、Square対応のプリンターで紙のレシートの発行も可能となっています。

なお、Squareインベントリーの機能を使って、店舗の商品在庫に関する情報を印刷可能なファイル形式でダウンロードすることができるほか、在庫アラート機能により在庫の少ない商品や売り切れ商品等の情報をメールで店舗

に通知する等、在庫管理が効率的にできるPOSのサービスが無料で提供されています。

❷ キャッシュフロー・マネジメントビジネス

Squareは、小売店向けにキャッシュフロー・マネジメントをサポートするビジネスを展開しています。

ビジネスの内容は、ローン、決済サービス、インボイス、給振、POS等バラエティに富んでいて、Squareをプラットフォーマーとするエコシステムが形成されています。

このうちローンをみると、主に小売店を対象としていることから、平均金額は6千ドルと小ロットのローンとなっています。

借り手となる小売店の信用審査のもととなるデータについては、小売店がSquareに開設している口座を通じて販売高、計画した販売高との誤差、仕入れ量、仕入れの頻度、決済状況等がリアルタイムでSquareのデータセンターに送信されて、データセットが構築されます。

そして、信用リスクの測定は、Squareのデータセンターに具備されているAIの機械学習とデータサイエンスを駆使して、決済データや取引データを分析することにより行われ、これにより、融資の可否の判定と融資する場合の金額が算出されます。特に融資額については、Squareが持つモデルを使って算定され、企業の業績の安定性、成長性をサポートするよう、過不足のないロットに決定されます[14]。

④　中国

　以下では、中国を代表するチャレンジャーバンクのWeBankとMYbankについてみることにします。

（1）WeBank（微衆銀行）

❶ テンセントとWeBankの位置付け

　WeBankに立ち入る前にWeBankの30％の株式を保有する大株主のテンセントについてみることにします。

　中国は、モバイルベースのエコシステムを構築したリーダーと自認しているとおり、スマホでほとんどの日常生活のニーズを満たすことができるまでとなっています。そして、そのエコシステムの先頭を走っているのがテンセントです。

　テンセントは、BAT（バイドゥ、アリババ、テンセント）と呼ばれる中国のインターネット3大プラットフォーマーの1つです。なお、テンセントの創業者兼CEOのポニー・マー（馬化騰、Pony Ma）は、中国の金融界で絶大の影響力を持つ三人のマー（三馬）の一人です（あとの2人は、後述するアリババの創業者ジャック・マーと、平安保険グループの創業者兼CEOマー・ミンジェ）。なお、テンセントのスタッフの5割強がIT部署に属しています。

　テンセントは、中国で人気が高いソーシャルメディアでメッセージプラットフォームのQQとWechat（微信）を開発、運営しており、いまや中国最大のテクノロジー会社となっています。QQのメッセージプラットフォームにはQQウォレットが組み込まれており、カード決済、QRコード決済、NFC決済といった複数の決済方法の使用が可能です。また、WeChatのモバイルサービスの利用者は5億人を超えており、さまざまな年齢層の人が利用しています。

　そして、WeChatをチャネルとしてSNS、ゲームや、金融面では決済サービスのWeChat Pay（微信支付）を運営する等、巨大なテンセントエコシステムを形成しています。また、後述のように、アリババも決済サービスAlipay

（支付宝）を軸とするエコシステムを構築しており、テンセントとアリババが
エコシステムを巡って激しい競争を繰り広げる状況となっています。

　テンセントのWeChat Payは、WeChatと相性の良い紅包（ホンバオ）機能
を具備することでSNS、メッセンジャーのユーザーに人気を博しています。

　また、WeChat等のユーザーとサービス提供企業とをつなぐアカウントを
開放するオープン戦略を展開しています。これにより、顧客は、WeChat、
WeChat Pay、サービス提供企業のアカウントにアクセスして利用することが
できます。

📱)) コラム　　紅包とWeChat、QQ、Alipay

　中国には、古くから春節の時期やさまざまなイベントに、親族や友人、目
上の人から目下の人等にお年玉やご祝儀をやりとりする慣習があります。そ
の際には、中国で縁起の良い色の赤色の封筒にお金を入れて渡すことから、
「紅包（ホンバオ）」と呼ばれています。

　しかし、いまでは対面で紅包を渡すことに加えて、スマホを使ってのデジ
タル送金が多くの人々によって活用されています。

　そして、このデジタル送金に使われる主なツールが、WeChat Pay（微信
支付）やQQ Wallet（QQ銭包）、Alipay（支付宝）です。こうした送金機能は、
ユーザーが自分の銀行口座をWeChat等に登録すれば、銀行口座と紐づけさ
れて利用可能となります。

　デジタル送金での紅包の送金は、同時に複数人に行うことも可能です。

　このように、中国では、WeChat Pay等の機能が紅包に使われることによ
り、SNSがコミュニケーションだけではなく、ごく日常的な取引の決済に広
く使われる大きな契機となっています。

　テンセントはWeChat Payを発展させて総合的な金融サービスを提供する
ことを指向して、ネット銀行のWeBankを創設しました。WeChat Payは、ユ

ーザーが取引している既存の銀行口座と紐付けることで、既存の銀行口座から人民元を引き出すことができるサービスを提供していましたが、WeBankの創設によって、より総合的な金融サービスによるユーザーエクスペリエンス(UX)の向上を実現することが可能となりました。

　テンセントエコシステムにおけるWeBankの位置付けは、従来の金融機関が十分カバーしてこなかった個人や中小零細企業を対象として、資金供給することにあります。

　このように、テンセントは、まさしく当局が望んでいる金融弱者対応策にマッチしたビジネスモデルを追及している、ということができます。

　なお、こうしたWeBank創設の背景からWeBankとWeChat Payではビジネス面で重なるところが多く、テンセントはWeBankとWeChat Payの統合を段階的に進めています。

❷ WeBankの概要

　WeBank(微衆銀行)は、2014年7月に中国銀行業監督管理委員会から民営銀行開設の免許を取得して、同年12月末に開業した民間資本の商業銀行で、本拠地は深圳にあります。WeBankは、実店舗を持たない中国で最初のモバイル専門銀行で、2015年8月に正式にWeBankアプリの稼働を開始しました。なお、WeBankの名称は、インスタントメッセージングとSNSアプリであるWeChatをもとに付けられたものです。

　WeBankが創設された2014年は、人々の間にスマホが急速に普及、またサービスセクターが伸長した時期にあたります。

　WeBankは、スマホで個人向けの金融サービスとして、預金口座のほかに、消費者ローン、自動車ローン等を、また中小零細企業向けの金融サービスとして、無担保のマイクロローンを提供しています。

　WeBankの口座開設のためには、個人情報の提供、電話番号、使用中の伝統的な銀行発行のデビットカード、声のサンプル、顔の写真が必要です。

(WeBankの強み)

　WeBankの大きな強みは、プラットフォーマーが構築したエコシステムが

生み出すデータを活用することにあります。すなわち、WeBankは、大株主のテンセントが運営するQQとWeChatのユーザーから得られる膨大なデータを有効に活用することができます。

それが端的に威力を発揮しているのが借り手の信用審査です。

すなわち、WeBankはテンセントのWeChat Payを入り口として収集、蓄積した8億人のユーザーの購買・支払等のビッグデータと、中国人民銀行の個人信用情報データベース等の政府系信用情報システムが提供するデータに基づき、WeChatやQQのユーザーに対してあらかじめ信用調査を行って「ホワイトリスト」（信用状態の良い顧客リスト）を作成して、それをもとにプッシュ型で潜在的顧客に融資の提案をします[15]。WeBankのビッグデータシステムに蓄積されるデータには、個人の支出行動、SNSの情報、友人関係等さまざまな情報が含まれています。

WeBankは、顧客から融資の申請があった場合には、ホワイトリストと照らし合わせることにより、迅速に融資可否の判断を下して、それを申請者に伝達することができます。

そして、デジタル技術を最大限に活用して、融資限度額設定とリスクコントロール、申請から貸付、返済までのすべての工程をオンライン環境だけで完結することにより、ユーザーエクスペリエンス（UX）の向上を実現しています。

（消費者向けローンと中小企業向けローン）

WeBankは、2015年5月に中国初のオンラインによる無担保の個人向けマイクロローン商品の「微粒貸」（Weilidai、ウェイリーダイ）の提供をWeChatアプリやQQアプリ、WeBankアプリで開始しました。微粒貸は、WeBankアプリのみならず、QQかWeChatをワンクリックすれば融資の申し込みができるとあってユーザーから絶大の人気を得て、いまやWeBankの主力商品となっています。

顧客の7割強は伝統的銀行からの借入が難しかったブルーカラー層です。こうした顧客の多くは、それまで手元資金に不足を来した時には、友人や親族からの借金で泳いでいるという状況にありました。

　融資申請に必要な情報は、姓名、認識番号とスマホの番号をオンラインで提出するだけで、6秒以内に申請者のスマホに融資の可否の通知があり、融資承諾の場合には1分で資金を受け取ることができる即決融資となっています。

　融資額は、500〜300,000元と小口に設定されています。返済時は申請から5秒以内で処理が完了します。また、期限前返済もスマホのアプリから24時間、簡単に申請でき、ペナルティはありません。WeBankの貸付金利は、顧客の信用評価、収入、学歴などのデータをもとに決定されます。

　WeBankがこのマイクロローンから得ることのできるマージンは決して大きくはありませんが、低コストのオープンソフトのハード、ソフトを活用していることから、微粒貸に要するITコストは、伝統的な銀行の10分の1に抑えられています。

　また、微粒貸は、中国の大手カーディーラーと提携して自動車ローンを提供しています。ローンは、IDと銀行カード、運転免許証だけで申請することができ、査定にかかる時間は1時間です。また、借入期間は2年以内で月賦払いの制度はなく、借り手が自由に返済計画を立てることができます。

　微粒貸では、このほか、リフォームローン等さまざまなローン商品を個人向けに提供しています。

　一方、WeBankは、無担保の中小企業向けローンWeiyedaiを提供しています。ローンの申請はすべてオンラインで行うことができ、15分で資金調達が可能としています。

　貸付金額は上限3百万元で、期限前返済を行ってもペナルティはありません。

（オープンバンキング3O）

　WeBankは、オープンバンキング3O（スリーオー）を掲げています[16]。テンセントのCIOであるヘンリー・マーは、オープンバンキングはAPIテクノロジー以上のものであり、あらゆる業種からパートナーを募るために、オープンソースコード、無料ソフトウエア、オープンインターフェースを提供する、としています。

　WeBankのオープンバンキングは、取引データやアルゴリズム等が、エコシステムを構成する金融機関、FinTechスタートアップ、サードパーティデ

ベロッパー、ベンダー等で共有され、各種金融サービスを顧客に提供するプラットフォームビジネスです。

　そして、WeBankは、オープンプラットフォーム、オープンイノベーション、オープンコラボレーションの「オープンバンキング3O（スリーオー）」により、ビジネスエコシステムの構築を目指しています。

【図表1】WeBankのオープンバンキング3O

オープンプラットフォーム (Open Platform)	WeBankと提携するサードパートナーに対してWeBankのプラットフォームをAPIを通じて提供する。
オープンイノベーション (Open Innovation)	オープンソースソフトウエア、知的財産ライセンス等を活用してパートナーとの間の連携を強化する。
オープンコラボレーション (Open Collaboration)	エコシステムのメンバーが持つテクノロジーを協働して活用するなかで提携促進を指向する。

（出所）WeBankの資料を基に筆者作成

　たとえば、WeBankは、伝統的な銀行と競争関係となるのではなく、顧客と他の銀行を結び付けるビジネスモデルを基盤に、伝統的な銀行と協働して個人消費者や中小零細企業等に金融サービスを提供することを目指して、60にものぼる銀行とパートナー契約を締結しています。WeBankは、こうしたパートナー銀行に対して、WeBankが作成した優良顧客のホワイトリストを提供するとか、ユーザーが資金を必要とするようなタイミングを伝統的銀行に対して通知する等のサービスを行っています。

　このようにWeBankは、オープンバンキング戦略によって、データやアルゴリズム等がエコシステムのメンバー間で共有され、WeBankがプラットフォーマーとして金融サービスを開発、提供するビジネスエコシステムのキーストーンとなることを指向しています。

（BaaP）

　上述の通りWeBankは、伝統的な銀行と競争するのではなく、テクノロジ

ーを活用して伝統的な銀行と中小零細企業とを結びつけるビジネスモデルを追求しています。それを具現化する戦略としてWeBankは、自己のプラットフォームを他の銀行の利用に供するBaaP（Banking as a Platform）サービスを提供しています。

WeBankのプラットフォームWePowerには、ソフトウエアを開発するためのツールがパッケージとして搭載されています。パートナーとなっている銀行はこのツールを用いてさまざまな機能を入れ込むアプリを開発して優れた金融商品、サービスを自己の顧客に提供することができます。

たとえば、パートナーとなった中小銀行は、WeBankのリスク管理や商品開発のテクノロジーを使うとか、WeBankのプラットフォームを使ってWeBankが提携している投資会社にリンクしてファンド商品等を売り出すことができます。

WeBankは、このようにプラットフォーマーとして、自らがコアバンキングの機能を担うB2B2C（WeBank to 中小銀行 to 顧客）のビジネスモデルを構築することを指向しています[17]。

すなわちWeBankは、伝統的な銀行から相手にされないような個人や中小零細企業に対する金融サービスを行うとともに、パートナー銀行にプラットフォームを提供して、顧客と中小銀行との間の橋渡しの機能を担うという2つの顔を持っています。

（2）MYbank（网商银行）

❶ アリババグループとアント・フィナンシャル

MYbankに立ち入る前にMYbankの30％の株式を保有する大株主のアント・フィナンシャルについてみることにします。

アント・フィナンシャル（蟻蟻金服）は、アリババからスピンアウトした金融サービス会社です。なお、アント（蟻）の名称は、個々には小さいものの皆が力を合わせれば大きな変革をなし遂げることができることを表したものです。

アリババ（阿里巴巴）は、中国のインターネット3大プラットフォーマーBATの1つで、中国最大のeコマース企業です。なお、アリババの創業者ジ

ャック・マー（馬雲、Jack Ma）は、中国の金融界で絶大の影響力を持つ三人のマー（三馬）の一人です。

　アント・フィナンシャルは、決済プラットフォームであるAlipayを運営しており、個人と中小零細企業を対象とした多種多様な金融ビジネスを展開しています[18]。

　また、アント・フィナンシャルでは、P2Pレンディングを招財宝の名称で展開しているほか、デジタルにより消費者金融、中小零細企業向け小口ファイナンス、保険、資産運用サービス、信用情報サービス、クラウドファンディングを運営しています。

　アント・フィナンシャルがこのように手広くビジネスを展開して、それが好調を維持している背景には、アリババのeコマースで豊富なデータが収集、蓄積され、それをアント・フィナンシャルが有効に活用しているとの事情があります。

（**Alipay**）

　Alipay（支付宝、アリペイ）は、2004年に稼働を開始したアント・フィナンシャルが運営する世界屈指の決済プラットフォームで、中国のオンライン・モバイル決済業務の約60％がAlipayを通じて行われています。

　Alipayのアプリは多種多様な機能を持ち、いまや現金を代用する生活必需品となっています。すなわち、Alipayのユーザーは、インターネット取引の決済だけではなく、スマホのアプリのAlipayウォレットで、タクシーやホテル、診察、ライドシェア、フードデリバリーの予約から、列車や長距離バス・映画のチケット購入、税金や交通反則金の支払い、年金の受け取り、電話料金等の公共料金支払い、クレジットカードの返済等ができます。

　また、Alipayは中国版のお年玉である紅包や慶弔金の授受、個人間の金銭の貸借、割り勘にも利用されます。このように、Alipayは、決済だけではなくさまざまなサービスを提供するプラットフォームとして機能しています。

　Alipayはオンライン決済のほかに、中国内外でのショッピングモールやコンビニ等の実店舗でQRコードや音声、指紋、顔認証によるオフライン決済サービスも提供しています。こうしたサービスは、50か国にのぼり、免税の

取扱いができる国は35か国となっています。Alipayは、海外の250を超える金融機関と提携、27種類の通貨に対応しており、中国人の海外旅行者が海外での買い物をする場合の決済に活用されています。

さらに、Alipayは、オンライン資産管理サービスとして個人向けに「余額宝」(Yu'e Bao、ユエバオ)の名称でMMF (マネーマーケットファンド)を販売しています。ユーザーはAlipayの口座の余剰資金でMMFを購入して、銀行預金より高い利回りで運用することができます。この余額宝は、いまや世界最大級のMMFとなっています。

(オープンエコシステム)

WeBankと同様、アント・フィナンシャルは、インターネットをはじめとするテクノロジーを活用して、他の金融機関と協働して中小零細企業や個人に金融サービスを提供するオープンエコシステムを構築しています。

具体的には、アント・フィナンシャルは、金融業界向けのクラウドサービスを運営しており、伝統的な金融機関がデジタル化を促進することを支援するとか、資産運用会社が運用効率の向上とコスト削減を実現するためにAIのテクノロジーを提供する等の提携を活発に行っています。

また、ビッグデータに基づき個人の信用状況をスコアリングして、その結果を消費者金融、旅行代理店、ホテル、レンタカー会社、賃貸不動産会社等に提供しています。

❷ MYbankの概要

MYbank (網商銀行)は、2015年に開業したチャレンジャーバンクで、中国で2番目に銀行免許を取得したインターネット専業銀行です。MYbankの本拠地は北京にあります。

MYbankは、アリババとその傘下のアント・フィナンシャルがテンセントのWeBankに対抗して設立したもので、アリババのeコマースエコシステムの一員であるということができます。

MYbankの設立目的は、WeBankと同様、従来の金融機関が十分カバーしてこなかった個人や中小零細企業を対象として、資金供給を行うことにあります。

　MYbankのJin Xiaolong（金晓龙）会長は、「MYbankの目的は利益を増やすことではなく中小零細企業への融資円滑化である。これはMYbankが創設されて以来一貫している経営方針であり、それをもって馬鹿げている（idiotic）といわれても一向に意に介さない。われわれは、今後とも馬鹿銀行であることを堅持して行くつもりだ」と述べています[19]。

　このように、MYbankは前述のWeBankとともに中国における革新的な金融包摂の役割を担っています。

（Alipayの決済システム情報の活用）

　アント・フィナンシャルが運営するAlipayは、中国の消費者や中小零細企業の決済データを保有する代表的な存在です。

　MYbankの融資においては、アリババのeコマースでの販売データや、Alipayの決済プラットフォームで収集・蓄積するデータをビッグデータとして活用して、信用リスクを計測するという構図になっています。

　すなわち、MYbankは、ユーザーのデータを収集するメガプラットフォームの役割を果たしているAlipayが持つ大量の取引データを即時に分析して信用審査をするリスクコントロールモデルを持っていて、これにより信用審査にかかるコストを抑えると同時に不良債権のリスクを低下させることができます。

　MYbankの融資審査は、基本的にセサミクレジット（芝麻信用）のスコアを活用した信用評価システムにより行われます。セサミクレジットは、アント・フィナンシャルが開発、提供する信用スコアシステムです。

　一般的な信用スコアは、米国のFICOスコアにみられるように、クレジットカードの支払い履歴や借入残高、収入・資産状況等、金融面での評価が基本となります。

　これに対して、セサミクレジットでは、アリババとアント・フィナンシャルが収集したデータや政府のオープンデータベースから、経済力や支払い履歴だけではなく、個人のさまざまな行動履歴もスコアリングを行う要素に含まれています。

　具体的には、Alipayの支払い履歴や預金、株式、住宅、マイカー等の資産

の保有状況に加えて、個人の学歴・職歴、消費動向、交友関係、交通違反等の行動歴も評価の対象となります。なお、スコアリングには携帯電話を契約する際に求められる個人情報が使われるほかに、個人の交友関係等は、アリババが運営するSNSでの言動を通じて把握されます。

　セサミクレジットは、10万を超える信用判定基準と100を超える予測モデル、それに3千を超えるリスク管理ストラテジーを活用しています[20]。そして、AIを使って点数化して、950点〜700点は信用極好、699点〜650点は信用優秀、649点〜600点は信用良好、599点〜550点は信用中等、549点〜350点は信用較差(劣る)という5つのランク分けでスコアが付けられます。

(310モデル)

　セサミクレジットのスコアは、金融分野だけではなく、幅広い分野に活用されています。高いスコアを獲得したユーザーは、MYbankからの融資を受ける金利が低くなる等のメリットがあるほか、ホテルやレンタカー、病院での診察等、各種サービスを受けるにあたって一般に求められるデポジット(預託金)が必要ではないとか、ビザ取得手続きが簡単になったり、出国時に専用レーンが使用できる、さらには進学や就活、婚活に有利に働く等のベネフィットを享受することができます。

　伝統的な銀行は、融資に際して担保を要求することはもちろん、借り入れ申請のためのペーパーワークが煩瑣で借り手にとって大きな負担になるといった問題があります。これに対して、MYbankは膨大なデータをAI等を駆使して分析してユーザーの属性や消費ビヘイビア等を把握することによって、リアルタイムに近い新鮮さで信用リスクを判定しています。

　このように、MYbankは、顧客の信用状況の把握と分析を容易にかつ緻密に行うことによって、豊富なデータが生み出す付加価値を最大限活用して、マイクロファイナンスに特化したビジネスを展開しています。

　実際にも、MYbankは、伝統的な銀行に比較すると1千倍もの速さで融資を実施することができるとしており、こうしたスピードで中小企業向け融資を行うシステムを「310モデル」と呼んでいます。すなわち、融資申請者がモバイルに借り入れに必要事項をインプットするのに要する時間は3分以内、

MYbankがそれに基づいて融資の可否を判断するのに要する時間は1秒以内、AIが審査判断をすることからそれに要する人手は0ということで、310モデルが成立、運用されることになります。

これに対して、伝統的な銀行による中小零細企業向けの融資は申し込みから承認まで平均30日を要します[21]。

また、MYbankが中小零細企業向け融資1件当たりに要するコストは、伝統的な銀行が要するコストの1,000分の1と大幅に低くなっています。

（ロングテールの顧客層がターゲット）

MYbankは、80/20の法則（パレートの法則、全所得の80%は人口の20%の富裕層が得る）のもとに、トップ20%ではなく、ユーザーのロングテールをターゲットにしたマイクロファイナンスを展開しています。

すなわちMYbankは、設立当初から金融包摂がミッションであるとして、そのためにインターネット技術、データ、チャネル改革を駆使して、伝統的な銀行から融資を受けられない中小零細企業や起業家、個人事業主、農家、多数の消費者に少額、短期の無担保ローンを提供することにより、劣悪な金融サービスを改善するとしています。こうした借り手には、街角の小規模レストランや肉まんを売る商店、朝食を提供する屋台、青果物市場に出店する商人、個人事業主のトラック運転手等が含まれます。

MYbankの中小零細企業に対する融資の基本方針は、まず借り入れた資金で商品を仕入れて、それで商売をして収入が得られたら借金を返済をすればよい、というものです。したがって、中小零細企業は手持ち資金がまったく無くとも商売を始めることが可能となります。なお、中小零細企業の融資申請に対する伝統的な銀行の承認率は平均20%ですが、MYbankによる承認率はそれを大幅に上回る60〜80%となっています。

また、MYbankでは、AIの活用によって、中小零細企業や個人営業等のビジネスサイクルをモニターして、先行きの在庫資金等のニーズを予測することもできる、としています。

MYbankの中小零細企業等への融資が大幅な伸長をみせている背景には、中国におけるスマホとQRコードの普及があります。

　中国において実店舗でのビジネスを行っている中小零細企業は、QRまたはバーコードがあれば、スマホで売上代金の受取りから資金の借り入れ等のすべてを行うことができます。

　現在では、MYbankの取引先である3百万を超える小売店経営者や個人営業主がQRコード決済を採用しており、こうした小売業者をコードマーチャントと呼んでいます。そして、小売店用に特別に開発されたQRアプリから毎日売上げのデータが直接MYbankのデータベースに送付されてきます。

　MYbankは、こうしたコードマーチャントから集めたデータをビッグデータとしてAIで分析することにより融資対象のリスクを審査して、小売店が借り入れることができる金額を自動的に算出します[22]。

　なお、上述の通りアント・フィナンシャルは個人向けのMMFである「余額宝」を扱っていますが、MYbankは、法人向けに「余利宝」という名称でMMFを提供しています。余利宝は、最低投資額が1元で、必要な場合にはすぐ解約、換金して決済に使用することができます。

（MYbankの網商貸、旺農貸）

　MYbankでは、アリババのプラットフォームを使用してECサイトで店舗を開設、運営しているマイクロeコマース企業や個人を対象に「網商貸」の名称で、無担保・小口の短期運転資金を融資しています。こうした業者は、ネットショップの在庫手当資金が必要となりますが、伝統的な銀行では信用リスクが高いとして融資対象としないことが少なくありません。

　MYbankが網商貸を展開するにあたっては、コストをかけてマーケティングを行う必要はなく、アリババが持つネットワークを使って中小零細企業を集客することができます。こうした戦略はアリババグループの創業者であるジャック・マーのビジネスモデルの軸となるものです。

　網商貸による融資の審査は、借入申請主の過去の取引状況や販売実績、預金残高、公共サービス料金支払証明、税務当局への提出データ等の情報をもとに行われます[23]。またAIが、既往の取引実績や現在の業況、財務状況等のデータを基にして借入申請主が理由としている資金調達の必要性に偽りがないかを判定します。そして、融資後にはリスク管理を目的にして、借り手の

資金の使用状況やキャッシュフローを中心にモニタリングが行われます。

　MYbankは、金融面から農家をサポートすることにも注力しており、その一環として「旺農貸」の名称で農家への融資を推進しています。旺農貸では、中国全土の市、郡、村の農家はスマホを使って融資を申込むことができるようにしています。またMYbankでは、インターネット等ITの普及が遅れていることからスマホで旺農貸にアクセスすることが困難な農家のために、農産品を扱う商社やアント・フィナンシャルと提携関係にある農村パートナーが推薦した農家も融資対象としています。

　さらにMYbankは、大学を卒業して郡、村にUターンして起業する卒業生を支援することを目的に、積極的な融資を展開しています。

（伝統的な金融機関との協働）

　上述のとおり、MYbankは伝統的な銀行が見向きもしない中小零細企業をターゲットとしていますが、MYbankだけでは中国全土の膨大な数にのぼる中小零細企業の資金需要に応じることはとてもできません。そこで、MYbankは大手から中小の金融機関まで幅広く連携、協働することにより、中小零細企業ファイナンスの円滑化に取り組んでいます。

　具体的にはMYbankは、全国の金融機関に対して、借り手の信用審査に活用するAI等のコンピュータ技術をはじめ、クラウド、オンラインファイナンス、モバイル決済、先進のリスク管理、生体認証等のノウハウをオープンにして開発を支援するプランを策定、実行しています[24]。

　このように、MYbankはアント・フィナンシャルが培ったさまざまなテクノロジーを全国の金融機関に対して適用して、膨大な数に上る中小零細企業のファイナンスの円滑化に注力しています。すなわち、MYbankは、アント・フィナンシャルのテクノロジーをオープンにすることによって多くの金融機関が都市から地方まで広範に亘る中小零細企業や個人営業、農家に対して低コストの融資を行うことができるようになることを期待しています。

　またその一方で、アリババは、MYbankと多くの金融機関の提携によりMYbankを通じてアント・フィナンシャルのテクノロジーが金融機関に普及することを通じて、アント・フィナンシャルが中国各地の金融機関をサポー

トする FinTech となり、延いてはアリババグループのエコシステムが多くの金融機関の参加により一段と強固になることを狙って MYbank と金融機関の提携を全面的に支援する戦略を展開しています。

なお MYbank は、中小零細企業がいずれは伝統的な銀行の顧客になるような規模に成長することが見込まれるとして、中小零細企業に対してプロアクティブに伝統的な銀行との取引を模索するよう勧めています。そして、MYbank の融資先の中小零細企業が伝統的な金融機関に融資を申請した場合には、MYbank がそうした顧客の信用情報を伝統的な金融機関に前広に提供するといったビジネスも行っています。

このように MYbank は、伝統的な金融機関と競争するというよりも、伝統的な金融機関との間での協働を指向しています。

⑤ 韓国

kakaobank

kakaobank（カカオバンク）は、韓国当局から銀行免許を取得して 2017 年に営業を開始したスマホオンリーのチャレンジャーバンクです（本拠地パンギョ・テクノバレー）。

kakaobank の最大の株主は、インターネット会社の Kakao です。

❶ KakaoTalk

Kakao は、韓国で人気を博しているメッセンジャーアプリ KakaoTalk を運営しています。

KakaoTalk のユーザーは 42 百万人と、韓国の人口 50 百万人の実に 8 割を超えるまでになっています。

ユーザーは、スマホの KakaoTalk のアプリから kakaobank の口座を開設することができ、また kakaobank に容易にアクセスして、さまざまな取引をすることができます。たとえば、ユーザーは kakaobank の口座にある資金を使って送金する時に、宛先は KakaoTalk のアドレスから選択することができます。

　また、KakaoTalkには、決済機能のKakao Payがあり、kakaobankとKakao
Payのサービスをリンクさせています。

　なお、kakaobankのデビットカードは、KakaoTalkで人気のKakao Friends
キャラクターが顔を揃えていて、ユーザーの好みのキャラクターのカードを
選ぶことができます。

❷ テンセント、アリババとkakaobank

　KakaoがFinTech分野に進出するビジネススタイルは、中国のテンセント
やアリババが行っているパターンに類似しています。

　すなわち、kakaobankは、ちょうどテンセントがWeBankを、またアリバ
バがMYbankを設立したように、SNSを運営するKakaoが金融分野に乗り出
すことを目的に設立した、ということができます。

　テンセントやアリババは、スマホを使って日々の買い物をQRコードによ
り決済する、といったシステムでは先端を走っていて、こうしたスマホ決済
が現金決済やクレジットカードでの決済を代替しています。

　そして、テンセントやアリババは、スマホによるデジタルバンキングを主
要なセールスポイントとして東南アジアや米国に展開することを狙っていて、
その手始めとして両社とも、kakaobankや決済プラットフォームのKakao Pay
に出資しています。こうした出資により、テンセントやアリババは、中国で
の成功を韓国で再現させようとしており、先行きは、中国と韓国の共通のQR
コードで両国をつなぐことを企図している、とみられます[25]。

❸ kakaobankの集客力

　kakaobankがターゲットとする主なユーザーは20〜30代ですが、若者だけ
ではなく中高年の間でもアプリの使い勝手の良さが人気を呼んでいます。

　kakaobankは2017年に営業を開始しましたが、営業開始直後の8時間で10
万人、営業開始当日中に24万人、2日目で累計47万人、5日目で同100万人、
13日間で同200万人のユーザーを獲得しています。これは、1時間平均6,400
に上る口座が開設された計算になります[26]。こうした人気ぶりから、
kakaobankのキュートなKakao Friendsデビットカードの在庫が払底すると

いう事態にもなりました。また、営業開始わずか1週間後の預金残高は、6,530百万ウオン、融資残高は4,970百万ウオンに達しました。

そして、営業開始2年足らずの2019年央に10百万人のユーザー獲得を達成しています。

韓国人口が50百万人で、これはおよそモバイルバンキングを使用することはない幼児を含めて5人に1人がkakaobankの口座を持っていることになります。

なお、kakaobank開設の3か月前に、K BankがkakaobankHIの、スマホオンリーのチャレンジャーバンクとして創業しており、世間は、K Bankと後続するkakaobankとが互角の競争になるとみていました。しかし、kakaobankに比べるとK Bankはイノベーティブの力が乏しいとか、K Bankのアプリと

【図表1】kakaobankの顧客数の推移と年齢層

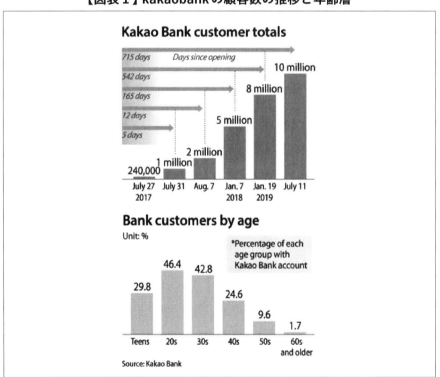

（出所）Han Ae-Ran "One in 5 in Korea have a Kakao Bank account" Korea JoongAng Daily2019.7.　15

比べると kakaobank の方がはるかに使い勝手が良い等の理由から、K Bank の集客力は kakaobank に比べて見劣りするものとなっています。

❹ 伝統的な銀行へのインパクト

　kakaobank の躍進は、それまで声高に金融改革を唱えながらもその実行は遅々としていた伝統的な銀行にとって大きな警鐘となりました。

　これまで伝統的な銀行も、多額の投資をしてモバイルバンキング、オンラインバンキングのサービスを提供してきました。

　しかし、それはユーザーエクスペリエンス（UX）を意識したユーザーセントリックな作りとは言い難く、とにかく当局の規制を遵守することに重点が置かれたものでした。

　これに対して、kakaobank が経営上、重点に置いていることは、ユーザーが kakaobank を簡単に、便利に、安く、そして楽しく利用することで金融サービスが受けられるような環境を創出することです。そして、これこそがユーザーエクスペリエンスの本質である、ということができます。

　たとえば、口座開設について kakaobank は、当局が要求するマネロン対策や KYC（Know Your Customer、顧客確認）規制を厳格に遵守しながら、申請者が口座を開設するのに要するステップ数を半分にしました。

　この結果、口座開設に要する時間は7分と、伝統的な銀行が要する20〜30分に比べて大幅な短縮となりました。

　こうした kakaobank の展開を眺めて、伝統的な銀行もユーザーファーストのスタンスを採るようになり、いまでは、伝統的な銀行が提供するデジタルバンキングでも kakaobank に倣ってユーザーの電話番号と ID カードの写真を送信すれば口座開設が可能となる方法を採用しています。

　また、伝統的な銀行は kakaobank にはない実店舗の強みを生かすよう注力しました。具体的には、店舗の窓口を担当する行員教育を徹底させることにより、来店した顧客に対して行員が複雑な金融商品の仕組みや特性について分かりやすく説明するとか、顧客のライフステージに応じて金融面から資産形成等のアドバイスを親身になって行うことができるよう、店舗における顧客との応対の改善を強力に推進しました。

❺ kakaobankのビジネスモデル

　kakaobankのビジネスモデルは、まずはユーザーに良質な金融サービスを提供することにあり、利益は2の次である（activation first, monetization second）としています。

　実際にもkakaobankは、開業直後はインフラ投資や人材獲得のためのコストが嵩んで赤字を計上しました。また、マーケットシェア獲得のために、高い預金金利・低い融資金利や、国内送金や提携ATMからの現金引出等の手数料無料化、それに海外送金手数料を伝統的な銀行の10分の1にする等、アグレッシブなプライシング戦略を採ったことも、収益圧迫要因になりました。

　しかし、経費面では、無店舗経営によるコストの節減に加えて、ITインフラの構築やアプリの開発ではオープンソースを活用したほか、創業当初よりパソコンによるオンラインバンキングの提供は行わず、モバイルバンキングに絞ったことにより、コストの大幅な減少を実現することができました。

　また、トップラインでは、ユーザーがスマホで取引ができるバラエティに富んだ預金やローンを軸とする魅力的な商品メニューの提供が、収益向上に大きく寄与しました。

　こうした諸施策を講じた結果、kakaobankは営業開始後2年で純利益を計上することができました。

　kakaobankでは、今後、エンドユーザーのみならず金融関連会社等も勧誘して幅広いユーザー層の基盤を形成することを梃子として、あらゆる金融商品・サービスを売買できる金融プラットフォームを構築することによって、kakaobankがAmazonの金融版となることを目指す、としています。

❻ kakaobankのビジネス内容

　kakaobankのビジネスは、預金、融資、デビットカード、海外送金等を揃えたフルバンキングサービスです。

i　口座開設

　上述のとおり、韓国の人口の8割以上がKakao Talkを利用している状況にあって、誰でもスマホのKakao Talkアプリから簡単にkakaobank口座を開設

することができます。

　具体的には、Kakao TalkのIDでログインして、電話番号によりメールで本人確認すれば、口座開設ができます。また、口座開設後のログインは、生体認証により簡単、スピーディ、安全に行うことが可能です。

　口座には、普通口座のほかにグループ口座や株式投資口座があります。このうち、グループ口座は、友人や同僚で1つの口座を開設のうえ、各々が一定金額を預金して、それをパーティ等のイベントの機会に使う共同預金口座です。また、株式投資口座では、ユーザーは、kakaobankのアプリをクリックするだけでkakaobankと提携している証券会社に口座を開設して、証券取引を行うことができます。

ii　預金

　預金には、普通預金のほかに、定期預金、期日指定定期預金があります。

　kakaobankは、伝統的な銀行が提供する預金金利よりも高い金利を付けています。

　また、kakaobankは、26週間少額積立サービスというユニークな商品を提供しています。これは、ユーザーが当初の預金額を1,000、2,000、3,000、5,000、10,000ウォンのいずれから選択します。そしてその後は、たとえば当初預金額が1,000ウォンとすると次の週は2,000ウォンというように週が変わるごとに積立額を増やしていって26週で満期到来となるスペックを持つ積立貯金です。

　ユーザーが積み立てるたびにメッセンジャーアプリのKakaoTalkのオリジナルキャラクターであるKakao Friendsのアイコンが増えていって積立額がいくらになっているかをみることができるほか、その様子をSNSのKakaoTalkで友人等の間でシェアする、というようにゲーム感覚で貯金することができ、ユーザーエクスペリエンス（UX）を高める設計となっています。

iii　融資

　融資には、担保付き融資、無担保融資、当座貸越、マイクロローン、住宅ローンがあります。伝統的な銀行に比べると、ローン金利は低く設定されて

います。

　kakaobankでは、申請者は何らペーパーワークをする必要なく、申請から融資の実行までをすべてデジタルで行うことができるとしています。そして、ユーザーは、融資された金額をデビットカードで使うことができます。また、期限前返済をしてもペナルティが課せられることはありません。

　住宅ローンは、伝統的な銀行では実店舗に出向いていくつかの種類の書類を作成して申請するというややこしい手続きを踏む必要がありますが、kakaobankでは、信用審査も契約もすべてアプリで行うことができます。

⑥ ブラジル

Nubank

　Nubank（ヌーバンク）は、2013年開設のブラジル（本拠地サンパウロ）のモバイルファーストバンクです。Nubankは、開設後しばらくの間はネオバンクとして営業していましたが、2018年に当局から銀行免許を取得してチャレンジャーバンクとなりました。

　現状、Nubankは主としてブラジルのユーザーを対象としていますが、2019年、メキシコに子会社Nuを設立、また2020年にアルゼンチンにも進出しており、さらに先行きは南米以外で、銀行との取引ができない人口が多い開発途上国への進出を企図する等、グローバルな展開を指向しています。

　Nubankには、中国のテンセントが出資をしています。

❶ Nubank創設の経緯

　Nubankの創業者でCEOのDavid Vélez（コロンビア出身）は、シリコンバレーのベンチャーキャピタル最大手であるセコイアキャピタルのパートナーです。

　ブラジルの金融業は、5大銀行の寡占で競争環境不在のなかにあって、5大銀行がまったく同一のスペックの商品を高い手数料や融資金利でユーザーに提供している状況にあります。こうしたことから、ブラジルでは多くの人々

が銀行口座を持つことができず不便な生活を強いられています。

　ブラジルの伝統的な銀行の店舗に入るには、銃で武装したガードが厳重な警戒をするなかで防弾ガラスの回転ドアを通り抜けなければなりません。そして、長い列の後ろに並んでやっと辿り着いた窓口ではスタッフからぶっきらぼうな対応をされ、口座開設にも煩瑣な手続きと長い時間を要するといった具合です。

　David Vélezは、伝統的な銀行のこうした劣悪なサービスに業を煮やし、またブラジル市場では有力なFinTechスタートアップが存在していないことに目を付けてNubankの設立を思い立ちました。

　そこで、Vélezが金融界の専門家にNubank創設のアイディアを話したところ、異口同音に「あなたは外国人であるからブラジルの金融界の実情を知らないのだ。あなたはブラジルで最も強力な業種に属する金融機関に立ち向かおうとしている。誰も、金融マーケットを牛耳っている5大銀行と競争しようなどと考えたこともない。5大銀行がNubankを押しつぶすことは火を見るよりも明らかだ」と脅しに近い反応があったと彼は述懐しています[27]。

　しかし、Vélezは、ブラジルの大勢の人々が銀行との取引ができないままに生活を送っていることを知って、Nubankを設立することに重大な社会的責任を感じると同時に、大きなビジネスチャンスがある、と考えました。

　そして、実際に消費者の声を聴いて、その多くがとにかく現存する銀行に代替する金融サービスのプロバイダーが誕生することを強く望んでいることを把握しました。また、銀行口座を持たない人々の間でもスマホの普及率が高まってきていることが分かりました。

　そこで、Vélezは、テクノロジーを駆使して実店舗を持たないデジタルバンクの創設を決断したのです。

❷ Nubankのビジネスモデル

　伝統的な銀行の実店舗がブラジル市町村の60％をカバーしているのに対して、デジタルバンクのNubankは、ブラジル全土をカバーします。

　Nubankは、住所証明書や身分証がなく、このために銀行口座を開設することができなかった層にも金融サービスを提供するという金融包摂を中心軸

としたコンセプトで運営されています。

　そして、Nubankは単にユーザーの期待に応えるだけではなく、ユーザーをびっくりさせるようなサービスの提供を目指して、従来の銀行とはまったく異なるUI/UX（ユーザーインターフェイス/ユーザーエクスペリエンス）を提供する経営に力点を置いています。

　実際にも、Nubankはアプリの使いやすさと機能の一段の向上を求めて重点的にリソースを投入しているほか、人材面のリソースについてもNubankの多くのスタッフがユーザーのサービス・エージェントの任務に就いています。そして、eメールやチャット、SNS、FAQ、電話によるコミュニケーションを通じて、ユーザーが提起する問題を幅広く吸い上げて組織を挙げてそのソリューションを見出す等、CS（顧客満足度）の向上に注力しています。なお、Nubankのスタッフ1,700名の国籍は、ブラジル、メキシコ、仏、加、豪、米、蘭等の25カ国に亘っています。

　この結果、Nubank自体はさしたる宣伝を行っていませんが、口コミで急速にユーザーの裾野が拡大している状況にあり、2020年初までに2千万人のユーザーを獲得して南米で最も急成長を遂げたスタートアップの1つとなりました。

　また、Nubankでは、将来、南米全体で1億人のユーザーを獲得する目標を掲げています。

❸ クレジットカード・ビジネス

　ブラジルで銀行口座を持たない人々は、さまざまな取引を現金で決済することを余儀なくされ、治安状態が悪い中で現金の盗難等のリスクに晒されながら、日々不便な生活を送るといった状況にあります。

　そうしたなかで、ユーザーの間にはクレジットカードへの強いニーズが存在しますが、5大銀行が提供するクレジットカードの金利は、世界で最も高い部類に入ります。ブラジルの低所得の消費者は割賦で商品を購入することが一般的ですが、伝統的な銀行が提供する割賦金利は法外の高さとなっており、低所得層の人々にとってクレジットカードは縁遠い存在でした。

　そこでNubankでは、手数料が無料で、割賦払いの金利を極力低く抑え、外

国でも使用できるクレジットカードを提供しています。また、ユーザーはスマホでクレジットカードの支出限度額の設定等、カードの管理を行うことができます。

　こうした魅力的な条件により、5大銀行の寡占状態の中でNubankのクレジットカードは、ブラジルで5割のシェアを獲得するまでとなっています。

　Nubankは、クレジットカードを提供するにあたって、AIの機械学習を信用審査に活用しています。一般の銀行ではクレジットカードの提供の是非を判断する場合、約10種類の変数を勘案して信用スコアを算出しますが、Nubankは、それよりもはるかに多い変数をデータベースとして信用スコアを算出しています。

第6章

チャレンジャーバンクの
主要オペレーション

　PayPalやeBayは、プラットフォームで展開することができる最も魅力的なビジネスはオンライン決済システムであり、それを通じて、送金、融資、資産管理ができることを実証しました。これにより、顧客は伝統的な銀行が提供していたこうした金融サービスをオンライン決済システムに求めることになりました[1]。

　このような展開を眺めてチャレンジャーバンクのビジネスも、資金決済を中心に始まりましたが、その後、資金決済から派生する形で各々のチャレンジャーバンクが持つ特性を生かしたさまざまな金融商品・サービスが提供されています。

　以下では、こうした金融商品・サービスの提供に関わるチャレンジャーバンクのオペレーションについてみることにします。

① 口座の開設

　チャレンジャーバンクで、ほぼ共通してあげることのできる特徴は、スピーディで、簡単な預金口座の開設手続きです。

　特に欧州では、移民の大量流入やマネロン、テロ資金の流入の防止等の観点から、銀行に口座を開設する手続きが厳格化される傾向にあります。

　こうしたなかで、たとえば渡航して直ちにビジネス活動を行うことが必要な駐在員や、世界中を駆け回って仕事を行うノマドワーカー、さらには留学生等が、スピーディ、かつ簡便に銀行口座を開設するニーズは、一段と強まりをみせています。

　チャレンジャーバンクにおいて、スピーディで、簡単な手続きで預金口座

の開設ができる背景には、もちろんデジタル化により事務手数が簡略化、効率化されているという点がありますが、それ以上に、大半のチャレンジャーバンクでは、ユーザーに対してクレジットカードではなくデビットカードを提供していることが大きな理由となっています。

　すなわち、デビットカードは、信用供与機能を具備しているクレジットカードと異なり、口座開設者の預金を裏付けとして発行されます。そして、ユーザーがデビットカードを使うと、決済額に相当する預金が引き落とされます。

　したがって、チャレンジャーバンクは口座開設にあたって厳格な信用審査を実施することなく、迅速に口座開設手続きを行うことができます。

（1）口座開設ができる資格者

　口座開設ができる年齢については、18歳以上を口座開設可能としているケースが大半を占めています。もっとも、Monzoでは、16歳以上が可能で、16歳、17歳の場合には、18歳未満に禁じられているギャンブル等への支出は自動的にブロックされる仕組みとなっています。

　また、国籍、居住地については、Atom Bankは英国国籍であることを条件とする一方、MoneseやRevolutは、英国かユーロ諸国（European Economic Area ,EEA）に居住していることを条件としています。そして、Moneseの口座はポータブルであり、たとえ顧客が住所を変更しても、英国かEU諸国内であれば、口座はそのまま使用することができます。

　また、N26は、スマホを所有していればEU17カ国のどこからでも口座の開設が可能となっています。

（2）口座開設の手続き

　実店舗を持たないチャレンジャーバンクは、スマホ等のモバイルかパソコンからペーパーレスで口座開設を行うことになります。

　たとえば、Atomではスマホを数タップすれば口座開設ができる、としています。

　口座開設に必要となるものをみると、英国の伝統的な銀行で銀行口座を開設するには、英国での居住を証明できる直近3か月以内の電気やガスなど公

共料金の領収書等の住所証明（Proof of Address）が求められますが、英国に来たばかりの入国者にとっては住所証明を準備することが困難なケースが少なくありません。

Moneseでは、こうした問題に対処するため、移住者やノマドワーカー、外国人等が手早く口座を開設できることとしています。すなわち、Moneseは、現在の居所の申告とパスポートの写真、ビデオによる本人確認をスマホで行うことにより口座開設が可能で、公共料金請求書や住所証明書、信用照会機関によるクレジットスコアの証明、収入証明書等は必要ありません。

また、Revolutでは、滞在許可証などの在住証明書と携帯電話番号があれば、口座の開設が可能です。

そして、Monzoでは、開設に必要な手続きはIDカードのコピーと個人情報をウェブサイトかアプリで入力するだけで完結するとしています。

一方、N26の口座開設に必要な個人情報は、氏名、生年月日、国籍と出生地、パスポートまたはIDカード、郵便を受け取ることができる住所または居所、携帯番号、メールアドレスで、収入証明書等は必要ありません。

（3）口座開設の所要時間と手順
❶ 口座開設の所要時間

伝統的な銀行では、口座開設の際の信用審査のために多くの時間を要することが少なくありません。

たとえば、英国の伝統的な銀行では、口座開設の手続きをする場合には前もって電話で来店の予約をする必要があることが少なくなく、また店舗に出向くと窓口で長い時間をかけて書類を作成してやっと口座開設ができることがごく当然のこととされています。

しかし、チャレンジャーバンクでは、書類や人間の介入を極力排除することによって、口座開設の手数に時間を要せず、口座開設の申込みから、口座開設、そしてサービスの利用までわずかな時間で済むことをセールスポイントとしており、このことは、特にあわただしく働いているユーザーにとっては大きな魅力になっています。

たとえば、Monzoでは2分、Moneseでは3分、Simpleでは数分、N26では

8分、AtomやRevolutでは10分以内で口座を開設することができる、というように、チャレンジャーバンクの間で口座開設に要する時間短縮競争の様相を呈しています。

　また、実店舗を持つチャレンジャーバンクのMetro Bankで、店舗において手続きをする場合にも、事前予約なしで最速15分で口座開設が可能であるとしています。

❷ 口座開設の手順

　ユーザーが、どのような手順で口座開設をするかを、ドイツのN26の例を中心にみることにしましょう。

i　まず、N26のウェブサイトからユーザーのスマホにアプリをダウンロードします。

ii　次に、アプリから口座開設の申し込みを送信します。
　具体的には、氏名、生年月日、現在住んでいる国、居住所、電話番号、メールアドレスといった個人情報を入力します。

iii　そして、ユーザーがパスワードを設定すると、登録の申込みが完了します。

iv　N26からユーザーのスマホのメールアドレスに本人認証を要求する知らせが届きます。

v　N26から、本人認証の方法として、ビデオチャットで行う方法か、または郵便局の窓口で行う方法のいずれを取るか、選択するよう連絡があります。そこで、ユーザーは、身分の確認方法を選択します。

（ビデオチャットによる本人認証）

　基本的に英語またはドイツ語で行い、通訳は同席できません。したがって本人が英語またはドイツ語を理解する必要があります。また、周りに人がいて本人をサポートすることもできません。

　本人認証には、スマホのカメラを使ってパスポートの写真か住民登録書の写真の提示を求められます。その際にN26から「スマホを動かしてパスポートの文字を拡大して良く見えるようにしてください」等の指示があります。

このビデオチャットの方法では、別途書類を郵送する必要はありません。

なお、Monese では、スマホで自撮りした自分の顔と政府発行の公的 ID の写真かパスポートの写真を送信すると、アルゴリズムが素早く認証チェックを行い、顧客の申請が確認される仕組みとなっています。

また、Monzo では、自撮りしながら「Hi, my name is ○○ and I want a Monzo account」とカメラに向かって言うことが求められます。これは、ユーザーの声をコンピュータが記憶して、その後、ユーザーがログインするときの声認証に役立てるためです。

本人認証が済むと、すぐに登録確認リンク付きのメールが届きます。そのメールアドレスを有効化して確認を完了すると、スマホから口座を利用できるようになります。また、数日から 1 週間後にデビットカードが送付されてきます。

（郵便局での身元確認）

郵便局での身元確認は、PostIdent と呼ばれています。

ユーザーがスマホで PostIdent を選択すると、折り返し N26 から PostIdent クーポン付きのメールが届きます。

そこで、ユーザーは PostIdent クーポンをプリントアウトして、それとパスポート、住民登録証の 3 点を持って近くの郵便局に出向きます。そして、郵便局員が身元確認作業を済ませて、郵便局からユーザーの身元確認の書類が直接 N26 に送られます。

これらの手続きを終了すると、数日から 1 週間後にデビットカードが送付されて、N26 の口座利用が可能となります。

② 英国の当座預金口座移管促進策

英国では、多くのユーザーが単に長いこと同じ銀行を使っているとの理由で、なかなか伝統的な銀行からチャレンジャーバンクへの口座移管が進捗しない状況にありました。こうした実態を眺めて当局は、英国国民が日常、活用している当座預金口座の銀行間の移管を容易にする各種の施策を講じてい

ます。

（1）当座預金口座の移管の容易化

　英国財務省は、2013年、顧客の銀行間の当座預金口座の移管を容易にして顧客の便益を保護するために、CASS（Current Account Switching Service、当座口座切換えサービス）を導入しました。

　これは、顧客が開設している当座預金口座を他の銀行にシフトする場合に、以前は手数が煩雑で1か月もの期間を要していたのを、手続きの簡素化により7営業日以内に手数料なしで安全に移管できることを可能とする制度です。

　具体的には、CASSにより、従来の口座で契約していた給振や年金の振り込み、公共料金の引き落とし、家賃の支払いは、自動的に新しい口座に引き継がれることになります。また、口座を他行へ移管しても、口座番号は従来のままとすることができる口座番号ポータビリティのサービスも実施されました。

　なお、口座移管後に、たとえば誤って古い口座からも資金が引き落とされて2重の引き落としになったというようなミスによりユーザーが損失を被った場合には、当局が損失を補填することにしています。

（2）当座預金口座の比較の容易化

　英国当局は、CASSの導入により顧客が口座を新規参入のチャレンジャーバンクにスイッチすることが容易にでき、銀行間の競争が促進されて顧客サービスが向上することを期待しましたが、さほどの効果はありませんでした。

　そこで、2015年に金融行為監督機構（Financial Conduct Authority、FCA）の全面的な支援により、Gocompare.comがwebサイトにmidataの名称で各銀行の当座預金口座の比較表を載せて、ユーザーがそのなかから自分の金融行動に最も適した銀行の口座を選択することができるサービスを導入しました。

　このmidataは、英国政府が強力に推進しているオープンAPIを活用しています。すなわち、midataでは、ユーザーが過去1年間に現在の銀行に開設してある当座預金口座をどのように使ったかのデータを容易にダウンロードすることができます。なお、こうした個人情報は、暗号化され、またmidataに

滞留することがない等、厳重に保護されています。

　次に、現在口座がある銀行と比較できるいくつかの銀行の口座のサイトがモニター画面に現れて、仮にユーザーが過去1年間に使用したと同様の取引を他の銀行口座を使用して行った場合にはどのようなベネフィットやコストがあったかをみることができます。

　比較する項目は、当座預金口座の維持手数料、最低預入額維持義務の有無、当座貸越限度と手数料、預金金利、外国でのカード使用手数料、キャッシュバックや旅行保険といった付保サービスの有無ないし水準等、多岐に亘っています。

　そして、ユーザーは、自分のこれまでの金融行動からみてどの銀行の口座が最も適したものであるかを比較検討することができます。

　政府は、こうしたmidataのサービスにより、ユーザーにとってベストの当座預金口座を見出せることになるとともに、既存の銀行がチャレンジャーバンクと競う形で当座預金口座のスペックをユーザーセントリックにリデザインする等、一段の競争が促進されることを目指しています。

　以上のCASSとmidataの導入という政府の施策によって、これまで長い間、同じ銀行に口座を持っていた個人のみならず法人も、各自がベストと考える銀行に口座を移管する兆しがみられています

　なお、政府支援でmidataを活用するプロジェクトは、金融業界のほかに、エネルギー業界や通信業界でも実施されています。

③ デビットカード、クレジットカード

　大半のチャレンジャーバンクでは、口座開設を行うと、ユーザーの手元にコンタクトレス決済ができるデビットカードが送付されてきます。

　これは、ユーザーが口座開設の手続きをしてから早くて数日後、平均すると約1週間後となります。もっとも、実店舗を持つMetro Bankでは、各店舗にカード作成機器を備えていることから、ユーザーはその場でカードを受け取り、即時に使用することができます。

　デビットカードは、預金を裏付けとして発行され、ユーザーがデビットカ

ードを使って決済すると、即座に決済額に相当する預金が引き落とされます。

したがって、預金残高を超えては使用することができず、浪費を抑制する効果を期待することができます。

（1）キャッシュカード、デビットカード、クレジットカード

❶ キャッシュカード

キャッシュカードは、ATM等を使って金融機関の口座にアクセスして現金の預入、引出ができるカードです。キャッシュカードは、次に述べるデビット機能が付いているタイプが大半となっています。

❷ デビットカード

デビットカードは、ユーザーが金融機関に持つ預金口座の預金を使って、商品、サービスの代金決済ができるカードです。したがって、デビットカードは、クレジットカードと異なり基本的に信用供与機能を具備していません。

こうしたことから、デビットカードを発行するチャレンジャーバンクは、口座開設に際して厳格な信用審査を行う必要がなく、その結果、ユーザーにとって口座開設が迅速、かつ容易にできるメリットがあります。

もっとも、デビットカードのなかには、当座貸越の機能が付いたものもあります。また、スーパー等で会計する際に、レジで買い物の代金を支払うと同時に現金を引き出すことができるキャッシング機能が付いたデビットカードもあります。

クレジットカードでの支払いは、通常、本人確認のためのサインや暗証番号が必要となりますが、デビットカードは、レジの端末にカードをかざすだけでスピーディに支払を済ますことができるコンタクトレス決済となっています。もっとも、デビットカードでも決済が一定額を超える場合（たとえば、N26では25ユーロ、Moneseでは30ポンドを超える場合）には、PINを入力する必要があります。

コンタクトレス決済は、店員にカードを手渡す必要がないことからカードの中にある情報を不正に抜き取られるスキミング等の被害を防ぐことができます。また、カードを紛失した時には、即座にスマホでロックをかけてカー

ドが不正に使用されないようにすることができます。

英国では、デビットカードによる支払いが現金による支払いを凌駕しています。

❸ クレジットカード

クレジットカードは、代金の後払いができる信用機能が付いたカードです。

📱))) コラム　コンタクトレス決済

コンタクトレス決済は、NFC（Near field communication）によりレジの端末等にカードをかざして支払を行うことができる決済方式です。交通系ICカードの決済もコンタクトレス決済となっています。

また、デビットカードのほかにクレジットカードによるコンタクトレス決済も普及しており、これにより本人を確認するためのサインなしに決済できることから「サインレス決済」ともいいます。サインレス決済では、利用額の上限が設定されており、カードを不正に入手して高額利用されることを防止しています。

QRコード決済では、スマホでアプリを立ち上げてスマホまたは店側がQRコードを読み取るという作業が必要となりますが、コンタクトレス決済は、そうした作業は必要ありません。

デビットカードやクレジットカードには、ICカードや生体認証機能付きICカードがあります。

（ICカード）

プラスティックカードにICチップを埋め込んだタイプのカードです。ICカードではICチップが記憶媒体となります。ICカードは、インターフェースによりコンタクト（接触）型とコンタクトレス（非接触）型に分類されます。

ⅰ　コンタクトICカード

　カードに設置されている端子とカードリーダーライターの端子が接触してデータの送受信を行う方式です。

ⅱ　コンタクトレスICカード

　カードの内部に内蔵されているアンテナを使って、カードリーダーライターとの間でデータの送受信を行う方式です。

　また、1枚のカードでキャッシュカード、クレジットカード、電子マネー等の機能を具備したコンタクト・コンタクトレス一体型ICカードも発行されています。

（生体認証機能付きICカード）

　生体認証（バイオメトリックス認証）機能付きICカードは、ICカードに、ユーザー本人の静脈、指紋等の生体情報が入っているタイプのキャッシュカードです。

　生体認証機能付きICカードは、ユーザー本人の身体の特徴という固有の情報をもとにして認証することから、ICカードのセキュリティは格段に高度化されることになります。すなわち、生体認証機能付きICカードであれば、たとえICカードを盗まれ、またPINを知られたとしても、生体認証によりセキュリティを確保することができます。

（2）デビットカード、プリペイド式クレジットカードの具体例

　N26では、ユーザーが口座を開設すると、数日後に郵送でMasterCardのデビットカードが送られてきます。

　したがって、たとえば転勤や留学でドイツに渡航してきた場合でも、すぐにカードを使用して日常品等の買い物をすることができます。

　ユーザーがカードを使って支払うとN26の預金口座から引き落とされ、ユーザーはスマホで支払い情報を即座にチェックすることができます。また、アプリのお知らせ情報をセットしておけば、自動的に支払情報がモニターに表示されます。

　一方、Revolutでは、デビットカードのほかにプリペイド式クレジットカー

ドを提供しています。通常のクレジットカードでは厳格な信用審査がありますが、プリペイド式クレジットカードは、プリペイド（前払い）であり審査の必要はありません。

また、プリペイド式クレジットカードは、通常のクレジットカードと違ってチャージした額を超えて利用できないことから、浪費を防止する効果があります。

一方、プリペイド式クレジットカードでは、公共料金や保険料等のように月額や年額で定期支払いをすることはできません。

（3）カードのデザインとユーザーエクスペリエンス（UX）

チャレンジャーバンクでは、提供するデビットカードのデザインやカラーをユーザーに魅力あるものとしてユーザーの遊び心をくすぐる等、ユーザーエクスペリエンス（UX）を高める工夫をしているケースが少なくありません。

たとえば、kakaobankでは、アプリを立ち上げると、SNSのKakaoTalkで多くのユーザーに好評を博しているKakao Friends全員のキュートなキャラクターが表示されます。

Kakao Friendsは、KakaoTalkのオリジナルキャラクターで、猫や犬、ライオン、うさぎ等、全部で8種類の動物等をメンバーに揃えています。そして、その各々が個性あふれるキャラクターと表情で、若者のみならず幅広い年齢層から国民的と言えるほどの人気を博していて、数多くのKakao Friendsグッズが売られているほか、Kakao Friendsカフェも登場しています。なお、韓国で人気のキャラクターには、日本発のクレヨンしんちゃんや、ドラえもん、ポケモン、ハローキティ等がありますが、Kakao Friendsは、それをはるかに上回る抜群の人気となっています。

kakaobankに口座を開設するユーザーは自分の好みのキャラクターのKakao Friendsデビットカードを選択することができます。こうしたことから、Kakao Friendsデビットカードを手に入れることが目的でkakaobankに口座を開設するユーザーが続出、その結果、一時はカードの発行システムが限界に達して口座を開設してもユーザーの手元になかなかカードが届かない状況が続いたほどです。

　また、カードのカラーでは、Monzoの鮮やかなサンゴ色のコンタクトレスICカード（hot coral card）が有名です。Monzoは、この特徴のあるサンゴ色に類似の明るいオレンジ色が他のいくつかの企業により使われ始めたのを眺めて、ブランドイメージを保護するためにMonzoのデビットカードのサンゴ色を登録商標にすることを英国の知的財産庁（UK Intellectual Property Office、UK IPO）に申請しました。しかし、知的財産庁は、他の企業がサンゴ色を使った商品やサービスを不当に妨げられることなくユーザーに提供することは、公共の利益であるとして、これを却下しました。これは、色の登録商標は一切認められないというわけではなく、色については、ロゴやワードマークのように独自性を明確に出すことが極めて難しいことによる、とされています[2]。

（4）即時通知機能

　伝統的な銀行のユーザーがクレジットカードを使うと、自分の支出履歴が後になって分かるとか、不正使用のチェックが遅れる恐れがあります。

　しかし、チャレンジャーバンクのデビットカードを使うと、リアルタイムでスマホに通知が届きます。この機能には、自分の支出行動がチェックできることと不正使用を逸早く知ることができる、という2つのメリットがあります。

　こうした即時通知機能は、Monzo、Revolut、Moneseをはじめとして、チャレンジャーバンクのアプリに共通する機能となっています。

（5）複数のカードの一括管理：Curve

　英国のCurveは、チャレンジャーバンクには属しませんが、複数のカードを持つユーザーが、一括してカードを管理することができるプラットフォームを提供しているFinTechスタートアップです。

　すなわち、Curveのアプリは、ユーザーが持つマスターカードやビザ等のデビットカードやクレジットカードをCurve発行のデビットカードとして1つにまとめる機能を持つプラットフォームを提供しています。

　Curveのアプリは、伝統的な銀行等が提供するカードのほか、Fidor Bank

や Monese、Revolut、Starling 等のチャレンジャーバンクのデビットカードも管理することができます。

したがって、さまざまなデビットカードやクレジットカードを使って異なる銀行の口座から支出しているユーザーにとっては、すべての口座で使える Curve のデビットカード1枚ですべての口座の資金を使えることとなり、いくつかのカードを持ち歩く必要はなく、また、1つのアプリで月間の支出状況を把握することができます。

具体的には、ユーザーが持っているカードをすべてスマホの Curve のアプリに載せておいて、そのうちのあるカードの口座を使用したい時には、アプリを開いて、そのカードをタップすれば使用するカードの口座がアクティブとなり使えるようになります。

【図表1】Curve カードの種類

	Curve Blue	Curve Black	Curve Metal
カード手数料	無料	月9.99ユーロ	月14.99ユーロ
カードの色	青	黒	鮮やかな3色から選択する
外国送金	月500ポンドまで無料	上限なしで無料	上限なしで無料
外国でATMからの現金引出	月200ユーロまで無料	月400ユーロまで無料	月600ユーロまで無料
カード不正使用による損害補償	10万ユーロまで	10万ユーロまで	10万ユーロまで
旅行保険	なし	国内外とも適用	国内外とも適用
スマホ保険	なし	なし	適用
空港ラウンジ	使用不可	使用不可	使用可
レンタカー事故保険	なし	なし	適用

(注) このほかに、カード使用によるキャッシュバック（1％）制度があります。
(出所) Curve の資料を基に筆者作成

　また、多くのチャレンジャーバンクのカードと同様、Curveのカードを使用すると即時にスマホにその内容の通知があり、それが不正使用であれば即座にカードをロックすることができるほか、カードを使うたびに、自動的に支出項目別に分類され、ユーザーはPFMにこれを活用することができます。

　Curveには、簡単に友人等に送金できるCurve Sendという機能もあります。これは、Curveのデビットカードでさまざまな銀行口座に送金できる機能で、手数料なしでインターバンクの仲値によりユーザーが持つさまざまな種類の通貨でEEA（欧州経済地域）にいる友人等に送金できる（受取り側は英ポンドで受領）というものです。

　具体的には、ユーザーがスマホを使ってCurveのアプリを開いて、連絡先リストから送金する相手を選んで送金金額を指定します。そして、ユーザーが保有する銀行カードを選んで送信すると、Curveが相手の銀行口座に直接送金する、という仕組みです。

　Curveのデビットカードには、図表1のように標準的なカードであるCurve Blueを含めて3種類あり、ユーザーは自己のニーズに応じて選択することができます。

（6）クレジットカード

　多くのチャレンジャーバンクがデビットカードを提供している中で、英国のTandemは、デビットカードではなく、クレジットカード（Mastercard）を提供しています。

　Tandemのカード供与の条件は、18歳以上で3年以上英国に居住していること、年収が税引き前で15千ポンド以上あることです。

　カードの使用手数料は、国内はもとより海外で使用した際にも無料です。

　また、カードを使用した時には、リアルタイムでスマホに通知が届いて、カードの不正使用を把握することができます。

　信用供与額の上限は、過去において借入期限までに完済したか、限度額をオーバーして使用したケースはなかったか等、ユーザー個々の信用状況を勘案して決定されます。

　Tandemは、2種類のクレジットカードを提供しています。

その1つは、Tandemキャッシュバック・クレジットカードです。このカードを国内外で使用すると使用金額の0.5%がキャッシュバックされます。

もう1つは、Tandemジャーニー・クレジットカードです。これは、伝統的な銀行ではクレジットカードの発行不適格になるような信用状態のユーザー向けで、当初はごく少額の信用供与から始まり、期日延滞がない等のジャーニー（道程）を辿ることにより、信用格付けが上昇してそれにつれて信用供与限度額も上昇するというクレジットカードです。

📱))) コラム　CVVコード

CVV（Card Verification Value）コードは、VISAやJCBカード等の裏面に印字してある3桁のコードで、一般的にセキュリティーコードと呼ばれています。なお、数字が7桁で記載されている場合には、下3桁がCVVコードとなります。

また、マスターカードの場合は、CVC2（Card Verification Code2）の名称となっており、一方、アメックスの場合は、カードの表面に4桁で印字され、CID（Card Identification Number）の名称となっています。

カードの不正利用の手段の1つにスキミングがあります。スキミングは、特殊な機械に正規のカードを通してカードの磁気ストライプに入力されたデータを盗み取ったうえで、カードを偽造する不正行為です。

CVVは、こうしたスキミングにより偽造されたカードが不正に使用されることを防止する仕組みです。

すなわち、カードには、カード番号や有効期限、氏名等が磁気情報として入っていますが、CVVは磁気情報に入っていないことから、たとえカードデータをスキミングしてもCVVを盗み出すことはできません。したがって、偽造カードを使ってネットショッピング等を行おうとしても、CVVを入力することができないことから不正利用を防止することができます。

---

④ 入出金、支払

チャレンジャーバンクの口座の入出金や支払には、いくつかの方法があります。ここでは、Moneseを中心にみることにします。

（1）入金

Moneseの預金口座に入金（top-upという）するためには、次のような方法があります。

❶ 他銀行からの振替

❷ 給振等

企業や個人からMonese口座に直接振り込むことができます。

❸ 郵便局での現金による入金

郵便局のカウンターで現金とともにカードを提示すれば、翌営業日にMonese口座に入金される仕組みになっています。

なお、郵便局での入金は1日当たり1回限りで、最低5ポンド、最高500ポンドという限度があります。

❹ PayPointでの現金による入金

PayPoint（英国における公共料金等の収納代行ビジネス）のロゴが表示されているコンビニや街角の小売店、酒類販売店で現金とともにカードを提示すれば、翌営業日にMonese口座に入金される仕組みになっています。なお、PayPointでの入金は、1回あたり249ポンド、1日当たり500ポンドと上限があります。

❺ IBANによる送金の受取り

海外からの送金の受取りです。ここで、IBAN（International Bank Account Number）は、受取人が口座を保有する銀行の所在国、支店、それに受取人の口座番号を特定する最大34桁の番号です。IBANは、EUの国際送金を円滑化するため開発された規格で、欧州を中心とする諸国で使用されています。

海外からポンド以外の通貨でMoneseにある口座宛に送金された場合には、Moneseは最適な為替相場でポンドに交換してユーザーの口座に振り込

みます。

（受取り小切手の入金）

　欧米における現物小切手の使用は減少傾向にありますが、未だ法人のみならず個人の間でも現物の小切手での決済を行う習慣が根強く残っています。そこで、チャレンジャーバンクのなかには、スマホにより受取り小切手をユーザーの口座に預入することができるサービスを提供しているケースがみられます。

　たとえば、Simpleでは、ユーザーが小切手を受け取ったらスマホの操作によりユーザーの口座に入金することができます。

　具体的には、まず小切手の裏面に、小切手を受け取ったユーザーの裏書とSimpleに開設してある自分の口座番号を記載します。そして、スマホで小切手の表面と裏面を撮影してSimpleに送信します。そうすると、小切手の額面の200ドルまでが翌日に口座に入金され、残額は翌々日以降に入金されます。ユーザーはそれを確認できたら、受け取った小切手を破棄します。

（2）出金、支払

　Moneseの出金や支払には、次のような方法があります。

❶ デビットカードによる現金の引き出し

　前述のとおり、大半のチャレンジャーバンクでは、口座を開設するとデビットカードがユーザーに送付されてきます。ユーザーは、それを使ってATMから現金を引き出すことができます。

　ATMの使用は、手数料や引き出し額の制限が課せられることが少なくありません。

　たとえば、Monese Plus口座では、ATMの使用が1カ月6回を超えると手数料が課せられ、また、1日の引き出しが300ポンド以下と制限されています。

　なお、N26は、専用のATMを持っていませんが、マスターカードのマークのあるATMでの入出金が可能のほか、提携先のスーパーのレジとかドラッグストアで現金での入出金が可能です。

❷ 自動引き落とし（口座振替）

公共料金や家賃等、定期的に支払いが発生するものは、ユーザーが直接支払いの設定をすることにより、設定した前日に請求が正しいかどうかをチェックでき、それを確認すると自動的に引き落としが行われます。

❸ 友人、家族への支払い

Moneseの口座を持っている相手に対して、スマホに登録した電話番号で支払いを行うことができます。

⑤ 預金

チャレンジャーバンクは、欧米を中心に増加を辿っており、これにつれてチャレンジャーバンク間の競争も激化している状況にあります。

特に、当座預金や普通預金は、大半のチャレンジャーバンクが提供しているサービスであり、ユーザーはそうしたサービスの内容を比較の上、どのチャレンジャーバンクに口座を開設するかを選択するケースが少なくありません。

（1）預金口座の種類

預金口座の種類をみると、当座預金勘定に特化しているケースがある一方、当座預金、普通預金、固定金利定期預金、変動金利定期預金までフルラインを装備したチャレンジャーバンクもあります。

また、当座預金勘定に一定のサービスを付加したプレミアム口座を提供するケースもみられます。

一方、口座開設・維持手数料は、通常の当座預金口座であれば無料で、それに特別のサービスが付加されるプレミアム口座では有料になるケースが大半です。

たとえば、ドイツのメガバンクでは、毎月数ユーロの当座預金口座維持費を課する例がありますが、N26では、口座開設・維持手数料は、無料です。

また、Monese、Revolut、Monzo等も同様に、通常の口座の開設・維持手数料は、無料です。

コラム　当座預金と普通預金

　日本では、当座預金口座は、企業や個人事業主がビジネスを行ううえで必要となる決済のために開設しますが、外国では、個人が普通預金口座のほかに当座預金口座を開設することが一般的です。

　そして、給振や年金の振り込み、公共料金の支払い、ATMでのキャッシュの預け入れ・引出も、通常、当座預金口座を通して行われます。すなわち、外国では普通預金が貯蓄口座（savings account）と呼ばれるように長めの資金を預け入れる機能を果たしていて、日常の資金の収支は基本的に当座預金を通じて行われることになります。

　また、日本では当座預金に金利を付けることはありませんが、外国では、たとえば米国のチャレンジャーバンクAllyのように付利をする当座預金口座を提供するケースがみられます。

（2）プレミアム口座の具体例

　英国のMoneseは、当座預金勘定に特化したネオバンクです。Moneseの当座預金口座には、グレード別に3種類あります（図表2）。ユーザーは、口座のアップグレード、ダウングレードをアプリから簡単に行うことができます。

　また、ユーザーは、英国の口座とユーロ圏の口座と双方持つことができ、2つの口座をワンクリックでスイッチすることが可能です。なお、複数の口座を持っても月額の手数料は1口座分だけが徴収されます。

（3）ビジネス用口座

　デジタルバンキングの中でも特にモバイルバンキングは、個人用の口座に限定してビジネス用口座を開設することができないケースが少なくありませんが、いくつかのチャレンジャーは法人口座を提供しています。

　たとえば、Moneseは2018年から英国を拠点とする企業に法人用当座預金口座を提供しています。Moneseの創業者でCEOのNorris Koppelは、「起業

【図表2】Monese の当座預金口座の種類

	シンプル	クラシック	プレミアム
口座維持手数料	無料	月4.95ポンド	月14.95ポンド
口座維持最低残高	なし	なし	なし
英国にある口座残高の上限（注）	4万ポンド	4万ポンド	4万ポンド
デビットカードの発行	無料	無料	無料
ATMでの入出金	月200ポンドまで無料。それを超える金額につき2%の手数料。	月800ポンドまで無料。それを超える金額につき2%の手数料。	無料
外貨でのカード使用	月2,000ポンドまで無料。それを超える金額につき2%の手数料。	月8,000ポンドまで無料。それを超える金額につき2%の手数料。	無料
外貨での他のMonese口座への送金	無料	無料	無料
外貨でのMonese口座以外への送金	2%の手数料	2%の手数料	無料

（注）Monese口座間の資金移動は自由
（出所）Moneseの資料を基に筆者作成

家のビジネスはスピーディに、かつグローバルに展開する。こうした特性を銀行が削ぐようなことがあってはならない。Moneseは、世界を股にかけて活躍する起業家のために法人用当座預金口座を提供することをドライバーとして、グローバル・ファイナンシャルプラットフォームになることを目指したい」と述べています[3]。

　伝統的な銀行で法人口座を開設するには複雑な手続きが必要で時間と費用がかかり、特に海外展開を指向する起業家がビジネスを立ち上げるのに大き

な障害となっています。

　これに対して、Moneseはどこからでもスマホを使って5分で法人口座を開設することが可能である、としています。ユーザーは、法人口座と個人口座を合わせ持つことにより、1つのアプリでシームレスに資金を管理することができます。

　また、N26は、N26 Businessと称してフリーランサーや個人事業主等を対象とするビジネス用口座を提供しています。

（4）定期預金

❶ 定期預金

　チャレンジャーバンクは、当座預金と普通預金を提供するケースが大半ですが、Atomでは、各種の定期預金を提供しています。具体的には、3，6か月、1，2，3，5年の定期預金があり、満期に自動継続するか元利金支払いを行うかを選択することができます。また、定期預金の最低預入額は50ポンドと低い水準に設定されています。

　また、Fidor Bankでは、Savings Bondと称する債券（実質的には定期預金）を扱っています。このSavings Bondは固定金利で、期間は3，6，9，12，18，24，36か月のなかからユーザーが選択することができます。最低投資額は100ユーロです。Savings Bondには、ユーザーのFidorスマート預金口座からの振替で投資することができます。

❷ CD

　チャレンジャーバンクのなかには、CD（譲渡可能性定期預金）を提供するケースもみられます。

　Ally Bankは、さまざまな種類のCDを提供しています。CDの期間は1〜5年物で、最低預入額はありません。

　CDには、固定金利CD、変動金利CD、流動性CDがあります。このうち変動金利CDは2年物と4年物の2種類で、金利上昇の際、預金者は2年物は1回、4年物は2回、金利引き上げのリクエストをすることができます。

　一方、流動性CDは11カ月物で、期初から6日経てばいつでも引き出しが

可能です。

　また、Simpleは、ノーペナルティCDとの名称で、ユーザーにCDを提供しています[4]。これは、1年物の固定金利CDで、ペナルティなしで期日前の引出ができます。これにより、ユーザーは、先行きの不測の資金需要に備えて当座預金口座に資金を置いておく必要がなく、高い金利を得ながら効率的に資金管理をすることができます。

⑥ 融資

　設立後、さして年数が経っていないチャレンジャーバンクでは、融資をビジネスの対象としているケースは多くありません。これは、発足後しばらくの間は、とにかく資金の受払に使われる当座預金口座を主軸として個人の顧客数の伸長を図るというチャレンジャーバンクの戦略を反映したものと考えられます。

　一方、設立後、しばらく経過して口座開設数も増加したチャレンジャーバンクでは、収益基盤の強化を目指して、融資の分野にビジネスの裾野を広げるケースが増加しています。もっとも、こうしたチャレンジャーバンクにおいても、伝統的な銀行のようにフルラインではなく、特定の種類ないし対象に向けて融資ビジネスを展開しているケースが大勢です。

　以下では、チャレンジャーバンクが手掛けている融資のなかで、特徴的なものをピックアップしてみることにします。

（1）個人向け融資
❶ 当座貸越

　Monzoでは、当座預金口座に貸越機能を設定することができます。当座貸越を設定するためには、ユーザーがアプリから住所、給与等を入力します。

　Monzoはそれを審査して、当座貸越の可否を決定します。当座貸越が認められると給与と信用履歴から当座貸越の限度額が決定され、当座貸越の限度額を超える支払いは、即座に拒否されます。

　ユーザーが当座貸越の限度を引き下げるとか、当座貸越を止めることを希

望する場合には、アプリの操作で簡単にそのように設定することができます。

❷ ペイデーローン

Fidor Bankは、ペイデーローンを「Fidor緊急ローン」との名称で提供しています。これは、給与所得者に給料を担保に提供する短期の小口ローンサービスです。具体的には、スマホかパソコンで申し込めば、期限60日間で100ユーロまたは200ユーロを借り入れることができる制度で、Fidor Bankに口座を持つすべてのユーザーが利用することができます。

ローンの期限が到来すると、元利金が自動的に当座預金口座から差し引かれます。また、期限前返済をしたユーザーには、1ユーロが報奨金として支払われます。

この制度の導入によって、Fidor Bankはユーザーに利便性の高い金融サービスを提供するデジタルバンクであるとの評価を一段と高めることになりました。また、Fidor Bankの創設後、間もない期間は信用データが十分蓄積されていないことから、ローン商品はこのFidor緊急ローンに限定していましたが、Fidor緊急ローンにより収集したデータを活用してその後、当座貸越を開始したとの経緯があります。

Fidor緊急ローンは、特に次の点でユーザーセントリックな商品であるということができます[5]。

i STPによる60 seconds banking

ペイデーローンは、ユーザーからの申請受理からスコアリングチェック、融資の可否の決定、そして資金振込みといった複雑な手続きを、すべてコンピュータを使ってSTP（Straight Through Processing、一気通貫）で行うことにより、Fidor Bankが標榜する金融サービスを基本的に60秒以内で完結するという「60 seconds banking」を実現しています。

このSTPを可能にしているシステムがfidor OSプラットフォームです。fidor OSプラットフォームは、コアシステムと顧客口座、スコアリングシステム、バックオフィスを統合して、ローンの処理を人手を介することなく可能としています。fidor OSプラットフォームに搭載されているローン処理の

システムには、ユーザーの次の内容のデータがインプットされています。

- ・直近1年間の口座の取引金額
- ・口座の使用頻度
- ・コミュニティにおける活動状況
- ・これまで使った緊急ローンの返済履歴
- ・ローン申請額

ⅱ　スマホ等モバイルの活用

買い物や外食、友人との交流等で資金が不足した場合に、その場で即座に銀行から融資を受けることができるチャネルは、モバイルしかありません。

こうしたことから、モバイルで完結するFidor緊急ローンは、ユーザーにとっては文字通り緊急融資が受けられる利便性を備えた金融商品であるということができます。

❸ 住宅ローン

Atomが提供する住宅ローンは、Atomが多数の不動産ブローカーと提携して、ユーザーに住宅を販売した不動産ブローカーがAtomを紹介するという仕組みをとっています。

ユーザーは、住宅ローンの申請から契約締結とローンの実行、さらにその後の返済状況をアプリでみることができます。

借入金利は、固定金利で、期間は2年と5年の2種類があり、LTV（住宅価額に対する融資金額の比率）の水準が60, 75, 80, 85, 90%の5種類に設定されています。

銀行が提供する各種のリテール業務のなかでも、住宅ローンは最も複雑な商品の1つです[6]。そこでAtomでは、住宅ローンビジネスの不動産譲渡手続きや、不動産価値の評価、信用スコアリング等のプロセスを、人手を介することなくシステムにより一気通貫のSTPで行うことができるように、住宅ローンに関わる複雑なアーキテクチャーをシンプルなものとするプラットフォームを構築しました。

これによりAtomでは、伝統的な手法に比べると、借り手が申請してから

融資を受けるまでに要する時間を劇的に短縮することを実現しています。

（2）中小企業向け融資

中小企業は一国経済のダイナミズムを支える土台であることは、古今東西変わるところはありません。

このように重要な役割を担う中小企業が潜在的に持つ強みを存分に発揮して、経済活動のドライバーとなるための必要条件は、なんといっても企業経営を持続的、安定的に行うために不可欠な資金が円滑に調達できることです。

チャレンジャーバンクでは、そうした中小企業向けのファイナンスに焦点を絞ったビジネスモデルを構築するケースが少なくありません。

❶ Cashplus

英国で最初にプリペイドカードを導入したCashplusは、個人営業主や中小企業を主なターゲットとするモバイル専門のネオバンクです。Cashplusは、2018年に銀行免許の取得を当局に申請しています。

Cashplusの創業者は、Cashplus自体を創業した時の経験から、およそ会社設立に必要な資金を調達することはどれほど大変なことか、身に染みて分かっているとして、大手銀行のように面倒な手続きを要求することなく、モーニングコーヒーを注文するような簡便さで、しかし企業の期待を上回るサービスを提供することができるよう注力したい、としています。

このようなCashplusの経営方針を映じて、企業がモバイルでCashplusに口座開設の申請手続きをするのに要する時間はわずか4分です。そして、Cashplusが申請した企業名と住所を確認できれば、1分以内に口座が開設されて、Cashplusから口座番号とソートコード（sort code、英国の銀行の全本支店に付与された6桁のコード）がユーザーに送信されます。

Cashplusは、信用格付けが良くない個人営業主や起業家、中小企業の資金需要にも積極的に応じています。実際のところ、Cashplusからの借り手の40％が大手銀行から融資を断られた起業家や中小企業です。借り手の企業の顔ぶれは、ヘルスケアの個人事業主から中小の建築業者まですべての業種に亘っており、その数はいまや10万を超えるまでとなっています。

Cashplusでは、融資先の口座への日々の入金により融資先の売行きの状況を判断して、売行きが良くない場合には返済のスピードをダウンして、逆に売行きが良い場合には加速する、といったサービスも行っています。

また、資金不足に対しては、融資審査をしたうえで、30万ポンドまでの融資を行っています。その場合の審査に要する書類も極力簡素化して、迅速に融資審査を実施することにより、大手銀行との差別化を図っています。

さらに、手形の期日支払や口座振替の際に、口座の残高が不足しそうなケースがあれば、企業が不測の支払い遅延手数料をとられないように、Cashplusが事前にユーザーのスマホに警告を発します。それに対して、仮に企業が一時的に資金不足をカバーできないときには、Cashplusは当該企業の信用力を確認の上、不足金額を緊急融資します。

❷ Tide

英国を拠点とするTideは、中小企業や起業家、フリーランサーを主なユーザーとするデジタルバンクです。Tideはネオバンクであり、銀行免許を持つClearBankと提携しています。

英国では、毎年、中小企業の融資について10万件を超える借入申し込みが拒否されるという実情になっています。

こうした状況下、Tideは、多くの中小企業が伝統的な銀行から見過ごされて十分なサービスを受けることができないとして、デジタルバンキングにより中小企業融資をフェアに、かつスピーディに行うことをミッションとしています。

具体的には、Tideでは、15千ポンドまでの事業性ローンであれば、申請から審査、融資の可否の決定までをわずか2分で実行できるとし、それを超える場合は15万ポンドまでのローンの申請を受け付けて審査するとしています。

また、Tideのローンは、スピードだけが売り物ではなく、返済についてもフェアな扱いとし、ユーザーが期限前返済を希望した場合にはペナルティなしでいつでも、いくらでも返済できることとしています。

❸ Aldermore

Aldermore は、2009年創設の英国を拠点とするチャレンジャーバンクで、2015年にロンドン証券取引所に上場しました。

Aldermore の得意とする分野は、中小企業向け金融サービスの提供です。具体的には、法人預金、アセットファイナンス、インボイスファイナンス、不動産担保融資、投資不動産融資です。

融資の原資は主として Aldermore の顧客からの預金で賄っています。

Aldermore は、2018年に南アフリカの大手金融サービス業者のファーストランドグループの傘下に入りました。ファーストランドグループは、自動車ローンを展開する MotoNovo も傘下に擁していましたが、2019年に MotoNovo は Aldermore に統合されました。

Aldermore は支店を持っていませんが、オンラインや電話、地方の事務所でユーザーに対応しています。

⑦ 送金、外国為替

チャレンジャーバンクは、国内外の送金手数料や、海外送金に関わる外国為替手数料のプライシング戦略を軸とするユーザーセントリックなサービスを展開しています。

（1）国内送金

❶ 同一のチャレンジャーバンクの口座を持つユーザー間の送金

Revolut 口座を持つユーザー間であれば、リアルタイムで送金することができます。手数料は無料です。

また、N26 の口座を持つユーザー間の送金システムである即時送金サービス MoneyBeam は、email アドレスとスマホの番号を登録しておけば0.01ユーロから100ユーロまでの送金をすることができます。なお、MoneyBeam は光線のように素早く送金できることから付けられた名称です。

同様に Simple でも、送金先のユーザーの email アドレスと電話番号を入力すれば即時送金、即時受取りが可能です。

一方、Moneseの口座間の国内送金は、2～4時間以内で送金が完了して、受取り可能となります。

❷ 国内の銀行口座とチャレンジャーバンクの口座の間の送金

たとえば、ポンドでRevolutの口座から英国の銀行に送金するとか、逆に英国の銀行口座からRevolutに送金する、というような国内送金の場合には、手数料はかかりません。

❸ 割り勘機能

多くのチャレンジャーバンクは、決済額を分割したうえで個人間の送金も送金の請求も無料でできる「割り勘機能」を具備しています。

たとえば、N26では、上述のMoneyBeamを使って、N26口座を持つ友人同士で割り勘の決済を行うことができます。

また、MonzoではモニターのSplit Cost Using Monzo.meをタップすると、割り勘する人数と請求先の友人名を指定することができます。

（Faster Payments Service）

ユビキタスの環境下、いつでも、どこからでも低コストで送金したいとするユーザーニーズが一段と強まりをみせています。

こうしたニーズに応える形で、主要国では24時間365日即時決済（24/7即時決済）が可能となっていますが、これを逸早く導入したのが英国です。

2008年、英国の民間会社がFaster Payments Service（FPS）と呼ばれる24/7即時決済サービスを開発して、メガバンクが中心となって設立した決済プラットフォーム会社がその運用を開始しました。

これにより、従来、決済や送金で資金の受取りまで3日間掛かっていたのが、ほぼリアルタイムで可能となりました。

このFaster Payments Serviceは、企業や個人が決済や送金に利用することが可能で、英国の決済システムを支える重要な役割を担っています。

そして、チャレンジャーバンクが、Faster Payments Serviceをベースにして、P2P送金サービス、小売店でのモバイル決済、外国送金サービス等に利

用することができるアプリを自己のユーザーに対して提供しているほか、APIを通じてサードパーティのFinTechスタートアップに対してこうしたサービスを提供するBaaSを展開しています。

　このうち、P2P送金サービスは、送金者であるユーザーが受取人のスマホの番号や電子メール、SNSアカウント等を使って個人間（P2P）や企業間（B2B）で送金することができるサービスで、これを活用すれば受取人の銀行口座番号等が分からなくても送金することが可能です。

📱)) コラム　**英国の送金システム**

　英国では、いくつかの送金手段がユーザーに提供されています。

① BACS（Banker's Automated Clearing Services）

　1971年に稼働を開始した送金サービスです。

　送金してから着金まで3営業日を要します。

　企業の給振とか、年金の振り込み、個人の公共料金等の振替に使用されています。

　送金手数料は、無料か極めて少額に設定されています。

② CHAPS（The Clearing House Automated Payment System）

　1984年に稼働を開始した平日における送金サービスで、週末や祝日の送金はできません。

　1件当たりの送金額の上限はなく、企業が高額送金を行う場合に向いたサービスです。

　平日に実店舗で15時30分まで（オンラインでは17時まで）に送金を依頼した場合には、送金したと同日に着金しますが、それ以外は翌営業日となります。

　送金手数料は、③のFPSに比べると高く設定されています。

　送金には長い文言を付けることが可能です。

③ FPS（Faster Payments Service）

2008年に稼働を開始した24/7 即時送金システムです。

一般的に送金1件当たり25万ポンドが上限で、企業や個人間で小口ロットの送金を行う場合に向いたサービスです。

FPSでは送金したとほぼ同時（秒単位の速さ）に着金します。仮に遅延したとしても2時間までです。

送金手数料は、BACSより多少高いものの、一般的に低額に設定されています。

送金の付属文言は18文字までです。

また、Paym（ペイエム）の名称で個人間の少額送金にFPSを利用した携帯電話番号送金サービスが提供されています。

（2）外国為替、外国送金

チャレンジャーバンクでは、外国為替取引（異種通貨の交換）や外国送金につき、伝統的な銀行に比べてユーザーにとって有利となる条件で行うことをセールスポイントとしているケースが少なくありません。

たとえば、Revolutの創業者であるNikolayは、外資系の投資銀行に勤務していた時から、銀行が行う外国為替取引の相場や手数料について疑問に思い、自分で銀行を設立して顧客が有利な条件で取引ができるようにしたいとの強い願望を抱いていて、これがRevolutの創業という形で結実しました。

以下では、チャレンジャーバンクの外国為替取引や外国送金をみることにします。

❶ 外国為替取引

Revolutでは、外貨両替可能枠内であれば、手数料無料でさまざまな種類の通貨に両替することができます。また、両替可能枠をオーバーした場合には超過額に0.5％の手数料が課せられます。

両替する際に適用される外国為替相場は、カスタマーレートではなく、インターバンクレートが使われます。このように、海外送金にインターバンク

レートが適用される例は、Monese等でも行われています。

このため、海外旅行者、海外で勤務する人は、有利な条件で外国為替取引を行うことができます。

なお、タイバーツ、ロシアルーブル、トルコリラ、ウクライナフリヴニャ等、流動性に欠ける通貨の送金にはインターバンクレートに一定の率を上乗せしたレートが用いられます。

また、ユーザーは、さまざまな種類の外貨の口座を作成、保有しておくことが可能です。そして、異なる通貨の口座間で資金の移動ができます。その際に適用される外国為替相場についても、原則としてインターバンクレートが使われます。

（Revolutのマルチカレンシーカード）

Revolut創業者のNikolayがRevolutを設立したもう1つの目的は、世界最初のマルチカレンシーカードを作ることでした。Revolutが提供するマルチカレンシーカードは、ポンドのほかに何種類もの通貨を保有することができます。

Revolutのマルチカレンシーカードでは、たとえばポンド以外の通貨で買い物をする場合や、ATMを使ってポンド以外の通貨を引き出す場合には、カード使用時にインターバンクレートでポンドから自動的に他通貨に両替することができます。また、外国に旅行する場合に、あらかじめその国の通貨に両替しておくこともできます。

さらに、ユーザーが外国為替について自分の相場観を持っていて、たとえばある通貨が先行き高くなると予想した場合には、口座間の振替によりあらかじめポンドからその通貨に両替をしておくことができます。

なお、マルチカレンシーカードを使用する際や、口座間で他通貨へシフトする場合の為替手数料は無料です。

📱») コラム　**カスタマーレートとインターバンクレート**

　通貨の交換を行う場合の外国為替相場には、カスタマーレート（対顧客相場）とインターバンクレート（銀行間相場）があります。

　このうち、カスタマーレートは、伝統的な銀行や両替店と一般顧客との間で行われる外国為替取引で用いられる小売価格ともいうべき相場で、最もスタンダードな為替レートです。

　これに対して、インターバンクレートは、銀行と銀行との間で行われる外国為替取引で用いられる卸売価格ともいうべき相場で、基本的に銀行など限られた機関だけに適用される為替レートです。

　外国為替取引では売り買いの相場が異なり、これをスプレッドといいますが、カスタマーレートのスプレッドはインターバンクレートのスプレッドよりも大きく、これによって伝統的な銀行や両替店は対顧客取引で実質的に手数料を得ることができます。

❷ 外国送金

　N26では、TransferWiseとの提携により世界19ヵ国の通貨で海外送金を行うことが可能です。送金手数料は0.5〜0.8%です。なお、TransferWiseを使った国際送金は、Monzo等多くのチャレンジャーバンクで行われています。

　また、Moneseの顧客は、英国とEU諸国に15種類の通貨で送金が可能です。送金には、インターバンクレートが適用されます。

　送金する際は、受取人を特定するために受取人のIBAN（International Bank Account Number、国際銀行口座番号）が必要となります。IBANは、銀行口座について、その所在国や支店、口座番号を特定するため、最大34桁の英数字で構成される国際統一規格コードです（最初の2ケタのアルファベットが国を表すコード）。IBANは、欧州銀行協会と国際標準化機構（ISO）により策定された規格で、外国送金に関わるエラー削減や処理の迅速化、コストの節減を目的としています。

📱 ⽇ コラム　Transferwise（トランスファーワイズ）

　TransferWise は、2010 年にロンドンに設立された FinTech ベンチャーです。TransferWise の 2 人の創業者はいずれもエストニア出身で、ロンドンで得た収入の一部を母国エストニアに向けて繰り返し国際送金する必要がありました。しかし、その都度、取引先銀行から高額の手数料を取られることに業を煮やし、何とかならないものかと、あれこれ検討しました。

　その結果 2 人は、独自のアルゴリズムを使った P2P モデルを開発して低コストでの海外送金を可能とする会社 Transferwise を創設することを決断しました。

　2 人が考えた Transferwise の仕組みをごく単純化してみると、たとえば A 国から B 国へ送金したいとするニーズが何件かある一方、B 国から A 国へ送金したいとするニーズが何件かあります。そこで、A 国→ B 国の送金額の合計と B 国→ A 国の送金額の合計を、銀行を通すことなくオンライン上で自動的にマッチングしてネットアウト（A 国の受けと払い、B 国の受けと払いをそれぞれの国内で相殺）して、残った差額だけを国を股がって送金とする、というものです。

　ネットアウトするといっても、多くの場合、通貨の種類が異なることから、Transferwise が外国為替により同一通貨に交換することになります。その為替取引にはインターバンク相場の仲値を使用することにより銀行が課する為替手数料は事実上課することなく、また、まったく人手を介することがないことから送金手数料は銀行が課する手数料に比べて大幅に抑えることを可能としています。

　このように、Transferwise では、国境をまたがる銀行と銀行との間の取引を国内での取引に置き換えることにより、実質的に国際送金と同様の効果を発現しているところに大きな特徴があります。

⑧ 仮想通貨取引

　Revolutでは、チャレンジャーバンクとしては初めてユーザーがアプリで仮想通貨の取引ができるサービスを提供しています。具体的には、ユーザーはBTC（ビットコイン）、XRP（リップル）、ETH（イーサ）、LTC（ライトコイン）、BCH（ビットコインキャッシュ）の5種類の仮想通貨で、購入、保有、交換が可能となります。

　また、Revolutの口座の資金が不足した場合には、自動的に仮想通貨から補填することや、Revolutの他のユーザーに仮想通貨を送ることができます。

　一方、Fidor Bankは、Bitcoinの取引所と提携して、Fidor BankのユーザーがBitcoinの取引ができるサービスを提供しています。

　なお、Fidor Bankは、Rippleのプロトコールを使ってユーザーが国際送金や決済をリアルタイムで行うサービスを提供しています。Rippleは仮想通貨を発行して、その移転を分散型台帳で行うプロトコールを構築していますが、Fidor Bankは、Rippleが開発した決済ネットワークを活用するというものです。

ITとチャレンジャーバンク

　チャレンジャーバンクは、FinTechスタートアップから発展した一つの形態としてとらえることができます。

　FinTechスタートアップは、さまざまな先進テクノロジーを縦横無尽に活用していますが、本章では、チャレンジャーバンクがその強みを発揮するために活用している主要なテクノロジーについてみることにします。

① ビッグデータ

(1) ビッグデータの3V

　ビッグデータは、これまで一般に考えられてきた以上に、大容量で、多種多様なデータを意味し、また、そうしたデータを分析してビジネスに有効活用する仕組みを指します。

　ビッグデータは、大容量性(volume)、多様性(variety)、リアルタイム性(velocity)の3Vで定義されます。

❶ 大容量性

　事象を構成する個々の要素に分解し、把握・対応することを可能とするデータ。

　たとえば、単に30代男性のデータというのではなく、特定の個人のデータであることを識別できる詳細さを持ったデータです。

❷ 多様性

　各種センサーからのデータ等、非構造なものも含む多種多様なデータ(コラム参照)。

　数値のみではなく、映像・音声データ等の多様なフォーマットを利用します。

❸ リアルタイム性

リアルタイムデータ等、取得・生成が高頻度で時間的な解像度が高いデータ。

たとえば、1年間とか1か月に1回計測されているというのではなく、リアルタイムと認識できるほど計測が高頻度のデータです。

📱 ⑅ コラム　構造化データと非構造化データ

データは、構造化データと非構造化データに分類することができます。

① 構造化データ

たとえば、企業の財務データ、株価、顧客情報、販売・在庫等の経理データ、POS（Point Of Sale、販売時点情報管理）データといった数値データ。

構造化データの管理は、汎用のデータベースシステム等により簡単に行うことが可能です。

② 非構造化データ

文章、画像、音声等、特定の構造定義を持たないデータ。

具体的には、契約書や報告書等、紙ベースの文書、パソコンで作成されたオフィス文書やメール、ファックス、webコンテンツ、音楽、映像等のデジタルコンテンツがあります。

ブログやSNS等のソーシャルメディアの普及もあって、非構造化データは構造化データの4倍強となっています。非構造化データの分析は、構造化データに比べて複雑で容易ではありませんが、ビッグデータの活用によって、構造化データでは手にすることができなかった有益な情報を得ることができます。

（2）ICTの進展、普及とビッグデータ

ICTの進展、普及により、日々生みだされるデータは量的に膨大なものとなり、また質的にも多様化、複雑化の一途を辿っています。

データ処理やその分析は、従来、人間の手により膨大なデータを収集したうえでそれを試行錯誤を繰り返しながら分析して、その結果、ようやく一定

の規則性を見出すというように、多くの時間とエネルギーを費やす作業を行ってきました。

　しかし、ビッグデータは、IoT の普及もあってインターネットやスマホ等のデジタル端末の活用、SNS 等から大容量かつ多様なデータを収集することが可能となり、また、収集したデータの解析が、後述のクラウドのほか、複数のコンピュータやプロセッサを利用したデータの分散処理技術、アナリティクスの進展でスピーディかつ正確に可能となったことにより、さまざまなビジネスへの活用が図られています。

【図表１】 ビッグデータの種類

ビッグデータの種類	ビッグデータの具体例
ソーシャルメディアデータ	ソーシャルメディアにおいて参加者が書き込むプロフィール、コメント
マルチメディアデータ	ウェブ上の配信サイトにおいて提供される音声、動画
ウェブサイトデータ	EC サイトやブログにおいて蓄積される購入履歴、ブログエントリ
カスタマーデータ	CRM システムにおいて管理される DM 等販促データ、会員カードデータ
センサーデータ	GPS（位置情報システム）、IC カードや RFID 等において検知される位置、乗車履歴、温度、加速度 ここで RFID（radio frequency identification）とは、IC とアンテナが組み込まれたタグやカードの媒体から無線でさまざまな情報を自動的に認識する仕組み。
オフィスデータ	オフィスのパソコンにおいて作成等されるオフィス文書、E メール
ログデータ	ウェブサーバにおいて自動的に生成されるアクセスログ、エラーログ
オペレーションデータ	販売管理の業務システムにおいて生成される POS データ、取引明細データ

（出所）筆者作成

　このように、ビッグデータの名前のもとに、データの活用が多種多様な形で多方面に亘る分野に活用されるドライバーになったのは、ICTの発展とその浸透です。すなわち、ICTの発展によって、データの取得、蓄積やテキスト、画像、動画等の情報解析の技術が格段に進歩し、また、これが多くの分野に普及、浸透してきています。

（3）チャレンジャーバンクによるビッグデータの活用
❶ チャレンジャーバンクが活用するデータ

　チャレンジャーバンクは、ビッグデータを活用して、従来は困難であった膨大で複雑なデータをコンピュータによって、スピーディかつ高精度に解析することができ、この結果、見出した有益な情報をビジネスに役立てています。

　具体的には、ビッグデータの分析、活用によって、ユーザーニーズにきめ細かく対応できるサービスの提供、業務効率化、新分野のビジネス創出等のポテンシャルを高めることができます。

　チャレンジャーバンクが活用するデータには、次のようなものがあります。

- ・取引情報、eコマースの決済情報
- ・カードの使用・決済情報
- ・モバイル・ATM等のアクセスログ
- ・コールセンター（コンタクトセンター）の音声認識
- ・営業情報、財務情報、顧客属性
- ・SNS、ツイッター等のソーシャルメディア情報

❷ WeBank、MYbankのビッグデータ活用例

　中国のWeBankやMYbankは、テンセントやアリババのプラットフォームから得られるデータをユーザーの信用リスクの測定等に活用しています。

　WeBankは、大株主でプラットフォーマーのテンセントがQQやWeChatのユーザーから得た膨大なデータを活用しています。具体的には、テンセントのWeChat Payから収集したユーザーの購買・支払等のビッグデータをベースにしてQQやWeChatの顧客に対して信用調査を行っています。そして、デジタル技術を活用して、融資の可否や融資限度額設定、リスクコントロー

ルを実施します。

　また、MYbankも、アリババのeコマースでの販売データや、アント・フィナンシャルの決済プラットフォームであるAlipayで収集・蓄積するデータをビッグデータとして活用して、信用リスクを計測しています。

② 人工知能

(1) 人工知能とディープラーニング

　人工知能（Artificial Intelligence、AI）は、各種問題のソリューションを見出す作業や、翻訳作業、画像・音声の認識等の知的作業を行うコンピュータプログラムを作るテクノロジーです。

　AIでは、マシンラーニング（機械学習）が活用されます。このマシンラーニングでは、大量のデータをもとにしてコンピュータに学習を行わせることにより、コンピュータがデータのなかから一定の法則を見出します。そして、その法則を活用することにより、画像認識では、対象物の面積、幅、長さ、明暗等の特徴を機械的に捉えた特徴量の分類や予測を、また、言語分析では、ある単語に続く別の単語の出現頻度の特徴量の分類や予測を行います。

　AIは、ディープラーニング（深層学習）により、その活用が大きく進展しました。ディープラーニングは、マシンラーニングの一種で、データの分析を繰り返して行うことにより、高次の分析を可能とするAIです。

　従来のAIでは、学習データを用意する段階、分析ロジックを考える段階、正誤判定を行う段階の各段階で必ず人間が介在する必要がありました。

　しかし、ディープラーニングでは、特徴量の抽出をAIが行い、抽出したデータの分析を繰り返し行うことにより誤差が極小化されるというように、これまで人間が行っていたことをすべてAIが行い、人間の介在を無くしました。

(2) チャレンジャーバンクによるAIの活用

　チャレンジャーバンクは、さまざまな分野でAIの活用を手掛けています。

　そうした活用には、融資審査、信用リスク分析、カスタムメードの金融サービス、ロボアドバイザー、顔認識・声認識等のセキュリティ、コンタクト

センター、チャットボットによる顧客とのコミュニケーション促進、事務合理化等があります。

　以下では、AIによるパーソナライゼーションとコンタクトセンターでのAI活用を、具体例を中心にみることにします。

❶ AI活用によるパーソナライゼーション

　米国のネオバンクであるChimeのデジタルマーケティングチームは、口座を増やすためにはChimeのホームページでどのような内容をwebサイトの閲覧者（潜在的なユーザー）に訴えることが有効であるか、またそれを見出すための手法にはどのようなものがあるか、をさまざまなwebサイト最適化手法をもとに検討しました。

　この検討の過程で、マーケティングチームは、パーソナライゼーションの重要性を認識しました。パーソナライゼーションは、閲覧者がどのようなwebサイトに興味を持ったかという閲覧者からのメッセージを平均した結果を使ってすべての閲覧者に対して同一のwebサイトを提供するのではなく、閲覧者が属するセグメント別に異なったwebサイトを提供することにより閲覧者個々人にフィットした内容の情報を提供してwebサイトの訴求力を高める手法です。

　そして、従来、マーケティングに採用されているパーソナライゼーションの手法は、こうした行動をとるビジターにはこうした個性があるはずである、という一定の仮定に基づくルールベースのパーソナライゼーションでした。

　しかし、Chimeは、このような従来手法ではなく、AIを活用したA/Bテストと予測パーソナライゼーション（predictive personalization）を組み合わせた手法を採用することにしました[1]。

（A/Bテスト）

　A/Bテストとは、webサイトを作るときに、掲載する文言とかデザインといった要素を変えたさまざまなパターンを表示して、webサイトの閲覧者がどのパターンに興味を持ってより多くクリックしたか、また実際にその商品・サービスの購入に結び付いたかを、パターンを表示してから一定の期間が経

過したところで判断するテストです。

　A/Bテストにより、成果の最も高いパターンでwebサイトを作成することで最大の効果を得ることが期待できます。

　A/Bテストの名称は、パターンAとパターンBの2つのパターンを表示してその結果を比較することから来ていますが、実際にはもっと多くのパターンを提示してテストすることが一般的です。

　しかし、数多くのパターンをテストにかけるとなると、その結果を得るまでに多大な時間とコストがかかることとなります。

　そこで、Chimeでは、A/Bテストに予測パーソナライゼーションを組み合わせて、そこから生まれるシナジー効果を狙うことにしました。

（予測パーソナライゼーション）

　予測パーソナライゼーションは、どのような個性化を閲覧者が望んでいるかをAIを活用して予測する手法です。

　すなわち、AIは各閲覧者がwebサイトをどのように見たかの行動を把握して、機械学習によるデータアナリシスにより閲覧者のセグメントごとに最適となる内容に構成したwebサイトを探し当てる、というものです。

（A/Bテストと予測パーソナライゼーションの組み合わせ）

　ChimeではA/Bテストと予測パーソナライゼーションを組み合わせたテストを実施するにあたって、webサイトのヘッドラインとボディ（本文）、動画を組み合わせて、まず54の異なるバージョンを次から次へとHPに掲載しました。

　そして、閲覧者の閲覧状況から、AIは機械学習によって、どのセグメントに属する閲覧者には、どの組み合わせが最適であるかを見出します。

　Chimeが、その結果に応じてAIが最適と判断したwebサイトの組み合わせを掲載したところ、6週間で8%の口座開設数が増加するとの成果を得ることができました。

　そこで、Chimeのマーケティングチームは、さらにヘッドラインとボディと動画の組み合わせを216のバリエーションに増やしました。こうした内容

は、自動貯蓄とか手数料の他行比較、銀行口座の新たな種類等、多種多様です。そして、セグメントごとにどれが効果的であるかAIで分析しながら、改善を繰り返して最適な組み合わせを見出して掲載したところ、4週間で口座開設数は実に79%の増加を達成することができました。

　Chimeでは、仮にこうした多くのアイディアをAIを活用した予測パーソナライゼーションとの組み合わせではなく、A/Bテスト単独で行った場合には、何年もの時間と多額のコストがかかることになる、としています。

　Chimeは、AIを活用して時間をはじめとするリソースを節減しながら、パーソナライゼーションを重視することにより、クリックしてきた多くの潜在的ユーザーから高い確率で口座開設の申し込みを獲得することができました。

　AIの機械学習を活用した予測パーソナライゼーションのメリットは、もう1つあります。それは、各々の閲覧者が持つ転々と変化する選好にマッチしたwebサイトを機動的、弾力的に提供することができる点です。

　すなわち、AIの機械学習によって、閲覧者の選好をリアルタイムで把握して、それをベースにしてwebサイトの構成や内容を自動的に修正、調整を繰り返しながら、現時点で最適と考えられるwebサイトを提示することができます。A/Bテストだけでは、こうした閲覧者の転々とするニーズの変化を十分捉えることができません。

　このように、AIの機械学習を活用することにより、A/Bテストが一時的なものではなく、常時実施されるというメリットがあります。

　Chimeが採用したA/BテストとAIを活用した予測パーソナライゼーションとの組み合わせの手法は、以前、一般に行われていたA/Bテストや、一定のルールをベースとしたパーソナライゼーションの手法に取って代わるものとして、今後、マーケティングに広く活用されることになるとみられます。

　また、Chimeは、このテストにより、単にどのパターンがwebサイトの閲覧者に訴求力があるかを判断できるだけではなく、閲覧者が使うデバイスの種類、閲覧の時間、地域により選好が異なることを認識することができた、としています。

　たとえば、すべてのデバイスを通じて最も人気のあった見出しページは、「バンキングはすごい」でしたが、これをモバイルユーザーに絞ってみると、

「手間暇かけず自動貯蓄」が最も人気のあった見出しとなっています。

　また、夕方にはこのパターンが一番口座開設の申込みが多いとか、イリノイ州ではこのパターンが一番クリックの数が多いといったように時間帯、地理的といった要素が、webサイトの最適化に重要な影響を与えていることも明らかとなりました。

　パーソナライゼーションはユーザーエクスペリエンス（UX）の向上に大きく資することが期待できます。Chimeでは、AIの活用による最適なwebサイトの構築は、潜在的なユーザーの口座開設の誘引に効果を発揮するだけではなく、口座開設後に異なるセグメントに属するユーザーがChimeに対して各々どのような金融サービスを求めているかを把握することができる効用がある、としています。

　Chimeは、こうした認識のもとにAIにより各々のユーザーの行動を把握、分析して、個々人のライフサイクルにマッチした金融商品・サービスの提供をはじめとするPFMを推進しています。

　このようにChimeは、AIを活用したパーソナライゼーションにより、ユーザーが健全な消費・貯蓄を行うことを通じてUXが高まるよう注力しています。

❷ コンタクトセンターでのAI活用

　大半のチャレンジャーバンクは、実店舗を持たないことから、コンタクトセンターはユーザーサポートとして極めて重要な役割を担うことになります。すなわち、コンタクトセンターのスタッフの対応の的確さ、迅速さ、丁寧さが、ユーザーエクスペリエンス（UX）の評価を大きく左右する重要な要素となります。

　コンタクトセンターのスタッフが各種各様の問い合わせや苦言に的確に対応するには、人員の質、量とも拡充する必要があり、これが一段のコスト増につながることとなります。しかし、チャレンジャーバンクの特性は、実店舗を持たない等によって効率的なオペレーションを行うことにある以上、コンタクトセンターに多大なコストをかけるわけにはいきません。

　そこで、AIの出番となります。

　AIにより、コンタクトセンターに寄せられる多数の問い合わせから、問い合

わせの時間、内容、顧客の属性等のデータを収集、分析することができます。

　そして、問い合わせ件数の多寡により、配置するスタッフの人員数の適正化を図ることができます。また、どの時間帯にどのような問い合わせが多いかをスタッフに前もって周知させることができ、これを受けてスタッフは事前に準備して、的確、迅速に応答することが可能となります。

　さらに、問い合わせの内容の分析から、顧客が先行きどのような商品、サービスの提供を求めているかを把握して、これを新商品、サービスの開発、マーケティングに生かすことができます。

③　クラウド

　チャレンジャーバンクでは、クラウドのユーザーとしてクラウドのメリットをフルに活用したシステムを構築する例がみられます。

（1）クラウドコンピューティング

　クラウドコンピューティング（cloud computing、クラウド）は、ユーザー（ここではチャレンジャーバンク）が情報通信ネットワークを通じてサービスプロバイダー（ホスティング業者、ベンダー）から情報処理機能の提供を受けます。クラウドでは、プロバイダーが、データセンターに多数のサーバーを用意して、ユーザーがインターネットを通じてデータセンターのサーバーに保管してあるソフトウェアやデータ等を利用できるようなシステム環境を構築します。

　ユーザーは、こうしたクラウドのホスティングサービスを活用することにより、オンデマンドでサーバーにアクセスして、種々のサービスを受けることができます。こうしたクラウドでユーザーに提供されるサービスは、メールソフト、顧客関係管理（CRM）等のアプリ、データベース、開発プラットフォーム等のインフラというように、多種多様に亘っています。

　クラウドサービスを利用するユーザーは、どのサーバーにアクセスしているかを意識する必要はなく、利用するハードウェアやソフトウェアは、文字通り雲（クラウド）の向こう側にあるということになります。

　ITの急速な進歩で、高速かつ高性能で低価格のサーバーが普及して、この結果、ユーザーはクラウドの活用により多種多様なサービスを低コストで利用できるメリットがあります。

　代表的なクラウドには、Amazon Web Services（AWS）やMicrosoft Azure、Google Cloud Platform（GCP）がありますが、こうしたクラウドの性能向上は著しく、ユーザーのイノベーション推進に大きく寄与しています。

❶ クラウドの種類

　クラウドは、それを使用するユーザーの範囲等により、パブリッククラウド、プライベートクラウド、コミュニティクラウド、ハイブリッドクラウドの4種類に大別されます。

i　パブリッククラウド

　パブリッククラウドは、サービスプロバイダーが提供するクラウド環境を、不特定多数のユーザーがインターネットを通じて利用できるクラウドです。パブリッククラウドは、導入スピードが早く、また低コストでシステムの運用管理をサービスプロバイダーに委ねることができるというメリットがあります。

　一方、データセキュリティの管理も自社で行うのではなく、サービスプロバイダーに委ねることになり、プロバイダーのセキュリティ管理能力が充実していることが極めて重要となります。

ii　プライベートクラウド

　プライベートクラウドは、クラウドのシステムを閉鎖的ネットワークで構築する単一の企業専用のクラウドで、アクセスは社内に限定されるため、機密データの処理、保存やビジネスクリティカルなアプリの運用に適しており、大企業による採用が多いタイプです。

　プライベートクラウドは、自社の運用に合わせて、クラウド環境をカスタマイズできるというメリットがあります。

ⅲ　コミュニティクラウド

コミュニティクラウドは、業務内容が関連する複数のユーザー、ないし同じ目的を持つ複数のユーザーにより所有、運用されるクラウドです。コミュニティクラウドは、たとえばある業種に属する企業や組織が情報共有をするとか共同作業をするために利用されます。

ⅳ　ハイブリッドクラウド

ワークロードの種類によって、プライベートクラウドとパブリッククラウドを適宜、使い分けることで、両者のメリットを享受することを指向するクラウドです。

たとえば、重要な顧客情報や財務情報等、機密性の高い分野や複雑なカスタマイズが必要な分野にはプライベートクラウドを使い、不特定の会員向けサービスの提供等、機密性の低い分野や定型的なサービスにはパブリッククラウドを使う、といったことが考えられます。

❷ クラウドのメリット

（持たざる経営）

クラウドのユーザーは、ハードウェア、ソフトウェア、プラットフォームを所有することなく、回線の設置・維持やネットワークの構築・管理をデータセンターにアウトソーシングすることになります。この結果、ユーザーは、システム構築・維持のコストと時間と人的資源を節減することができます。

また、自社でシステムを構築する必要がなく管理も容易なことから、自社内でITに対する専門知識を有するスタッフを多く抱える必要がなくなります。

このように、ユーザーはクラウドの活用により持たざる経営のメリットを享受することができます。

（スケールメリット）

クラウドでは、インターネットを通じてグローバル規模でユーザーにサービスの提供が可能になります。したがって、1つの巨大なデータセンターに

多くのサーバーを設置して多くのユーザーにさまざまなサービスを低コストで提供する、といったスケールメリットを発揮することができます。

　自社で専用のシステムを構築しているユーザーは、ITの円滑な運用を確保するためにピーク時対応ができる容量のサーバーを具備する必要がありますが、クラウドでは、その時々のニーズに応じたサービスを受け、それに応じて使用料を支払う（pay-on-demand）ことで、クラウドの持つアベイラビリティ（可用性）とスケーラビリティ（拡張性）を活用することができます。

　また、クラウドでは仮想化技術により負荷がかかっても複数の機器にそれが分散され、ユーザーのニーズに弾力的に対応することが可能となります。こうした仮想化技術やデータ分散処理技術等によって、スケールメリットを最大限生かして低コストによるクラウドサービスを提供することが可能となります。

（UXの向上）

　クラウドでは、データセンターのハードウェアとソフトウェアを適宜選択して最新のテクノロジーを使って、さまざまな金融商品・サービスを試行錯誤的に開発して転々と変化するユーザーニーズにも機動的、弾力的に対応することができ、ユーザーエクスペリエンス（UX）の向上に資することが期待できます。

　こうしたメリットにより、ユーザーは、ソフトウェアの開発・アップデートないしアップグレードとそれを支えるハードウェアのコスト削減ができ、効率性、生産性の向上を図ることができます。

（2）金融機関のクラウド活用に関する英国当局のスタンス

　英国のFCA（Financial Conduct Authority、金融行動監視機構）は、従来、FCAハンドブックのなかで「金融機関の重要な機能について、コンプライアンスが遵守されているかどうかを規制当局がモニターすることができないようなかたちで、アウトソースしてはならない」として、金融機関のクラウド導入について警告を発してきました。

　しかし、FCAは2015年、金融業界のイノベーション活発化と競争促進を

指向して、クラウド等のIT アウトソーシングについて新たなガイダンスを発出しました[2]。

このガイダンスのなかでFCA は、次のように述べています。

①われわれの目的は、金融機関がリスクを認識、管理することを確実にする限り、イノベーティブな開発に関わる分野をアウトソースできることに不適切な障害を課することではない。

②クラウドのサービスプロバイダーは、セキュリティを強化してデータセンター等への物理的なアクセスを制限しているが、このことは、従来曖昧であったアクセス制限について明確化したことと理解する。

③クラウドテクノロジーは、金融機関がIT システムをより効率的な形で導入、拡大することを促進するものである。

そして、FCA は「金融機関が堅強なセーフガードを具備する等、FCA のルールを遵守する限り、クラウド（パブリッククラウドを含む）を使用することができないという基本的な理由は、見当たらない」と明言しています。

（3）チャレンジャーバンクのクラウド活用例

クラウドは、チャレンジャーバンクの間で経営戦略の重要なツールとして導入が進捗しています。

これは、レガシーシステムを持つ伝統的な銀行と違い、チャレンジャーバンクにとっては、白紙からのシステム構築となりIT コストを節減するために、また、さまざまに変容するユーザーニーズに機動的、弾力的に応えるユーザーセントリック経営を実現するために、上述のメリットを持つクラウドの導入が格好のIT 戦略となることによります。

❶ OakNorth Bank

2015 年に銀行ライセンスを取得したOakNorth は、起業家や中小零細企業向けファイナンスを中心にビジネスを展開する英国のチャレンジャーバンクです。

OakNorth は、欧州においてクラウド上で勘定系システムを動作させた最初の銀行です。従来、金融界においてクラウドは、人事関係、e メール、

CRM（顧客管理システム）、商品開発テスト等のコアバンキング以外の分野で使われてきました。

したがって、OakNorth がノンコアバンキングのみならず、コアバンキングにクラウドを導入してすべてのビジネスをクラウドで行うフルクラウドベースの銀行になったことは、英国の金融界にとって画期的なことでした。

2017年、OakNorth は、Banking Technology Awards において、Best Use of Cloud 賞を受賞しています。

OakNorth は、クラウド導入にあたって AWS（Amazon Web Services）や規制当局との間で、クラウドのデータの保護策等のセキュリティ対策はもちろんのこと、データへのアクセス、BCM（事業継続マネジメント）等について緊密な検討を重ねてきました。実際のところ、上述のとおり英国規制当局が金融界のクラウド導入について前向きのスタンスに転換したことが OakNorth にとっての強い追い風になりました。

なお、OakNorth のコアシステムは、高度の安全性を確保するため、AWS の仮想化プライベートクラウド（VPC、virtual private cloud）により、完全に分離、隔離された環境で運用されています。

OakNorth では、クラウドは、中小零細企業のニーズに対するスピーディで柔軟な対応、業務要素の簡素化、IT スタッフの抑制に多大な貢献をしたとしています。特に、中小零細企業のファイナンスニーズは、大企業のように大きなロットではありませんが、多種多様のニーズがあり、かつファイナンスをスピーディに行う必要があることが少なくないことから、多様性と迅速性に対応できるクラウドが、中小零細企業のユーザーエクスペリエンス（UX）を満足させるのに最適なツールである、としています。

OakNorth は、バックオフィスの業務はクラウドで効率的に行い、クラウドで節減できた資金、マンパワー、時間といった重要なリソースをフロントエンドの対ユーザーのサービス提供等の重要な分野に振り向けることが可能となりました。

この結果、同行は、設立後わずか1年足らずで損益分岐点に到達することができました。

なお、現在では英国の Starling Bank や Monzo も、一部のシステムを除い

て、AWS(Amazon Web Services)やGCP(Google Cloud Platform)を使って運用しています。

❷ N26

ドイツのN26は、OakNorthとほぼ時を同じくしてコアバンキングにクラウドを採用したチャレンジャーバンクです。これにより、N26は、ユーザーエクスペリエンス(UX)の向上を戦略の中心に据えることができ、真のモバイルファーストバンクを実現するとともに、システム運営コストを劇的に減少することが実現できた、としています。

また、N26は短期間のうちに多くの顧客を獲得しており、これを自前のインフラで対応することが難しくなりました。そこで、スケーラビリティに優れたクラウドのメリットを生かして、増加するユーザーのニーズに適切に対応することができました。

特に、N26のビジネスを展開するためには、データマイニング等によりビッグデータを分析、活用するデータアナリティクスが重要となりますが、ユーザーの増加と足並みを揃えて取引関連データが爆発的に増加するなかでのデータアナリティクスの作業は、コンピュータに大きな負荷がかかることとなります。

しかし、クラウドには一般的にデータアナリティクスの機能が具備されていることから、ユーザーニーズに応じて機動的にこれを処理することが可能となりました。

また、クラウドが持つ分散処理の特性から、BCP(Business Continuity Plan)に、的確に対応することができることも、クラウドの大きなメリットとなります。

❸ MYbank

MYbankは、中国で最初にコアシステムをクラウドのプラットフォームで構築したチャレンジャーバンクです。

MYbankのコアシステムは、アリババが独自に開発した分散型のクラウドをベースにしたアント・フィナンシャルが提供するクラウドを使用しています。

これにより、大量の取引や膨大なデータでも、機動的、弾力的に処理することができるようになり、多数の中小零細企業との取引が可能となりました。

なお、中国では、毎年11月11日をダブルイレブン（双十一）と称される独身の日（シングルデー）として、アリババが大規模なECセールを行い、また、これに追随して他のECサイトも一斉にセールを行うことから、この日のネットの取引高は爆発的に増加します。しかし、MYbankではクラウドの拡張性の効果から、こうしたボリュームの増加に直面しても、何らのトラブルなく無難に切り抜けています。

（4）伝統的な銀行とクラウド

多くのチャレンジャーバンクは、クラウド導入に積極的であり、上述のとおりコアバンキングもクラウドベースで運用する例がいくつかみられています。

これに対して、伝統的な銀行では、ノンコアバンキング分野へのクラウドの適用が徐々ながら進行中ですが、次のような事情からクラウド導入には必ずしも前向きではなく、特にコアバンキング分野への導入には消極的なスタンスを採っています。

❶ クラウド導入のコスト

チャレンジャーバンクと異なり、伝統的な銀行は、既に多額の投資をシステムに投じており装置産業といわれるまでとなっています。したがって、ソフトウェアやハードウェアをアウトソーシングするクラウドのメリットは、チャレンジャーバンクほど大きくはありません[3]。

こうしたサンクコストの観点から、伝統的な銀行はむしろクラウドに乗り換えるコスト負担のほうが大きいとして消極的なスタンスを取る向きが多い状況にあります。

❷ セキュリティ

デジタルデータは金融界の重要な資産であり生命線です。したがって、金融機関の運営においてデータの管理と保護は最も重要な要素であるということができます。

　伝統的な銀行では、自社で専有サーバーを持つ場合に比べると、クラウドはデータセキュリティの管理能力が低下する恐れがあるといったセキュリティとコンプライアンス遵守の観点から、導入が進んでいません。

　しかし、クラウドにおいてもさまざまなセキュリティ対策が講じられていて、クラウドの信頼性は日進月歩で向上しています。この結果、パッチワークでさまざまな機能を追加、修正してきたレガシーシステムのセキュリティよりも、クラウドのセキュリティの方が勝っているとの見方もあります。

　なお、伝統的な銀行にセキュリティ面でトラブルが発生した場合には、社会的に厳しい批判が浴びせられ信用が大きく失墜する恐れがありますが、イノベーティブな要素を本質とするチャレンジャーバンクのユーザーには、先進的なテクノロジーは試行錯誤的な面があり、トラブルの発生もある程度はやむを得ないという寛容さがあるのではないか、とみる向きもあります[4]。

❸ プロバイダーとの力関係

　クラウドは、Amazon や Google、Microsoft といったビッグプロバイダーが大きなシェアを占めており、クラウドの利用コストやソフトウェア等の面で銀行の交渉力が十分発揮されないといった可能性も、伝統的な銀行がクラウド導入に消極的な理由になっているとみられています。

（今後の方向性）

　今後、伝統的な銀行では、徐々に進行中のノンコアへのクラウドの適用、ないしハイブリッドクラウドをステップバイステップで進めていって、その実績を踏まえて、クラウドの安全性を十分確認できることを条件に、決済等のコアバンキングの分野へのクラウド適用を検討することになるとみられます。

　実際のところ、欧米や豪州のメガバンクの間では、コアバンキングへのクラウドの採用に向けて動き出すケースがみられています。

　その場合には、銀行は、クラウドプロバイダーに対して厳格なセキュリティ対応はもちろんのこと、災害等の非常時の場合においても常にアプリやデータが使用可能である BCP を、強力に要求することが重要となります。

④ ブロックチェーン

（1）伝統的なシステムとブロックチェーンの相違点

　伝統的なネットワークシステムでは、すべての取引が銀行、証券会社、クレジット会社等の中央管理機関を介して行われるという形で、ネットワークへの参加者は、中央管理機関を介して繋がれています。そして、中央管理機関は、取引データについて改ざんや2重取引がないか、正確性をチェックしたうえで、それを記録した台帳を持つことになります。

　こうした集中管理型のネットワークシステムに対して、ブロックチェーンは、取引データを記録する元帳がネットワークに繋がっているすべての参加者のノード（端末）に分散して保存、管理される分散管理型であることが大きな特徴となります。

　そして、保存された取引データの履歴のかたまりがブロックであり、ブロックは時系列に繋がれていることからブロックチェーンと呼ばれます。すなわち、ブロックは取引台帳を構成する1ページであり、ブロックチェーン全体は、すべての取引を記帳した総取引台帳であるとみることができます。

　ブロックチェーンでは、ネットワークに繋がった各ノードは、自分が取引したデータだけではなく、ネットワークに繋がっているすべてのノードの取引データを記録した総取引台帳を持ちます。

　したがって、各ノードがすべて同一の内容の台帳を分散して持つこととなり、これを分散型台帳と呼んでいます。そして、取引が発生すると、その取引の正当性がチェックされたうえで、すべてのノードが持つ分散型台帳にその取引が追加記帳される形でアップデートされます。

　これをシステム面からみると、伝統的な方法は、クライアント（パソコン等）とサーバーがネットワークで接続される形で情報交換を行うクライアント・サーバーシステム（CSS、C/S）ですが、ブロックチェーンは、ノードを保有・操作する参加者（peer）と別のノードを保有・操作する参加者（peer）とが直接に情報交換を行うP2P（Peer to Peer）となります。

　そして、伝統的なシステムでは、中央管理機関が改ざんや2重取引がないかのチェックを行いますが、中央管理機関が存在しないブロックチェーンで

は、ネットワークに繋がったノードを保有・操作する参加者によりチェックが行われることとなります。

（2）ブロックチェーンの特性

　ブロックチェーンでは、ノードが持つ分散台帳は迅速にアップデートされることになります。したがって、従来のシステムでは数日かかる事務処理プロセスも、ブロックチェーンでは短期間で正確に処理することが可能となります。

　また、ブロックチェーンは、低コストでインフラの構築ができるという特徴を持っています。すなわち、伝統的な仕組みでは、データを中央集中管理することから、高価なハードウェアを具備する等、多大なコストと手間をかけて巨大で堅牢なシステムを構築し、また、システムがダウンしても運用の継続ができるように、サーバーやストレージの冗長化を行う必要があります。

　一方、ブロックチェーンでは、ネットワークに接続の各ノードが分散管理を行うために、システムは自動的に冗長化されることになり、堅牢なインフラ環境を構築する必要がありません。また、各ノードが同一の取引データを持つことになり、コストをかけてバックアップの手当てを行う必要がありません。

　このように、ブロックチェーンによるシステムは、低コストで構築、維持できますが、それに加えて取り扱われるデータを不正に改ざんすることが極めて困難であるという大きなメリットを持っています。すなわち、中央集中管理の仕組みのもとでは、常に外部からのサイバー攻撃の防御に万全を期する必要がありますが、ブロックチェーンでは、ネットワークに接続されたノードが一定のルールのもとで取引データの検証を行って、取引の正当性を担保する仕組みとなっていて、データの不正改ざんが極めて困難な仕組みとなっています。

（3）チャレンジャーバンクによるブロックチェーンの活用

　上述したブロックチェーンのメリットは、チャレンジャーバンクが展開するビジネスにブロックチェーンを活用できるポテンシャルを持っていること

を示しています。

たとえば、ブロックチェーンでは参加者のノードで台帳が複製されることから、整合性に欠ける取引を発見することができます。また、ブロックチェーンの活用によって事務プロセスの時間が短縮されて、チャレンジャーバンクが特性とする小ロットで多種多様な内容を持つ多くの件数にのぼる取引の事務処理を効率的に行うことが期待できます。

（WeBankのブロックチェーン活用）

WeBankでは、帳簿照合に要する手数とコストを引き下げるため、ブロックチェーン技術の研究を重ねてきており、その成果として、ブロックチェーンのネットワークの活用により銀行間での取引照合を行っています。

WeBankは、WeChatアプリで借り入れができる微粒貨（Weilidai、ウェイリーダイ）というマイクロローンの銀行間突合プラットフォームにブロックチェーンを活用しています。

WeBankでは、マイクロローンの原資の80％を他のいくつかの銀行からの資金に依存しています。したがって、WeBankが顧客に融資した場合には、そこから得られるリターンを資金の拠出銀行に配分する必要があります。こうしたリターンの分割は通常、営業時間終了後に、バッチ処理で行われますが、WeBankではパートナーとのシェアのプロセスを、ブロックチェーンを活用して、透明性を持たせてリアルタイムで効率的に行っています[5]。

すなわち、WeBankは、すべての対顧客取引を記録して、資金の拠出銀行との間でそのデータを共有することになりますが、その業務は膨大なものとなります。しかし、ブロックチェーンを活用することによって取引情報は暗号化されたうえで、ネットワークを使ってインターバンクのプラットフォームでわずか数秒間のうちにすべての資金拠出銀行において同時にアップデートされることになります。

このように、バンキングセクターにおけるブロックチェーンと分散型帳簿テクノロジーの開発においてWeBankは主導的な役割を演じていますが、さらにWeBankはブロックチェーンを基盤とするビジネスエコシステムの構築を指向しています[6]。

　具体的には、WeBankはサプライチェーンや商業金融、不動産取引等のオープンソースのエコシステムを構築することを指向して、フィナンシャルブロックチェーン・コンソーシアムを形成しています。そして、金融に小売、メーカー、医療等、さまざまな産業を横串で刺した協働モデルを立ち上げてこの稼働を本格化させています。

📱))) コラム　WeBankのABCD戦略

　これまで、チャレンジャーバンクによるビッグデータ、人工知能（AI）、クラウド、ブロックチェーンといった各種のテクノロジーをみてきましたが、それを統合する形で新たなビジネスモデルを構築しているのが、WeBankです。

　WeBankの経費のうち30％強がテクノロジーの開発費に使われ、また、スタッフの50％強がテクノロジーの開発に携わっていることから明らかなように、WeBankのDNAには、テクノロジーが深く刷り込まれています。こうしたことから、WeBankは、銀行免許を持ったIT企業である、と自称しています。

　WeBankは、プラットフォームでFinTechのABCDを実現することを指向しています[7]。ここで、AはAI、Bはブロックチェーン、Cはクラウド、Dはデータを表します。

　そして、協働ビジネスインフラ戦略（Collaborative Business Infrastructure Strategy）により、オペレーションの効率性の向上やユーザーエクスペリエンス（UX）の改善を通じて、ビジネスの拡大とコスト削減を実現させるとしています。

　このABCD戦略は、WeBankのように融資額の平均が少額で、膨大な件数の取引を処理することを必要とするビジネスにフィットしたインフラ戦略であるということができます。

　こうしたABCD戦略によって、ユーザー1人に要する運営コストを伝統的な銀行に比して劇的に抑制することができ、これを知った伝統的な銀行の幹部が頻繁にWeBankを訪問している状況にあります。

またWeBankは、2019年にABCD技術のさらなる進化を目指して、香港科技大学とジョイント・ラボラトリーを設立しています[8]。この提携では、AI運用、ブロックチェーン・コンソーシアムの構築、FinTechを支えるアルゴリズム、機械学習とデータマイニングによる銀行取引のモニター、リスク分析、マネロン対策、個人情報保護等を対象に研究開発を行うこととしています。

WeBankのIT部署は、シリコンバレー出身者を中心に多国籍人により構成されています。そして、中国を実験場として世界最先端の金融システムを開発して、先行きは世界に打って出るという目標を持っています。

⑤　セキュリティ

チャレンジャーバンクの出現の背景には、FinTechが、伝統的な金融の姿を大きく変革するポテンシャルを持つまでに発展してきたという実態があります。すなわち、ユーザーの間にスマホやパソコン等の普及が進んで、さまざまなチャネルを通じていつでも、どこからでも、より速く、より安く金融商品・サービスへアクセスができるというユーザーの強いニーズに対して、FinTechがスマホを中心としたデジタルチャネルの拡大による金融ネットワークのオープン化を軸とするテクノロジーを駆使してこうしたユーザーニーズに応えるという構図で、金融のデジタルトランスフォーメーション（DX）が進展しています。

しかし、このような流れは、金融にとって最も重要であるセキュリティの維持、確保に重大な課題を提起します。すなわち、ユーザーのニーズに応えてスマホを中心としたデジタルチャネルの拡大により金融ネットワークのオープン化が進めば進むほど、金融システムが外部からのサイバー攻撃に晒されるリスクが高まることになります。実際にも、デジタルバンキングはハッカーの格好の標的となっています。

これに対して、チャレンジャーバンクではさまざまなテクノロジーを駆使して、セキュリティの維持・拡充に注力しています。

以下では、実店舗を持たないことを特性とするチャレンジャーバンクが

web上でいかに本人認証を行うか、また、チャレンジャーバンクが提供するデビットカードやクレジットカードの安全性をいかに確保するか、といった課題を中心に、チャレンジャーバンクによるITを活用したセキュリティの確保に向けた取り組みをみることにします。

（1）オンライン本人認証

　ユーザーがスマホ等のデバイスや、デビットカード、クレジットカードを使って、インターネットを通してさまざまな金融取引を行ったり、商品・サービスを購入する場合には、正当なアクセス権を持つユーザーか否かを確認するオンライン本人認証の手続きがきわめて重要となります。このオンライン本人認証をクリアして、はじめてユーザーに対してログインが許可されます。

　オンライン本人認証では、多くの場合、ID・パスワードによる認証が活用されていますが、個人のID・パスワードが窃取されて不正アクセスに悪用されるケースが多発しています。

❶ 認証方式

　認証方式には、記憶、所持、バイオメトリクス情報の3つの要素があり、これを認証の3要素と呼んでいます。認証は、この3要素のどれか、または複数の要素の組み合わせで実現します。

（認証の3要素）

i　知識要素（SYK: Something You Know）

　ユーザー本人が知っているとか記憶しているデータにより認証する方法。

　パスワード、PIN、秘密の質問等がこれに当たります。

ii　所持要素（SYH: Something You Have）

　ユーザー本人が所持している物やデータにより認証する方法。

　SMS認証等を行うスマホ、身分証明書、ICカード、キャッシュカード等がこれに当たります。紛失、盗難が考えられるため、PINと組み合わせるケースが多くみられます。

ⅲ　生体要素（SYA: Something You Are）

ユーザー本人の生体のデータにより認証する方法。

指紋、指静脈、掌静脈、掌形、音声、虹彩、網膜、顔等がこれに当たります。知識要素は記憶忘れ、所持要素は所持物の紛失等のリスクがありますが、生体要素にはこうした問題はありません。

❷ パスワード認証

パスワード認証は、パスワードは利用者本人の記憶のなかに存在し、知っているのは本人のみであるという前提に基づいた認証方式です。パスワード認証には、次の種類があります。

ⅰ　固定長パスワード認証

事前に登録したパスワード（文字列）を用いて認証する方式です。

単純な仕組みであり実装が容易ですが、あらゆる脆弱性が内在する可能性が高く、パスワードクラッキング（password cracking、何らかの方法で正しいパスワードを割り出すこと）等により不正利用される恐れがあります。

これを防止するためにユーザーサイドは、各種文字を組み合わせる、意味のある言葉を使用しない、長くする等、パスワードの作成に留意するほか、パスワードの使い回しをしないことが重要です。

また、認証サイドは、一定時間内に一定回数以上のパスワードの誤入力があった場合には、アカウントロックを掛ける等の措置が必要となります。

ⅱ　ワンタイムパスワード認証

認証毎に異なるパスワードを用いて認証する方式です。

通常のパスワードは毎回同一のパスワードを入力するのに対し、ワンタイムパスワードは毎回使い捨てパスワードを生成するため、第三者がパスワードを入力するところを覗き見したり、ネットワーク上のパスワードを盗取したりして、本人になりすまして不正アクセスを行うことを防止することができます。

ワンタイムパスワード認証では、生成パスワードの規則性や連続性が無いようにする必要があります。

📱))) コラム パスワードクラッキング

パスワードを割り出すパスワードクラッキングには、さまざまな手法が開発され悪用されていますが、その代表例には次のような方法があります。

① リプレイアタック

正規のユーザーがログイン情報としてパスワード等をネットワークで送信するとき、そのデータをそのまま（リプレイ）盗取する方法。

たとえパスワードを暗号化しても、暗号化されたデータをそのまま盗取したうえで正規のユーザーとしてログインすることが可能となります。

② ブルートフォース攻撃（総当たり攻撃）

すべてのパスワードの組み合わせを試行する攻撃手法。

パスワードを作るにあたっては、英数字の桁数を多くするとともに、使用する文字の種類に大文字を入れるとか特殊文字を入れる等の対応を講じれば、コンピュータの演算に時間を要することになり、ブルートフォース攻撃に対する有効な防衛策となります。

③ ディクショナリー攻撃（辞書攻撃）

パスワードとしてよく使われる文字列を数多くピックアップしてそのデータベース（辞書）をもとに順番に試行する方法。

辞書攻撃は、総当たりを行うブルートフォース攻撃に比べて効率的な攻撃方法であるということができます。

④ 類推攻撃

ユーザーの個人情報からパスワードを類推する攻撃方法。

パスワードに、ユーザーの生年月日、電話番号、出身地、親族、友人、好きな俳優・歌手、ペットの名前等を組み合わせることが多いという事実を突いた攻撃方法です。

パスワードに、人名とか意味のある単語を使うことを避けて、ユーザーの個人情報とは全く関係がなく、意味をなさないランダムな文字列にすることがディクショナリー攻撃や類推攻撃に対する有効な防衛策となります。

（2）PINコード

　N26 や Monese 等は、スマホに PIN コードを採用しています。

　PIN コードの PIN は、Personal Identification Number（個人識別番号）の略称で、パスコードということもあります。

　パスワードは、アルファベットの大小文字や数字、特殊文字等を組み合わせて、安全性・強度を高くすることが推奨されますが、PIN コードは、一般的に 4 桁の数字で設定します。

　しかし、パスワードに比べると、PIN コードは安全性に優れているとみられています。

　パスワードは、ネットワークを経由して認証を行います。したがって、アクセスすることができる端末は限定されることなく、パスワードを不正に入手したサイバー攻撃者は自分の端末を使って、正規のユーザーになりすましてインターネット上のどこからでもターゲットとなるアカウントにサインインして攻撃することが可能となります。

　一方、PIN コードは、ネットワークを経由せず、スマホ等の端末機器自体に保存・管理され、認証はデバイス内で完結します。

　したがって、PIN コードが有効なのはあくまでもその PIN コードを設定したスマホ等の端末に限定され、たとえサイバー攻撃者が PIN コードを盗んでも、PIN コード認証ができる正規の端末以外の第三者の端末からその PIN コードを悪用してログインすることはできません。このように、ユーザーが設定した PIN は端末上に保存されていることから、設定した端末とセットでのみ使うことが可能であり、なりすましを防止することができます。

　また、パスワードはサーバーに転送されることから、転送中や転送されたサーバーから盗聴、盗取される恐れがありますが、PIN コードは端末機器に保存されていることから、転送中やサーバー経由で盗まれるリスクはありません。

　なお、たとえ PIN コードを設定した本人であっても、PIN コードを設定したデバイス以外から同じ PIN コードを使用してアクセスすることはできません。

　以上のように、PIN コードは一般的に 4 桁の数字で、パスワードに比べる

と複雑な文字や数字等の組み合わせでないにもかかわらず、パスワードより安全性の高い方法であるということができます。

　PINコードは4桁の数字に限定されるわけではなく、パスワードで推奨されているようにアルファベットの大小文字や数字、特殊文字等を組み合わせて強度を高めることが、さまざまなサイバー攻撃から防御するために有効であるということができます。

　また、PINコードはユーザーがいつでもスマホから変更することができます。

（3）バイオメトリクス認証
❶ バイオメトリクス認証の特徴

　バイオメトリクス認証（biometrics、生体認証）は、各個人が持つ固有の身体や行動の特徴を用いて個人を自動的に認証、識別する技術をいいます。

　バイオメトリクス認証における各個人の固有の特徴は、指紋、手のひら、指の静脈パターン、虹彩、顔の輪郭、声紋等があります。

　バイオメトリクス認証は、パスワード認証に比べると、次のようなメリットがあります。

i　パスワードは、パソコンのモニターに貼り付ける等、扱いが粗雑となりがちであるが、バイオメトリクス認証ではそうした恐れはない。

ii　パスワードは、他人により盗取される恐れがあるが、バイオメトリクス認証ではそうしたリスクはない。

iii　パスワードは、本人自身が忘れる可能性があるが、バイオメトリクス認証ではそうしたリスクはない。

❷ モバイル・バイオメトリクス認証

　モバイル端末を利用して生体認証を行うモバイル・バイオメトリクス認証は、生体情報の読取、保存、照合という生体認証に関する3つの処理のいずれかをモバイル端末で行うことになります。

　モバイル・バイオメトリクス認証に使用されるデバイスには、スマホ、タブレット端末、端子付ICカード、非接触ICカード等があります。

　モバイル・バイオメトリクス認証には、次のような具体例があります。

ⅰ　オンライン取引の際の本人確認

あらかじめ指紋をスマホに登録しておいて、スマホ上で、生体情報を読み取り照合を行う。

ⅱ　店舗におけるID決済の際の本人確認

あらかじめ顔写真をサーバーに登録しておいて、サーバーから店舗のレジのタブレット端末に送信された顔写真を使って、店舗のスタッフが支払人を認証する。

ⅲ　店舗でのカード支払の際の本人確認

あらかじめ静脈パターンをICクレジットカードに登録しておいて、取引の際に店舗のレジに設置されたセンサーで読み取った静脈パターンとカード内で照合を行う。

❸ チャレンジャーバンクのバイオメトリクス認証

Atomでは、ユーザーが口座を開設して最初にログインした時に、ユーザーの顔と声をバイオメトリクスで記録します。そして、ユーザーが2回目以降、ログインをする際にはユーザーに顔と声を求めます。具体的には、ユーザーがスマホの画面を見ればスマホのカメラで顔認証をして、ユーザーが短い言葉を話せば、声認証をすることにより本人識別を行います。

これにより、Atomでは、いわば顔と声の生体認証をパスワードとしており、ユーザーは複雑な文字や数字等を組み合わせたパスワードを覚える必要がなく、また、多要素の認証といった面倒なことが省かれてスピーディにログインすることができます。なお、ユーザーが希望すれば、6ケタのパスワードによる認証も可能です。

また、Atomは、指紋認証の導入も計画しており、これが実現するとAtomのバイオメトリクス認証は、顔認証、声認証、指紋認証の3種類の認証方式となります。

一方、N26ではアプリのログインに指紋認証を採用しています。

（4）2要素認証、多要素認証

2要素認証（2FA、2Factor Authentication）は、ユーザーが持つ固有な2つ

の要素により、また、多要素認証（MFA、Multi-Factor Authentication）は、2つ、または3つの要素により、確実に認証する方法です。すなわち、多要素認証は、2要素認証を包摂する概念です。

2要素認証、多要素認証では、

① 従来のID/パスワード、PINという本人が知っている要素

② トークンやスマートカード等、本人が持つ物理的な要素

③ 静脈、指紋等、本人の生体情報の要素

を組み合わせることになります。

①と②を組み合わせた2要素認証では、その双方が同時に盗取される可能性は低いことから、セキュリティの強化が期待できます。

また、これに加えて③を組み合わせた多要素認証では、本人の生体情報が盗取される可能性はさらに低いものとなり、強度のセキュリティが図られることになります。

Simple Bankをはじめ、多くのチャレンジャーバンクは2要素認証を採用しています。

（5）カードのセキュリティ
❶ カードが持つさまざまなセキュリティ機能

大半のチャレンジャーバンクが提供するカードには、カードの使用リミット額の設定機能が具備されています。

また、プッシュ通知機能をオンにすれば、買い物等でカードを使用した時やATMを使った現金の出し入れの際にリアルタイムでユーザーに通知されます。なお、公共料金の口座振替や送金等、カードの使用以外での口座残高の変動も、プッシュ通知でユーザーに連絡されます。

カード紛失の際には、アプリから即時にロックすることが可能で、その後見つかったらアンロック、見つからなければ再発行をアプリから依頼できます。

また、カードが不正使用された疑いがある場合や、ユーザーが買い物をした後にその店舗でカードがスキミングされたとの疑いを持った場合も、即時にロックすることが可能です。

なお、Revolutでは、ユーザーのスマホのGPS location（位置情報）をオン

にすることで、地理的にカードのセキュリティを確保するサービスを提供しています。たとえば、ユーザーが英国にいるところ、香港でユーザーのカードの番号等を悪用して買い物がなされようとした時には、アプリが自動的に支払いを拒否、その旨をユーザーのスマホに直接通知してきて、当該悪用をブロックすることができます。

また、Starling Bank のアプリは、カードとスマホの所在場所が異なる時には、自動的にカードが使えないようにする機能を具備しています。

❷ 3D セキュア

N26 や Monzo では、3D セキュアによる詐欺防止が行われています。

3D セキュアは、オンラインで安全にクレジットカード決済を行うことを目的とする VISA、Mastercard、JCB、AMEX の 4 ブランド共通の本人認証サービスです。

一般的なオンラインでのクレジットカード決済は、カード番号や有効期限、セキュリティコード、氏名等、カードに記載されている情報をインプットすることにより、カードが有効か否かを識別しています。しかし、この方法では、カードを利用しようとしている人物がカードの正当な所有者か否かを判別することはできません。

これに対して、3D セキュア対応のカードでは、カード記載の情報のほかに、あらかじめカード会社に届けたパスワードをインプットして、はじめて本人認証が行われます。

この 3D セキュアにより、たとえカードを紛失するとか盗まれた場合でも、パスワードは本人のみが知っている以上、不正に利用される恐れはありません。

なお、3D セキュアの 3D は 3 つのドメインの略で、イシュアドメイン（カード発行会社がカード使用者の本人認証を行う）と、アクワイアラドメイン（契約管理会社が加盟店の認証を行う）、相互運用ドメイン（上記の 2 つのドメイン間で取引データの受け渡しを行う）の 3 つのドメインで認証作業を行うことから、こうした名前が付けられています。

伝統的な銀行の逆襲

　この章では、これまでみてきたチャレンジャーバンクの躍進に対して、伝統的な銀行はどのような対応をしているのかをみることにします。

　チャレンジャーバンクの台頭には、伝統的な銀行が柔軟性を欠いたレガシーシステムを抱えている等の理由から、ユーザーニーズをきめ細かく汲み取ったイノベーティブで低コストの金融サービスを提供していない不満がユーザーの間に高まり、こうしたユーザーの満たされないニーズをチャレンジャーバンクが先進のテクノロジーを駆使してきめ細かく汲み取ることにより、ビジネスを伸ばしてきたという背景があります。

　また、ユーザーが、オンライン、モバイルの普及からいつでもどこでも金融サービスにアクセスできるユーザーエクスペリエンス（UX）を貪欲に求めていることと、チャレンジャーバンクの強みであるデジタルバンキングによる金融サービスの提供が、親和性をもってうまくマッチしたことも、チャレンジャーバンクが躍進している大きな要因となっています。

　チャレンジャーバンクは、主としてミレニアル世代を狙って、デジタル専門のカスタマイズした使い勝手の良いアプリを提供しています。

　こうしたチャレンジャーバンクの台頭に対して、伝統的な銀行は文字通り、挑戦を受けて立つことになりました。しかし、伝統的な銀行は、必ずしも受け身のスタンス一本鎗でチャレンジャーバンクに向き合おうとしているわけではありません。伝統的な銀行では、実店舗での金融サービス提供へのリソース投入を抑制して、プラットフォームを使ったデジタルによる金融サービスの向上によりユーザーニーズを満たそうと注力する動きが広がっています。

　また、伝統的な銀行が新たな組織を作って、その組織がデジタルバンキングに特化するケースもみられています。

　さらに、外部とのシステム連動を想定せず自前主義で来た銀行も、APIにより決済システムをはじめとするさまざまなシステムを相互に連動させることを前提にして、ビジネスモデルを再構築する展開がみられます。

　こうした動きに対して、伝統的な銀行のなかには、FinTechベンチャーとの連携は、これまで培ってきたユーザーとの絆を弱めることになり、延いてはユーザーを失う恐れがある、との見方もあります。

　しかし、大勢は、FinTechベンチャーとの協働でユーザーに提供する金融サービスに新たな価値を共創することにより、ユーザーをつなぎ留め、さらにはユーザーの裾野の拡大を指向することができるとして、FinTechベンチャーとの緊密な連携によるビジネスモデルのリデザインを推進しています。

① 伝統的な銀行の強み：信任

　チャレンジャーバンクが短期間のうちに伝統的な銀行のシェアを大きく浸食して伝統的な銀行に深刻な打撃を与えるといった蓋然性は小さいと考えられます。

　チャレンジャーバンクのユーザーの多くは、伝統的な銀行の口座とチャレンジャーバンクの口座を合わせ持っています。そして、給与は伝統的な銀行の口座に振込んだうえで、当面の支出見込み相当額を伝統的な銀行の口座からチャレンジャーバンクの口座に移し替えて、チャレンジャーバンクのデビットカードで決済することが多くのユーザーの行動であるとみられます。

　このように多くのユーザーが伝統的な銀行をメインバンク、チャレンジャーバンクをサブバンクとして使う背景には、ユーザーの伝統的な銀行に対する厚い信任があると考えられます。実際にも、中高年層を中心に名前を聞いたことのないような銀行に自分の財産の太宗を占める貯金を預けるわけにはいかないとか、なんといっても長いこと取引をしてきた銀行が安心だ、というようにブランドイメージを重視する声が少なくありません。このような事情から、顧客数からみると、依然として伝統的な銀行が圧倒的なシェアを占めている状況にあります。

　しかし、伝統的な銀行がこうしたユーザーの信任の厚さにもたれかかって、多種多様なユーザーニーズを満足させるような努力を怠れば、ユーザーは、ポケットからスマホを取り出して指先でいとも簡単に取引先銀行を変更することになるでしょう。ユーザーは、まさに指先一本でどの銀行が良いかを投票することができるのです。

　特に、チャレンジャーバンクがターゲットとするミレニアル世代は、中高年層と比べると伝統的な銀行へのロイヤルティは相対的に高くなく、たとえば預金金利や手数料の水準、モバイルアプリのユーザーエクスペリエンス（UX）の満足度等の要因次第で、メインとなる口座を伝統的な銀行からチャレンジャーバンクにシフトする動きがみられています。このように、ITの進化、普及により、ユーザーの伝統的な銀行に対するロイヤルティは、決して盤石なものでなくなっています。

　こうした状況下、伝統的な銀行はさまざまな戦略で、金融界へのチャレンジャーバンクの侵攻に対応しています。

② 「競争と協働」の展開

　伝統的な銀行の多くは、チャレンジャーバンクが台頭する以前から、すでにパソコンやスマホ等をチャネルとするインターネットバンキングを展開しています。そして、こうしたデジタルチャネルをさらにカスタマーセントリックなものとすることにより、チャレンジャーバンクに対抗する動きを強めています。

　また、機関投資家を主要な顧客としてきた投資銀行が、チャレンジャーバンクの台頭を眺めて、新たにリテール向けのモバイルバンキングを始めるケースもみられます。

　一方、伝統的な銀行がチャレンジャーバンクに真っ向から対抗するのではなく、チャレンジャーバンク等のFinTechベンチャーと協働して、ユーザーインターフェイス（UI）を充実させようとする動きがみられます。

　このように、チャレンジャーバンクの台頭に対して、伝統的な銀行のスタ

ンスは、競争と協働の関係を構築することがベストソリューションである、としてさまざまな対応策をみせていますが、ここですべてのケースに共通して言うことができる点は、チャレンジャーバンクの台頭が伝統的な銀行に対して大きな刺激を与えることとなって、金融界全体として、ユーザーインターフェイス（UI）、ユーザーエクスペリエンス（UX）を重視した金融業界の改革、ビジネスモデルの再構築による戦略的改革が促進されていることです。

　以下では、チャレンジャーバンクの台頭に伝統的な銀行がどのような戦略で向き合おうとしているか、をいくつかの具体例を中心にみることにします。

③ 伝統的な銀行はチャレンジャーバンクにいかに向き合うか？

（1）伝統銀行のリテール向けモバイルバンキング新設

　Wells Fargoは、2018年にミレニアル世代をターゲットとしたモバイルアプリGreenhouseを立ち上げてさまざまな金融サービスを提供しています。

　Wells Fargoでは、先行する多くの銀行のモバイルバンキングのアプリが持つ機能が似通ったものとなっているのをみて、いかに差別化したアプリを作るかに腐心しました。

　そこで、Wells Fargoは、モバイルバンキングのGreenhouseの設計にあたって、ミレニアル世代の行動を調べるために幅広いリサーチを実施しました。このリサーチでは、アプリの試作品をミレニアル世代に属するユーザーに提供して彼らの反応をみるといったことも行われています。

　そして、Wells Fargoが持つAIテクノロジーとサードパーティが提供するアプリを活用してユーザーの消費・貯蓄行動を分析した結果、他の銀行のアプリを使っているユーザーの間では、たとえば、家賃や電気代等の期日支払についてはアプリのメモ機能を使ったりカレンダーに印を付けるとか、期日支払分の資金と日常資金とを分別管理するために別々の銀行に口座を開設する等、ユーザーが先行きの資金のやりくりに四苦八苦して多くのエネルギーを使っているケースが少なくないことが分かりました[1]。

　そこでWells Fargoは、Greenhouseのアプリに、口座の開設、維持手数料は無料で2口座制を導入することにしました。

　1つは、住宅ローン、家賃、電気、水道、通信費等、先行き決済予定のための資金や貯蓄のために取っておく「引当・貯蓄口座」(Set Aside Account)、もう1つは日々の食料品購入や交通費、外食費等の支払いのための「生活費口座」(Spending Account) です。

　これにより、毎月の必要経費や貯蓄用資金と日常買い物等に使う資金とを分別して管理することができます。そしてデビットカードは、基本的に生活費口座に紐付けされています。この2口座間の資金移動は自由にできます。

　また、引当・貯蓄口座については、家賃、電気、水道、通信費等の項目別に金額、頻度（毎月、毎四半期等）、支払期日を通知しておくと、Greenhouse がまとめて管理をして、支払期日に支払いをしてくれます。そして、たとえば、期日到来が近づいても口座にその支払いに足りるだけの資金がない時には、アプリでその旨の通知があります。また、仮に資金不足になって当座貸越の状態に至っても手数料は徴求されません。

　一方、食料やガソリン代、外食費等、日々の生活費の支払いのための生活費口座については、1週間の支払限度を設定することが可能です。そして、毎週初めに生活費口座の残高がその週の支払い予定額に比べて不足する場合には、自動的に引当・貯蓄口座から生活費口座に不足分が補充されます。

　こうしたGreenhouseの資金管理のツールは、多くのユーザーのフィードバックをもとにしてボトムアップで制作されたものです。

　多くの資金管理アプリが、これまでどのようなカテゴリーにどれだけ使ったかをみることに重点が置かれているのに対して、Greenhouseのアプリはプロアクティブにユーザーの先行きの期日支払や買い物等に使う資金等、一括して資金繰りを管理するということで差別化を図りました。

　こうした先行きに備えて資金をいわば封筒 (envelope) に入れて取っておくというenvelopeテクノロジーを活用した引当・貯蓄口座と、日常の支払に充てる資金を管理する生活費口座を組み合わせたアプリは、ユーザーに好評を博しました。

　なお、アプリからGreenhouseに支払い先と支払期日、金額を連絡することにより、米国の銀行に口座を持っている企業、個人への支払いができます。また、アプリから相手の電話番号かeメールで送金をすることが可能です。

📱🔊 コラム　**Finnの誕生と挫折**

　Finnは、JPMorgan Chaseが2017年から一部の都市で試行して、その後、2018年に米国全土で本格的に稼働を開始したモバイルオンリーにより金融サービスを提供するアプリで、Wells FargoのGreenhouseとの間で競争関係にありました。

　モバイルオンリーのFinnは、実店舗に行くことを好まないデジタルネイティブなミレニアル世代に狙いを定めて設計されたものです。

　Finnには、多くのチャレンジャーバンクが提供しているような当座口座、貯蓄口座の設定、デビットカードの支給、ATMの手数料の無料化、スマホによる小切手の入金可能、電話による土日を含む24時間のユーザーサポートの機能があります。

　さらにFinnは、PFMの機能が充実しています。たとえば支出内容から自動的に項目別に分類してチャートで示す機能とか、給与が入った時にユーザーがあらかじめ決めておいた比率で自動的に貯金をする等、多くのチャレンジャーバンクのアプリが持つ機能のほかに、ユーザーの消費の傾向をユーザー自身が把握、分析する機能があります。

　具体的には、商品購入やサービス支出のつど、ユーザーは、それがどうしても必要なものであったのか、またはどうしても買わなければならないわけではないが欲しいものであったのかを「Need」か「Want」というカテゴリー別にアプリで記録します。

　こうした見える化によって、ユーザーは自己の支出動向を客観的に把握、分析して、衝動買いをコントロールすることができます。なお、Finnのアプリは、50/20/30ルールを推奨しています。これは、収入の50％を家賃や光熱費等必要なものに、20％を貯金に、残り30％は欲しいものに使うというルールです。

　また、Finnの機能には、少額貯金（Autosave）があります。これは、たとえば、ユーザーがWantのカテゴリーの支出をした場合には、その都度5ドルを貯金するという貯蓄ルールを事前に決めておくと、実際にWant支出をする

と、自動的に当座口座から貯金口座に5ドルがシフトするという仕組みです。これにより、ユーザーは少額の資金をコツコツと貯金することができます。

　さらに、Finnを立ち上げる際には、アプリをインストールして以降10件以上の取引をした場合には100ドルのキャッシュバックをするというキャンペーンも張りました。

　こうした機能を持ったFinnについて、JPMorgan Chaseでは、ミレニアル世代の多くのユーザーを吸引できると期待していました。

　しかし、実際に本格稼働してみると、新規ユーザーの獲得はJPMorgan Chaseにとって全くの期待外れに終わりました[2]。

　そして全体の口座開設数を思ったように伸ばすことはできず、結局、Finnの本格提供開始後わずか1年も経たないうちに、JPMorgan ChaseはFinnのサービスを取り止めることにしました。

　これには、次の諸要因がネガティブな形で相乗的に働いたとみられます。

①JPMorgan Chaseは、デジタルネイティブのミレニアル世代の多くは、デジタル「オンリー」で金融サービスを利用するユーザーが多いと想定して、Finnを立ち上げましたが、その想定も実態とはギャップがあり、多くのユーザーは、デジタルアプリを唯一のチャネルにするのではなく、オンライン（デジタルバンキング）とオフライン（実店舗）の双方を適宜使い分ける、という状況にありました。

②JPMorgan Chase本体が、既にモバイルバンキングを提供しており、JPMorgan Chaseの既存のユーザーは敢えてFinnのアプリを使用する必要はないと考えた、とみられます。

③ユーザーがJPMorgan Chaseに対して持つブランドロイヤリティに比べるとFinnのブランド力は微弱であり、JPMorgan ChaseとFinnの2重ブランディングはユーザーにとって魅力的なものではなかった、とみられます。

④Finn自体はモバイルオンリーとして後発であり、AllyやSimple等のモバイルバンキングとの差別化をアピールするような大きな特徴はなく、特に預金金利がCitiのオンラインバンキングやゴールドマンサックスのMarcusをはじめChime、Simple等に比べて低く、伝統的な銀行の預金金利の水準と似たり寄ったりで、プライシング戦略もFinn失敗の要因となり

ました。

　JPMorgan Chaseでは、Finnのアプリで人気のあった自動貯金機能等を JPMorgan Chase本体のモバイルアプリに取り込む等、この失敗を前向きに 生かして、若年層のマネーマネジメントの向上を促進したい、としています。

（２）伝統銀行の企業向けモバイルバンキング新設

　個人を対象とするデジタルバンキングは、MonzoやStarling Bank、 Revolut、N26等、数多くのチャレンジャーバンクがしのぎを削って競争を繰 り広げる分野となっていますが、企業を対象とするデジタルバンキングを手 掛けるケースはそれほど多くはありません。

　そうしたなかで、RBS(Royal Bank of Scotland)の傘下銀行のNatwestは、個 人向けモバイルバンクのBóに加えて、2018年からモバイルバンキングのビ ジネス版として中小零細企業向けの会計・財務管理アプリMettle(メトル)を 提供しています[3]。特に英国では、個人営業主やフリーランサー、起業家が 増加傾向にあり、NatwestのMettleはそうした層を重点にサービスを提供す る狙いがあります。なお、MettleのCEOに仮想通貨決済をビジネスとする企 業の元幹部Marieke Flamentを採用したことも大きな話題となりました。

　BóはNatwestが持つ銀行ライセンスを使うネオバンクですが、Mettleはラ イセンスを持たないアプリです。

　Natwestの親銀行であるRBSは、組織内で働いているエンジニアは、既往の システムの安定稼働にエネルギーの大半を投入しており彼らからイノベーテ ィブなソリューションが生まれることは期待できないとして、外部のFinTech ベンチャーやデジタルバンキングのコンサルタント等と連携して、独自のプラ ットフォーム上に最先端のモバイルアプリMettleを構築しました。

　このプラットフォームは、Natwestから独立したものであり、したがって、 起業家や個人営業主、中小零細企業はNatwestのユーザーでなくてもMettle のアプリで当座預金口座(無利子)を開設することができます。

　英国の伝統的な銀行で法人口座の開設申請を行うと、承認まで数週間要す ることが一般的ですが、Mettleは、平均10分以内、最大でも２日以内で処理

することができるとしています。

　Mettleに法人口座が開設されると、ユーザーにデビットカードが送付されます。

　Mettleの口座残高の上限は、個人営業主の場合には5万ポンド、企業の場合には10万ポンドです。また、口座からの1回あたりの引出限度額は1万ポンドです。なお、当座貸越の機能はありません。

　Mettleのアプリの主要なコンポーネントは、資金繰り、会計、税務の各種サービス、経費支払予定等の管理機能で、Mettleではこれにより優れたユーザーインターフェイス（UI）、ユーザーエクスペリエンス（UX）を提供することを指向しています。

　具体的には、ユーザーはMettleのアプリ上で取引決済を即座に実施することができるほか、経費支払いの内容の記録と各経費支払いに領収書を添付することができます。

　また、Mettleは、アプリで簡単にインボイスを作成して、それを送信することができます。インボイスには請求書としての役割もありますが、納品が終わって請求金額が決済された時にはその旨の通知が送り主のスマホにあり、手元のインボイスの控えとの照合ができます。また、インボイスと当座預金口座、記帳は紐付けされています。

　Mettleのアプリの大きな特徴は、「簡単に、スピーディに、シングルタップで、先行きのファイナンスを！」とのキャッチフレーズのとおり、中小零細企業のファイナンスを過去形でみるのではなく、ITの活用により当座預金口座と支払い、受取り、記帳を紐付けして、将来の資金繰りを分析・予想することにより、中小企業が最適のビジネスを展開できるようサポートする機能を具備していることです。

　すなわち、Mettleの目標とするところは、自動的に支払期日と支払金額を管理する等、キャッシュフローマネジメントを行い、先行きの資金不足を予想し、それへの対応としての資金手当ての必要性をスマホのアプリでユーザーに予告する等、中小零細企業主の「ポケットの中のCFO」(to create a chief financial officer in your pocket) となることです[4]。

　このようにNatwestでは、Mettleの究極的な目的は、ユーザーがMettleを

活用することによって日々の口座の管理や、先行きの資金繰りに多くの時間とエネルギーを割く必要がなくなり、本業の方に専念することができるように支援するところにあるとしています。

（3）投資銀行のリテール向けデジタルバンキング新設

　ゴールドマンサックスは、1869年設立の米国の名門投資銀行で、世界有数の金融グループです。

　2016年、ゴールドマンサックスはMarcus（マーカス）という名称で、すべてのプロセスをオンラインかモバイルで行うデジタルバンキングを立ち上げました。Marcusは、リテール銀行業務の拡大を指向して設立したGS Bankを再編成したものです。なお、Marcusは、ゴールドマンサックスの創始者であるMarcus Goldmanの名から取ったものです。

　ゴールドマンサックスは、機関投資家や企業、富裕層を主な顧客としてビジネスを展開してきましたが、主要な収益源であるトレーディング事業においてかってのような勢いがみられなくなったことや、FinTechの進展から個人ユーザーの間にデジタルバンキングを選好する傾向が強まったことを眺めて、Marcusによるリテール向けの金融サービスの提供に本腰を入れて取り組むことにしたものです。

　こうした方針の下、Marcusでは、ごく一般の消費者のニーズにマッチした融資・貯蓄を中心とする金融サービスの提供を指向しています。ゴールドマンサックスは、Marcusを立ち上げる前に1万人に上る消費者ローンやクレジットカードのユーザーからの意見を聴取しました。

　Marcusは、こうしたユーザーから出た他行の金融サービスやクレジットカードに関する不満の1つ1つに応えることができるような商品スペックの設計やサービスの提供を行っている点が大きな特徴となっています。そうした不満には、返済プランの選択肢が少ない、いつの間にか手数料が課されている、借入期間中に金利が上がった、コンタクトセンターに電話しても自動音声でおざなりの答えしか得られない、週末は電話の受付がない、等がありました。

　このうちコンタクトセンターに関わる不満に対してMarcusは、例えばコ

ンタクトセンターを週末も開設して、自動応答ではなくスタッフが親身になって質問に応じてユーザーに安心感を与えるとか、特に多い貯蓄に関する相談には、貯蓄のスペシャリストが電話やチャットで応答する等の措置を講じています。

なお、Marcus は 2018 年から英国でもビジネスを展開しています。

Marcus の主要商品は、無担保消費者ローンと貯蓄口座です。

❶ 口座開設

口座の開設は、パソコン、モバイル、電話のいずれかで行うことができます。

Marcus のデジタルバンキングのチャネルは、当初パソコンのみでしたが、2020 年 1 月にモバイルアプリが導入されて、スマホでのアクセスができるようになりました。

口座開設に必要なものは、名前、生年月日、住所、社会保障番号（SSN）か税金 ID 番号（TIN）、e メールアドレス、電話番号、収入状況、Marcus 口座とリンクする銀行口座の情報です。

❷ 口座の種類

貯蓄口座は、ハイイールド口座（高利回り口座）と譲渡可能預金口座の 2 種類があります。

i　ハイイールド口座：1 ドルから預入可能で、大手商業銀行の金利を大きく上回る高金利の預金口座です。口座維持のための最低預入金額の設定はありません。

Marcus の口座は他行との間で 4 行までリンクすることが可能です。

預入は、他行からの電信送金等により行われます。

Marcus はデビットカードを発行していないことから、ATM での引き出しはできません。したがって、預金の引き落としのためには他行へ送金して、他行口座からの引き出しが必要です。送金手数料は無料です。

ii　譲渡可能預金口座：譲渡可能預金（CD）は、500 ドルから預入可能です。

譲渡可能預金には、次の種類があります。

・ハイイールド CD：6 か月〜5 年の期間。期限前に引き出すと、ペナル

ティとして金利が差し引かれることとなります。

・ノーペナルティ CD：13カ月の期間。預入後7日経過したらいつでもペ
　ナルティなしで引き出すことができます。

❸ 口座への預入、引出

Marcus の口座への預入には次の方法があります。

・Marcus の口座にリンクした他銀行口座からの振替

・給与からの振込

・小切手による振り込み

一方、Marcus の口座からの引出には次の方法があります。

・Marcus の口座にリンクした他銀行口座への振替

・小切手による引出

❹ 無担保消費者ローン

米国の消費者ローンマーケットでは、Lending Club や SoFi 等の P2P レン
ディングが勢力を増しています。こうしたなかで、ゴールドマンサックスは、
Marcus の主要な商品の1つとして無担保消費者ローンの提供を打ち出しま
した。

無担保消費者ローンは、手数料ゼロ、2〜6年の固定金利ローンです。対象
は、信用格付けが高い個人層です。

実質年率は、借入れ申込者のクレジットスコアやこれまでの返済履歴、借
入申込額、借入期間、借入目的等に基づいて設定されます。

ユーザーが借入れの申し込みをすると、借入申込額と毎月の返済希望額に
したがって、Marcus がローンの返済プランについていくつかのオプションを
提示します。借入れ申請者は自らの収支予算を勘案の上、そのオプションの
なかから選択するか、またはそれ以外の返済スケジュールを選択することも
できます。このように、Marcus では豊富な返済プランを提示して借り手のニ
ーズにきめ細かに対応することにより、差別化を図っています。

上述のとおり、米国では、個人が借入れを行う際に、不透明な形で手数料
を徴収されたり、借入れの途中で金利が変動する等、借り手の間にはさまざ

まな不満が潜在していました。

　これに対して、Marcusは、手数料をゼロにしたこと、金利が途中で変動することがない固定金利であること、返済期日を借り手が自分のキャッシュフローにマッチするように決めることができる等、消費者が使いやすいスペックとしている点がセールスポイントとなっており、主としてクレジットカードのユーザーからの借り換えニーズを狙いとしています。実際のところ、Marcusは、ユーザーフレンドリーなシンプルな借入れ手段として、ユーザーに人気を博しています。

❺ BaaS

　投資銀行であるゴールドマンサックスのプラットフォームは、トレーディング向けが中心でしたが、Marcusが個人向け金融サービスを行うことによって、ゴールドマンサックスが非金融サービス業に属する企業にもプラットフォームをオープンにするBaaSへの途を進み始めたとみることができます。

　こうした動きは、ゴールドマンサックスがアップルと提携してアップルカードを発行することに典型的に表れています。

　また、ゴールドマンサックスでは、法人顧客向けキャッシュマネジメントと決済用のデジタルプラットフォームを開発中です。

　これは、ゴールドマンサックスが、現在展開しているグローバル投資銀行業務に加えて、こうした分野の潜在的なビジネスチャンスがきわめて大きいとみていることによります。

（4）伝統的な銀行が既存のデジタルバンキングを拡充

　伝統的な銀行の間では、ITの普及、浸透によるデリバリーチャネルの見直しやコスト節減の観点から、実店舗数を削減してオンライン・モバイルバンキングの機能を拡充させる戦略を採るケースが増加しています。

　たとえば、スタンダードチャータードは、2019年にモバイルアプリをリニューアルしています。スタンダードチャータードでは、既存のアプリの改善にあたって綿密なマーケットリサーチを行い、また、FinTechベンチャーの助けも得ながら、極力、ユーザーフレンドリーな機能やデザインを具備した

アプリにすることに注力した結果、それまで提供してきたものとは様変わりのアプリが出来上がったとしています[5]。

　具体的には、データアナリティクス、顧客認証、顧客との対話等について最先端のテクノロジーを駆使して、口座の開設が簡単にできることとしたほか、キャッシュレス決済、現金の引き出し、デジタル・ウエルスマネジメント、AIを活用したチャットボット等のサービスの提供がアプリで行われています。

　このうち、ウエルスマネジメントは、従来、富裕層をターゲットにしたサービスでしたが、デジタルプラットフォームの活用によって、準富裕層、さらには一般の顧客にも高品質でテイラーメードのサービスをモバイルやパソコンによりスピーディに提供できるようになりました。

　スタンダードチャータードでは、こうした高度のデジタル・ウエルスマネジメントのサービスを幅広いユーザー層に提供するため、スタンダードチャータードのオープンプラットフォームを活用して、数あるFinTechベンチャーのなかからベストのプロバイダーを選択しました。そして、提携先の資産管理会社や保険会社等を構成メンバーとするエコシステムを形成して、多種多様なニーズを持つユーザーにフィットするパーソナライズドアドバイスを提供することを実現しました。

　このように、スタンダードチャータードのエコシステムは、オープンAPIの戦略的な活用により、デベロッパーやFinTechベンチャー、資産管理会社、保険会社等との連携を強固なものとして、新たな金融商品・サービスの開発、提供に大きな役割を果たしています。

　また、スタンダードチャータードは、コートジボワールや、ナイジェリア等にデジタルオンリー銀行を設立しています。

　なお、英国のLloydsやBarclays、HSBC等の伝統的な銀行も、モバイルバンキングの拡充を図っています。

（5）伝統的な銀行とチャレンジャーバンクとの協働

❶ DX展開の阻害要因

　金融業は情報産業であるといわれるように、金融機関にとってITを活用して大量で多種多様のデータを適切に処理することは、最も重要な業務となります。そして、ITの普及、活用を通じて、さまざまな取引やその決済がデジタルデータ化されることによって金融機関に蓄積されるデータが幾何級数的に増加し、また、そうしたデータを分析、活用するAIやクラウド等のデジタルテクノロジーが開発されています。

　こうした状況下、デジタルテクノロジーの進展、活用により新たな価値を生み出すビジネスモデルを構築して、ユーザーエクスペリエンス（UX）の向上を図って競争力を強化することを指向するデジタル・トランスフォーメーション（DX）の重要性が一段と高まっています。

　すなわち、DXは、さまざまなデジタル技術を活用することによって、ビジネスモデルにイノベーションをもたらすゲームチェンジャーです。このDXへの取り組みの障害になっているのが、レガシーシステムです。

　ここで、レガシーシステムとは、

ⅰ　システムが老朽化しているとか、度重なる機能の付加等の手直しにより複雑化、肥大化している、

ⅱ　安全性等に重点を置いて堅牢に構築されていることから柔軟性、機動性に欠ける、

ⅲ　維持、管理に多大なコストと時間を要する、

　といった問題のあるシステムをいいます。

　伝統的な金融機関は、これまでITに対して巨額の投資を行ってきました。しかし、金融機関のIT投資は、既往のシステムの障害回避を目的とする維持管理のための投資や、セキュリティを万全なものとする守りの投資が中心でした。

　こうした維持管理のためのIT投資は、金融機関の業務の安定的な遂行のために必要不可欠なものであるとしても、モバイルの浸透等によるユーザーニーズの高度化、多様化と、AI、ビッグデータ、クラウド等のITの進展といった環境変化に対応して金融機関が保有する豊富なデータ、情報資産を有効に活用するためには必ずしも十分とはいえません。

📱))) コラム　2025年の崖

　日本においても、企業が現在使用しているITシステムが老朽化、複雑化している、といった状況にあって、折角蓄積したデータを活用しきれず、DXを展開していく障害になるという深刻な問題があります。

　経済産業省主催のデジタルトランスフォーメーションに向けた研究会は、仮にこうした老朽化、複雑化したシステムが残存した場合には、2025年までに予想されるIT人材の引退やサポート終了等によるリスクの高まり等に伴う経済損失は、2025年以降、年間最大12兆円と現在の約3倍にのぼる可能性がある、と推計しています[6]。

　そして、こうした2025年の崖問題が表面化した場合には、企業は、

ⅰ　保有するデータの有効活用ができずDXの展開不全からデジタル競争の敗者となる恐れがある、

ⅱ　ITシステムの運用、保守のエンジニアに不足を来たして、業務基盤の維持、継承が困難になる、

ⅲ　サイバーセキュリティや事故、災害によるシステムトラブルやデータ滅失、流出等のリスクが高まる、

といった事態に直面するリスクがあると警告しています。

　そして、DXを進めていくうえではオープン化、相互運用化が拡大していくことから、特に重要インフラ企業におけるシステム刷新については、リスクが大規模に広がることのないように十分な配慮の上で計画的に進める必要がある、としています。

❷ チャレンジャーバンクとの協働戦略

　伝統的な銀行が、レガシーシステムを全面的にリプレースする自前主義のアプローチをとれば、多大なエネルギー、時間、コストといった経営資源を投入することになります。

　そこで、この課題への有力なソリューションとなるのが、チャレンジャー

バンクとの協働戦略です。

ⅰ　オープンバンキングとAPI

　伝統的な銀行とチャレンジャーバンクとが協働戦略をとる場合には、互いに持つ強み、特性を生かして、相互補完関係を構築するなかでシナジー効果をあげることが重要となります。

　具体的には、伝統的な銀行が持つ強みは、確固たる資本基盤とブランド力を生かした幅広い顧客層、さまざまな顧客との間の取引から生まれる豊富なデータ、それに強固な決済機能を具備したプラットフォームの保有です。

　一方、チャレンジャーバンクが持つ強みは、ユーザーのニーズがどこにあるかを鋭く嗅ぎ分けてイノベーティブな金融サービスを開発、それをユーザーに対してスピーディに、低コストで提供してマネタイズする機動力です。

　すなわち、チャレンジャーバンクの特性は、徹底したユーザーセントリックな視点によるニーズの把握と、チャレンジャーバンクが得意とする特定分野に絞った金融商品、サービスの開発と提供です。

　こうした両者の強みから、特に伝統的な銀行が持つ豊富なデータと、そのデータを活用したチャレンジャーバンクの金融商品・サービスの開発力との間にシナジー効果が生まれることが期待できます。

　そして、この両者の強みを遺憾無く発揮させるために格好の枠組みが、第4章でみたオープンバンキングとAPIです。

　このオープンバンキングにより、チャレンジャーバンクは、伝統的な銀行が持つ豊富なデータを活用して、ユーザーが求める前にむしろそれに先駆ける形で潜在的なユーザーニーズを掘り起こして革新的な金融商品・サービスを開発、提供することができます。一方、伝統的な銀行は、チャレンジャーバンクに決済機能等のインフラを提供することになります。

　そして、こうした双方の機能を結びつけるツールがAPIとなります。

ⅱ　土管化とスマートパイプ

　伝統的な銀行とチャレンジャーバンク等のFinTechベンチャーとの協働戦略には、FinTechベンチャーがユーザーに直接、金融商品・サービスを提供し

て、伝統的な銀行はデータや決済等のプラットフォームの提供者になるとか、伝統的な銀行が開発した商品をFinTechベンチャーが顧客に提供するというように、FinTechベンチャーが顧客との接点を受け持ち、伝統的な銀行は顧客から顔が見えない黒子になるというパターンが考えられます。そして、銀行がFinTechベンチャーにデータ等を提供する役割に特化することを「銀行の土管化」(dumb pipe) と呼んでいます。

　このパターンでは、伝統的な銀行は、自己が培ってきたブランド力とそれをベースにした多くのユーザーとの取引関係をギブアップすることになります。

　伝統的な銀行が持つ確固たる資本基盤、豊富なデータ、強固な決済機能等の強みと、FinTechベンチャーが持つイノベーティブなアイディア、それを機動的に金融商品・サービスの開発に結び付ける強み、といった各々の特性を融合することによりシナジー効果を生み出すといった側面だけに焦点を当てた場合には、銀行の土管化は、一概に全否定されるべきコンセプトではないように考えられます。

　しかし、この結果、伝統的な銀行はユーザーとの接点がなくなり、肝心のユーザーニーズを把握するアンテナを失い、伝統的な銀行が培ってきたブランド力を失い、延いては長年かけて築いてきた強固なユーザー基盤自体も弱体化する恐れがあります。

　それでは、伝統的な銀行がこうした欠点を持つ土管化を回避しながら、オープンバンキングとAPIを活用して、FinTechベンチャーと協働するための最適のパターンは、どのようなものになるのでしょうか？

　それは、土管化が持つ弊害を回避しながら、伝統的な銀行とFinTechベンチャーの双方が持つ強みを生かすハイブリッドモデルです。

　伝統的な銀行は、長年のユーザーとの関係で培ってきたコアとなる金融商品・サービスを持っています。こうしたコアとなる金融商品・サービスは、インハウスでの開発力で激しい競争に勝ち抜いてきたことから、その高度化、洗練化についてはAPIの活用によりFinTechベンチャーが開発するアプリ等のサポートに依存するとしても、伝統的な銀行はこれだけは譲れないとしてあくまで銀行が主役となって、直接ユーザーと向き合うべきです。

　一方、伝統的な銀行がインハウスのリソースではカバーできなかったよう

な商品・サービスの開発やその裏付けとなるテクノロジーについては、逆に伝統的な銀行が脇役に回ってFinTechベンチャーに対してデータ等を提供、FinTechベンチャーが商品・サービスの開発をして、それを自らユーザーに提供する、というパターンをとります。

この結果、伝統的な銀行とFinTechベンチャーが共にユーザーに向き合うこととなり、伝統的な銀行はこれまで逃してきた顧客の潜在ニーズを掘り起こしてそれをビジネスに結び付けることができ、また、より高品質の金融商品やサービスをスピーディにかつ低コストで顧客に提供できるマーケットを開拓、拡充することができます。

そして、このハイブリッドモデルにより、伝統的な銀行は、土管（dumb pipe）になるのではなく、対顧客では高品質の金融商品・サービスを提供する機能を果たすとともに、対FinTechベンチャーではAPIによりBaaSないしBaaPを提供するスマートパイプの機能を果たすことが期待できます。

📱)) コラム　土管化

土管化（dumb pipe）とは、もとはIT業界で使われた用語で、通信回線や端末、コンテンツ、サービス等を提供している通信事業者が、コンテンツ提供者にサービスやコンテンツ等をユーザーに提供する機能を奪われて、回線等の通信インフラを提供する機能だけを担うことを意味します。そして、回線を土管にたとえて、こうした現象を土管化と呼んでいます。

通信事業者は、従来、インターネット回線をはじめとする通信インフラに加えて、デバイス、アプリ、コンテンツ等をすべて独占保有する状態で、ユーザーに提供してきました。

しかし、たとえば米国では、1990年代から2000年代にかけてアプリやコンテンツ、サービスを開発してユーザーに提供する新種のコンペティターが出現しました。通信事業者は、こうしたコンペティターに胸襟を開いて彼らと協働する戦略をとるというよりも、自己が競争優位にあると信じて、ネットワークに多額の投資を行い、従来の契約の上に乗っかってユーザーを繋ぎ

留めることに汲々としました。

　その結果といえば、ネットワークの拡充はシリコンバレーやハリウッドのコンテンツやサービスを配信する会社を利しただけとなり、通信事業者の機能は土管化したと揶揄されました。

　これは、通信事業者が通信機能のアンバンドル化が進む中で、オープンシステムを活用してユーザーのために常にイノベーティブな商品・サービスを提供していくのか、または旧来のクローズドシステムの中でユーザーに商品・サービスを提供していくのか、いずれを採るかを迫られた結果、後者の選択をしたことによる、ということができます。

　そして、FinTechの躍進を眺めて、2000年代までの20年間に生じた通信業界における通信事業者と各種サービスを提供するコンペティターと同様の関係が、伝統的な銀行とチャレンジャーバンク等のFinTechベンチャーとの間で発生する可能性がある、として銀行機能の土管化という用語が使われるようになりました。

（6）伝統的な銀行によるチャレンジャーバンクの買収

　伝統的な銀行がどのような形でチャレンジャーバンクと協働戦略を構築するかについては、伝統的な銀行がチャレンジャーバンクに出資するとかチャレンジャーバンクを買収するといったケースもみられています。

　スペインを拠点として世界の29カ国に展開するBBVAは、戦略の軸にデジタルトランスフォーメーション（DX）を掲げています。

　この背景にはBBVAのトップマネジメントが、

①顧客の行動と期待が、よりデジタルに、よりシンプルに、よりパーソナライズされたものとなっていることに応えて最適なソリューションを提供することが重要であること、また、

②銀行界においてデジタル化が共通の優先課題となっている中にあってFinTech企業とそのエコシステムが優れたユーザーエクスペリエンス（UX）を生み出す金融サービスを提供することが可能となっていること、について逸早く認識していたという事実があります。

　こうした状況把握の下、BBVAは、早くから自行のさまざまなビジネスやシステムをAPIを活用してサードパーティのアプリの開発向けに公開してきましたが、さらに自行の技術力を強化することを指向して米国のネオバンクSimpleを買収しました。

　これにより、BBVAはSimpleが持つさまざまな機能を活用することができます。たとえばSimpleが提供するソリューションによって、BBVAの顧客は、自身の取引データをBBVAバンキングプラットフォームを使って分析できることが可能となりました。

　また、BBVAは英国で最初のモバイルオンリーのチャレンジャーバンクであるAtom Bankに出資しています。

第 9 章

チャレンジャーバンクの飽くなき挑戦

　英国で出現したチャレンジャーバンクは、その後、世界の多くの国でみられるようになりました。

　すなわち、デジタルバンキングをセールスポイントとしたチャレンジャーバンクは、いまや世界中で誕生して、特に欧米では飽和状態と言えるほどの数となっています。そうしたなかで、チャレンジャーバンク間の競争は激しさを増しており、チャレンジャーバンクの生き残りをかけた戦いが繰り広げられています。

　こうした状況にあって、チャレンジャーバンクが提供する金融サービスも、手数料の無料化、高い預金金利、当座・普通預金口座やデビットカードの利用に関わるさまざまなサービス、PFM等、大同小異という状況になってきました。

　一方、チャレンジャーバンクが多くのユーザーを誘引しているといっても、ユーザーが伝統的な銀行からチャレンジャーバンクに雪崩を打ってシフトしているわけではなく、伝統的な銀行をメイン、チャレンジャーバンクをサブとして使っていることが少なくない状況です。実際にも、チャレンジャーバンクが給与振込先となっているケースは全体としてみるとさして多くはありません。

　チャレンジャーバンクの出現は、伝統的な銀行に文字通りチャレンジするとして、ダビデとゴリアテの戦いにたとえられることがありますが、しかし、チャレンジャーバンクの創業者が目指すところは、伝統的な銀行がカバーしてこなかったような顧客層や金融サービスに焦点を当てて、ユーザーインターフェース(UI)とユーザーエクスペリエンス(UX)を高めることにあります。

　すなわち、チャレンジャーバンクの多くは伝統的な銀行に真っ向からチャ

レンジして銀行の座を奪ってプライマリーバンクになることが目標ではなく、ユーザーのセカンドバンクとしてユーザーが潜在的に持っているニーズを汲み取りながらきめ細かなサービスを提供するというように、伝統的な銀行の補完的な役割を演じることにより、伝統的な銀行との間でwin-winの関係を構築するというスタンスを取っています。

この最終章では、チャレンジャーバンクがさまざまな課題にどのようにチャレンジしようとしているか、チャレンジャーバンクの先行き展望についてみることにします。

① 信任の獲得

（1）現状

チャレンジャーバンクの顧客数も預金量も、伝統的な銀行に比べるとわずかなシェアにとどまっています。

チャレンジャーバンク発祥の国の英国においては、金融業界の競争促進のために、顧客が現在取引している銀行の口座を他の銀行に移管しやすいような政策を導入したこともあって、デジタルオンリーバンクをメインバンクとするユーザーが増加していますが、それでも当初想定したほどの規模の移管はみられていません。

チャレンジャーバンクが、ユーザーの利益を重視して経営されているにもかかわらず、どうして多くのユーザーがチャレンジャーバンクをメインバンクではなく、サブバンクとして利用する状況になっているのでしょうか？

これには、ユーザーの伝統的な銀行に対する根強い信任が働いていると考えられます。ユーザーが、大切な資金を扱うメインバンクに、創業してからさして期間も経っておらず規模も小さく資本基盤も強固ではないチャレンジャーバンクよりも、長年取引をしてきた実績があり信任を置くことができる銀行を選択するのは、ある意味で合理的な行動ということができます。また、伝統的な銀行が提供するデジタルバンキングを使用すればそれで済む、というユーザーが少なくありません。

ことほど左様に、信任は、ユーザーと銀行とを結びつける最も重要な要素

であり、この点、伝統的な銀行に相対的な優位性があることは明白です。

　結局、多くのユーザーは、伝統的な銀行を給与の振込や貯金をするとか公共料金や家賃の支払いを行うメインバンクとしてそのまま使い、チャレンジャーバンクは、サブバンクとして少額の預金にとどめて、日常的に行う小口の支払いや送金に使うといった切り分けをしている状況にあるとみられます。

　また、伝統的な銀行は一等地に店舗を構えていますが、大半のチャレンジャーバンクは実店舗を持たないことが大きな特徴となっていて、この無店舗経営がフェース・ツー・フェースでのやり取りを選好するシニア顧客を中心に難点になっているのかもしれません。現に、高年層では、デジタルオンリーバンクへのシフトはさほど生じていません。

　このようにみると、当面、多くのユーザーが伝統的な銀行に代えてチャレンジャーバンクをメインバンクにする、という蓋然性は低いということになります。

　しかしながら、チャレンジャーバンクがモバイルバンキングの魅力をさらに高める中で安定したオペレーションを確固たるものにした場合には、特にモバイルを使いこなすミレニアル層を中心に、伝統的な銀行からチャレンジャーバンクに口座移管する動きが活発化することが考えられます。

（2）対応策

　伝統的な銀行が、文字通り長い歴史の中で顧客との間に培ってきた厚い信任をバックにビジネスを展開しているのに対して、新参のチャレンジャーバンクが顧客の信任を獲得するためにはどのような対策を講じたらよいのか？

　伝統的な銀行の信任の厚さは、ブランド力と信用力、信頼度から構成されます。このうち、ブランド力は、なによりも地道に実績を重ねることが重要ですが、宣伝力により特にデジタルバンキングのユーザーへの浸透を図ることができます。その点、チャレンジャーバンクは、なるべくコストをかけずにミレニアル世代を中心にアピールすることに注力しています。その代表例が、スマホのモニター画面の作りとデビットカードの絵柄です。

　また、信用力、信頼度については、チャレンジャーバンクは、カスタマーセントリックな金融商品、カスタマーファーストのサービスを提供すること

がミッションであることを、より具体的な形で顧客にアピールすることが重要な対策となります。

それには、伝統的な銀行がカバーできないような、まさにかゆいところに手が届くようなパーソナライズされたきめ細かなサービスの提供をさらに追及して、潜在的なユーザーニーズを丹念に吸い上げることにより伝統的な銀行との差別化を図る必要があります。

また、透明性もチャレンジャーバンクがユーザーにアピールすることができる大きな強みであり、ユーザーの信頼度を高める重要な要素になります。これは、特に手数料についていえることで、チャレンジャーバンクでは、ユーザーが知らない間に高い手数料を支払っているというようなことの無いように、さまざまな工夫を凝らして透明性を高めています。たとえば、いくつかのチャレンジャーバンクでは、当座預金口座の残高がマイナスになりそうなときには、あらかじめチャレンジャーバンクがユーザーのスマホに警告を発して、当座貸越手数料を支払う事態になることを回避するとか、仮に当座貸越をいま使うといくらの手数料がかかるかを金額で表示する、といったサービスを提供しています。

さらに、チャレンジャーバンクの資本基盤が強固であることと、セキュリティ面でしっかりとガードされていることが、ユーザーの信頼度の向上に資することになります。この両者については、後述することにします。

② 収益力の強化

(1) 現状

英国のOakNorthは、創業最初の年に黒字を計上した数少ないチャレンジャーバンクです。チャレンジャーバンクは、創業直後はとにかく顧客獲得に注力するという戦略をとっていますが、OakNorthは個々の融資から利益をあげることを主な戦略としています。

また、MonzoやStarlingがテレビやバス、地下鉄等を使って大々的な宣伝を行って個人顧客の誘引に注力しているのに対して、OakNorthは対象とするユーザーが中小零細企業であり、コストがかかる宣伝は最小限に抑えてい

ます。

　このように、チャレンジャーバンクのなかには創業早々に黒字を計上するケースもありますが、大半のチャレンジャーバンクでは創業後の相当期間、赤字になることが一般的です。もっとも、こうした状況は、FinTechスタートアップでは特段、珍しいことではありません。

　大半のチャレンジャーバンクは、伝統的な銀行とは異なり実店舗を持たないことからの物的、人的なコスト削減効果が、ボトムラインに寄与しています。

　しかし、チャレンジャーバンクの手数料をとってみても、無料とか従来の銀行に比べて格安というケースが一般的であり、また、伝統的な銀行に比べて預金金利を高く、貸付金利を低く設定しているケースも少なくなく、こうした要素がチャレンジャーバンクにとって収益圧迫要因となっていることは否定できません。

　チャレンジャーバンクの創設者は、異口同音に、自らの利益極大化を目指すのではなく、ユーザーインターフェイス（UI）の拡充、ユーザーエクスペリエンス（UX）の向上を通じて、ユーザーの利便性、満足度（CS）の極大化を目指すことが使命である、と述べています。

　しかし、今後、チャレンジャーバンクが組織として存続し、成長していくためには、持続的に安定的な利益をあげて経営基盤を強固なものにすることが重要となります。

（2）対応策

　チャレンジャーバンクを巡る収益環境は厳しいものがありますが、これに対して各チャレンジャーバンクは、一段とユーザーセントリックな商品・サービスを提供することを経営の基本方針として堅持するなかで、次のような各種の収益強化策を講じています。

❶ 顧客の獲得

　いまや銀行は規模の大きさ自体が問題ではなく質が重要だ、と言われますが、そうはいってもビジネスを展開していくためには一定の規模が必要条件となります。

　スタートアップは、創業してしばらくの間は、とにかく多くのユーザーを獲得することによってまずは足元を固めることが重要であり、それを踏み台として中長期的な時間軸から創業のコンセプトをマネタイズすることを狙うことになります。すなわち、チャレンジャーバンクが持続的な成長を確実なものとするためには、中長期的に金融商品・サービスを魅力的にして、ユーザーベースをいかにマネタイズするかが大きな課題となります。

（口座数の獲得と手数料、預金金利）

　新たにチャレンジャーバンクを立ち上げて、まずもって必要となることは顧客の獲得です。

　それには、顧客にとって入り口となる口座が容易に開設できることが大きな魅力となります。このため、多くのチャレンジャーバンクでは、口座開設の手続きを極力簡素化するとともに、顧客の口座申請から開設までの時間を短縮することにしのぎを削っています。

　また、口座維持手数料を無料化することも、チャレンジャーバンクの間でごく一般にみられるサービスとなっています。

　さらに、ATM使用料や内外の送金も、条件付きながら無料とするチャレンジャーバンクも少なくありません。

　また、新たに口座開設をしたり、口座保有者が友人に口座開設の勧誘をしてその友人が実際に口座開設をした時には、ボーナスを支給するといったキャンペーンも盛んに行われています。

　そして、顧客にとって預金口座を持つことにより得られる大きな魅力は、なんといっても金利です。チャレンジャーバンクの預金金利の設定にはばらつきがありますが、伝統的な銀行に比べて高い水準の金利設定をしているケースが少なくありません。これは、伝統的な銀行に比べてブランド力が弱いチャレンジャーバンクが顧客に魅力をアピールするためには高い預金金利がきわめて有力な手段であることを示しています。特に、チャレンジャーバンクが狙うミレニアル世代は、ブランドロイヤルティよりも実利を重んじる傾向が強く、金利面でアピールすることが有効であると考えられます。

　なお、機関投資家の間でブランド力が抜群に強い投資銀行においても、新

たにリテールに進出するに際して、個人の顧客を吸引するために、伝統的な銀行に比べて高い金利を設定するケースがみられています。

　こうした顧客数を増やす各種の施策は、程度の差こそあれ、チャレンジャーバンクにとって収益圧迫要因となります。

❷ 手数料収入

i　カード利用手数料

　大半のチャレンジャーバンクは、口座を開設したユーザーに対してMastercardやVisa card等が発行したデビットカードを送付します。ユーザーがそのデビットカードを使って買い物をすると、商店はカード発行会社にinterchangeと呼ばれる取扱手数料を支払いますが、カード発行会社はその取扱手数料の一部をチャレンジャーバンクに還元します。そして、これがチャレンジャーバンクの主要な収益源の1つとなります。

　しかし、その金額は微々たるもので、それだけではとてもチャレンジャーバンクのサステイナブルな成長を支えるだけの収益をあげることができません。

ii　プレミアム口座維持料

　チャレンジャーバンクでは、既存の金融商品・サービスに加えて、さまざまな機能を付加した金融商品・サービスを新規投入して、ユーザーにそうした機能に見合う手数料を課することにより、収益獲得を狙う動きがみられています。こうした具体例として、プレミアム口座維持料があります。

　チャレンジャーバンクは、一般にユーザーから当座預金や普通預金の口座維持手数料を徴収することはありません。しかし、一部のチャレンジャーバンクでは、通常の口座とは別に、さまざまな特典が付いたプレミアム口座を提供しています。

　たとえば、早い時期にネオバンクとして創業したN26では、当初は手数料無料の各種金融サービスを提供していましたが、その後、銀行免許を取得、チャレンジャーバンクとして従来の無料を売り物とするビジネスモデルを修正しました。具体的には、手数料無料の普通口座に加えて、プレミアム口座を新たに提供して、医療保険や盗難保険、各種サービスの割引等を付加して、ユ

ーザーから月額いくらという形で口座維持手数料を徴求することにより、収益確保を指向しています（図表1）。

【図表1】N26の個人用当座預金口座の種類

	N26	N26 You （旧N26Black）	N26 Metal
口座維持 手数料	なし	月9.9ユーロ	月16.9ユーロ
口座維持 最低残高	なし	なし	なし
デビット カードの発行	無料	無料 5種類の色から選択	無料 18グラムのメタルカード
為替手数料	無料	無料	無料
ATMでの 入出金	ユーロでの引き出し5回まで無料 ユーロ以外は1.7％の手数料	ユーロでの引き出し5回まで無料 ユーロ以外は無料	ユーロでの引き出し月5回まで無料 ユーロ以外は無料
サブ アカウント	2個まで	10個まで	10個まで
その他の 主要特典	なし	・旅行中の医療保険 ・スキー等のウインタースポーツ付保 ・車、バイク、スクーターのシェア補償	・旅行中の医療保険 ・スキー等のウインタースポーツ付保 ・車、バイク、スクーターのシェア補償 ・飛行機遅延、飛行機で預けた荷物の受取り遅延の場合の費用補填 ・レンタカー運転中の付保 ・スマホの盗難、毀損補償

（出所）N26の資料を基に筆者作成

　また、N26はフリーランサーや個人事業主等を対象とするビジネス用口座をN26 Businessと称して提供しています。なお、N26では同一のユーザーが個人口座に加えて法人口座を持つことはできません。

　N26 Businessには2種類があります（図表2）。

【図表2】N26のビジネス用当座預金口座の種類

	N26 You （旧N26Black）	N26 Metal
口座維持 手数料	無料	月9.9ユーロ
口座維持 最低残高	なし	なし
デビット カードの発行	無料	無料 5種類の色から選択
為替手数料	無料	無料
ATMでの 入出金	ユーロでの引き出し月5回まで無料 ユーロ以外は1.7%の手数料	ユーロでの引き出し月5回まで無料 ユーロ以外は無料
サブ アカウント	2個まで	10個まで
その他の 主要特典	・納税申告が必要な取引をダウンロード可能 ・デビットカード使用のすべての購入に0.1%のキャッシュバック	・納税申告が必要な取引をダウンロード可能 ・デビットカード使用のすべての購入に0.1%のキャッシュバック ・旅行中の医療保険 ・飛行機遅延、飛行機で預けた荷物の受取り遅延の場合の費用補填 ・スキー等のウインタースポーツ付保 ・車、バイク、スクーターのシェア補償

（出所）N26の資料を基に筆者作成

　このうち、N26Business You口座は、世界を飛び回ってビジネスを行うデジタルノマド（nomad、遊牧民）のニーズを汲み取って、旅行中の病気、スマホの盗難、飛行機の遅延、車等のシェアに対応する保険や補償を特典として付けたタイプです。

　また、Revolutもプレミアム口座を有料で提供しています。この口座を持つと、海外保険が無料で掛けられるとか、飛行機が1時間以上遅延した場合にはラウンジの使用ができるといった特典を受けることができます。さらにスーパープレミアムのメタルカードでは、カードを使用するとキャッシュバックがあるとか、コンシェルジュによるサービスの提供等の特典があります。
　また、メタルカードの光沢、デザインとも、ステータスシンボル的な意味を込めて目を引くものとなっています。

❸ 融資基盤の拡充

　チャレンジャーバンクが最初に手掛けるビジネスは、預金口座の開設とデビットカードの発行ですが、これだけで持続的な収益をあげることは困難です。
　現状、融資による金利収入は、世界的な超低金利政策で預貸スプレッドが大きく縮小していますが、しかし、金融業にとって基本的に融資による金利収入が大きな柱であることに変わりはありません。
　こうした状況下、チャレンジャーバンクには、中小零細企業向け貸出や、消費者ローン、住宅ローン等により、地道に収益基盤の強化を目指すケースがみられます。たとえば、OakNorthでは、中小零細企業向け融資と不動産融資という相対的に利鞘が大きなビジネスに特化して、着実な収益力の向上を図っています。

i　中小零細企業向け融資

　英国のTideは、伝統的な銀行から見過ごされて十分な金融サービスを受けることができない中小零細企業やアントレプレナー、フリーランサー等を対象に融資を行うことを主要なビジネスとするデジタルバンクです。

　また、英国のCashplusは、信用格付けが良くない個人営業主や中小零細企業を主なターゲットとするモバイルオンリーバンクです。

　一方、ロンドン証券取引所に上場のチャレンジャーバンクであるAldermoreの得意とする分野は、中小零細企業向け金融サービスの提供です。そうした金融サービスには、法人預金、アセットファイナンス、インボイスファイナンス、不動産担保融資、投資不動産融資があります。

ii　無担保消費者ローン

　WeBankは、QQアプリやWeChatアプリ、WeBankアプリで無担保の個人向けマイクロローン商品「微粒貸」(Weilidai、ウェイリーダイ)を提供しています。微粒貸はアプリをワンクリックすれば簡単に融資の申し込みができるとあって、いまやWeBankの主力商品となっています。

　微粒貸のユーザーの7割強は伝統的銀行からの借入が難しかったブルーカラー層です。

　融資額は小口で、期限前返済もスマホのアプリから申請することが可能でペナルティはありません。WeBankが微粒貸から得ることができるマージンは大きくはありませんが、低コストのオープンソフトの活用等から、ITコストは伝統的な銀行の10分の1に抑えられています。

　また、微粒貸は、このほかに自動車ローンやリフォームローン等さまざまなローン商品をユーザーに提供しています。

iii　住宅ローン

　住宅ローンは、リテールバンキングのなかで着実に収益を狙うことができる商品として、特に注力するケースがみられています。

　Atomが提供する住宅ローンは、Atomと多数の不動産ブローカーとが提携して、ユーザーに住宅を販売した不動産ブローカーがAtomを紹介するという仕組みをとっています。

　ユーザーは、アプリで住宅ローンの申請から契約までを完結させ、さらにその後の返済状況をアプリでみることができます。

　借入金利は、固定金利で、期間が2年と5年の2種類、LTVの水準は5種類

に分けて設定されています。

❹ 資金調達手段の多様化

現在、多くのチャレンジャーバンクは、当座預金を軸としてビジネスを展開していますが、収益力の強化を目指して融資の伸長を図るためには、その原資を安定的に確保することが重要であり、このため、さまざまなスペックを持つ定期預金の開発やCD、債券の発行等、資金調達手段の多様化を図っています。

たとえば、Atomでは、当座預金のほかに3，6か月、1，2，3，5年の期間の定期預金を提供しています。定期預金の最低預入額は、極力多くのユーザーを誘引するために50ポンドと低い水準に設定されています。

また、Fidorでは、Savings Bondを扱っています。このSavings Bondは、固定金利で、期間は3，6，9，12，18，24，36か月のなかからユーザーが選択することができます。最低預入金額は100ユーロです。

さらに、Allyは、1〜5年物のCDを提供しています。CDの種類は、固定金利CDと変動金利CD、流動性CDで、最低預入額はありません。

③　資本基盤の強化

チャレンジャーバンクが持続的、安定的な経営を行うことを可能とするためには、しっかりとした資本基盤を構築することが極めて重要となります。

しかし、チャレンジャーバンクは、伝統的な銀行ほど強固な資本基盤を持っているわけではありません。

そこで、多くのチャレンジャーバンクは、ベンチャーキャピタル等からの出資を仰いでいますが、新型コロナの資本市場へのインパクトにより調達環境の悪化が懸念されるところです。現に、米国のネオバンクのMovenは2020年4月まで個人ユーザーの口座を開設していましたが、新型コロナの影響による資本調達不如意からリテールビジネスを続行することが困難になったとして、個人口座を米国のモバイルオンリーバンクのVaro Moneyに譲り渡しました。これにより、Movenは、自己のアプリを提携金融機関等にホワイト

レーベルで提供するBaaSに特化したビジネスモデルに転換しています。

このような厳しい資本市場の状況にあって、チャレンジャーバンクは、ベンチャーキャピタル等の出資者にとって魅力の投資対象となるよう、一段とユーザーセントリックな金融商品・サービスを開発、提供することが重要となります。

【図表3】主要なチャレンジャーバンクの資本調達状況

チャレンジャーバンク名	2019年中調達額	創業後2019年までの 累計調達額
NuBank	4億ドル	11億ドル
Chime	7億ドル	8億ドル
N26	4億ドル	6億ドル
OakNorth	4億ドル	10億ドル
Monzo	1億ドル	4億ドル
Revolut	n.a.（注）	3億ドル
Starling Bank	2億ドル	2億ドル
Tandem	0	0.7億ドル

（注）Revolutは2020年2月にシリーズDで5億ドルを資本調達。
（出所）FinTech Futures "Top 10challenger banks by valuation and funding" 2019.12.27を基に筆者作成

また、チャレンジャーバンクでは、ベンチャーキャピタル等からの出資を仰ぐほかに、株式投資型クラウドファンディングを活用するケースがみられます。クラウドファンディングは、資本増強のほかに、多くの株主を獲得することにより、チャレンジャーバンクのファンを増やし、さらには経営方針や具体的なユーザーニーズについて株主から直接意見を吸い上げることができるといった効用が期待できます。

Monzoは、これまで数回の株式投資型クラウドファンディングを実施して

きました。特に、2018年に実施したクラウドファンディングでは、出資の募集開始後わずか1分で3百万ポンド、3時間で17百万ポンドの応募があり、2千万ポンドの目標額をわずか3日間足らずで達成しました。このクラウドファンディングには33千人の投資家が参加しています[1]。

Revolutも、ベンチャーキャピタル等からの出資と同一のタイミングで、株式投資型クラウドファンディングを実施して、資本基盤の強化を図っています。2018年の資本調達では、シリーズC（コラム参照）の資本調達とクラウドファンディングをペアーで実施して、英国のユニコーンとなりました。

また、N26はシリーズDで3億ドルという巨額の資本調達を実施しました。これには、テンセントや、PayPalの創業者ピーター・ティールが率いるベンチャーキャピタルファンドValar Venturesが参加しています。

📱)) コラム　スタートアップの資本調達

スタートアップの資本調達は、スタートアップの成長ステージがどの辺りにあるかにより投資家層や調達規模も異なってくるために、いくつかのカテゴリー（ファンディング・ラウンド）に分類されています。

① シリーズ・プレシード

アイディア段階、またはニーズに応じた試作品の作成段階。

投資家は、創業者自身や親族、友人が中心で、それにエンジェル投資家やインキュベーターが加わることもある。

調達規模は、小規模のことが多い。

② シリーズ・シード

アイディアの段階を過ぎて、商品・サービスの開発やマーケットリサーチを行う段階。

商品・サービスの販売によりキャッシュフローが生まれるまでの資金調達が目的。

投資家は、エンジェル投資家が中心で、それにインキュベーターやベンチャーキャピタルが加わることもある。

調達規模は、0.5～2百万ドルのレンジが多い。

③ シリーズＡ

　スタートアップがビジネスモデルを構築したうえで、開発した商品・サービスを本格的にマーケットに提供する段階。

　投資家は、ベンチャーキャピタルが中心。シリーズＡ、Ｂ、Ｃにおいては、まずもってファンディング・ラウンドをリードするしっかりした投資家を獲得することが鍵となる。

　調達規模は、2～15百万ドルのレンジが多い。

　シードまでの段階は順調に来ても、このシリーズＡがうまくいかずに挫折するスタートアップが多く、これを「シリーズＡクランチ」（シリーズＡにおける粉砕）と呼んでいる。

④ シリーズＢ

　スタートアップがマーケットに提供する商品・サービスがユーザーニーズにフィットして、さらにユーザーを増やすと共にスタッフやシステム等を増強して、成長を指向する段階。

　投資家は、ベンチャーキャピタルやプライベートエクイティ・インベスターで、シリーズＡに参加したベンチャーキャピタルが再度登場するケースが多い。

　調達規模は、7～30百万ドルのレンジが多い。

⑤ シリーズＣ

　スタートアップが成長を一段と加速して、新商品・サービスを追加投入することにより、マーケットシェアを拡大するとか、新たなマーケットに進出する段階。

　この段階では、海外進出を目指すスタートアップが少なくない。また、シリーズＣを終えたスタートアップが、ユニコーンになるケースもある。

　成功が実証されているレートステージのスタートアップであることから、投資家は、ベンチャーキャピタルや、プライベートエクイティ・インベスター、銀行、ヘッジファンド等、多彩となる。

　調達規模は、27～30百万ドルのレンジが多い。

　スタートアップの資本調達はシリーズＤ、Ｅとさらに進むこともありま

すが、大部分はシリーズCがファンディング・ラウンドの最終段階で、あとはIPOかM&Aの途を進むケースが多くなっています。

・・

また、伝統的な銀行からの出資により、資本基盤を強化するケースもみられます。たとえば、ネオバンクのMovenは、カナダの大手銀行であるTD（トロント・ドミニオン）銀行から戦略的投資を受けています。

これにより、Movenは、プラットフォームの能力を強化して、国際的な展開を推進する一方、TD銀行は、Movenのテクノロジーにより、TD銀行のモバイルバンキングのアプリの機能向上を図っています。

④ APIの活用によるサードパーティとの提携

（1）オープンAPIとBaaS、BaaP

チャレンジャーバンクのなかには、オープンAPIを活用して銀行のトランザクション処理等の基本機能をサービス単位にリバンドルしたうえでFinTechベンチャー等のサードパーティに提供するBaaS（Banking as a Service）をビジネスモデルとするケースがみられます。

このようなBaaSは、プラットフォームというインフラの提供によりサードパーティが銀行の基本機能を活用することを本質としており、BaaP（Banking as a Platform）ということができます。

FinTechベンチャーが銀行の基本機能を自前で持つには、銀行免許の取得、充実した資本基盤に加えて、安全性や正確性、効率性を兼ね備えたバックエンドサービスを担う強固なシステム構築とその運用に多大なコストと時間を要します。

そこで、銀行免許を持つチャレンジャーバンクが、FinTechベンチャーに対して銀行機能を提供して、FinTechベンチャーが多種多様なユーザーニーズにマッチしたアプリ等を機動的に開発、稼働できるよう、プラットフォームを提供します。そして、こうしたチャレンジャーバンクのプラットフォームに各種のエキスパータイズを持つFinTechベンチャー等が参加して、金融

エコシステムが構築されることになります。

　BaaSにより、バックエンドでは、銀行が堅確性や正確性の高い勘定系等のトランザクション処理を担うレイヤーとなる一方、フロントエンドでは、FinTechベンチャー等がバックエンドに手間をかけずに、機動的にユーザーニーズに対応するサービスの開発、提供を担うレイヤーとなる、といった金融サービスのアンバンドリングが促進されることとなります。

　このように、バックエンド機能を持つ銀行とフロントサービス機能を持つFinTechベンチャーが役割分担をする形で協働することにより、ユーザーは、より質の高いテイラーメードのサービスを機動的、効率的に享受することができる、といった価値の共創の実現が可能となります。

（2）具体例

　BaaSを手掛けるチャレンジャーバンクのビジネスモデルは、Starlingのようにフロントエンドの機能を担うと共に、BaaSをFinTechスタートアップに提供することによりバックエンドの機能を担うというハイブリッドパターンが一般的ですが、なかにはドイツのsolarisBankのようにフロントエンドを完全にFinTechスタートアップに委ねて、自分はBaaSに特化するパターンを採るケースもあります。

❶ 英国のチャレンジャーバンク

　Starling Bankは、BaaSのパイオニアです。

　Starlingは、FinTechスタートアップと提携してマーケットプレイスを開設しています。そして、APIを通じてプラットフォームを多くの参加者の利用に供することにより、Starlingをキーストーンとするエコシステムを構築しています。

（Starling マーケットプレイス）

　Starling Bankは、2017年にアプリディベロパーを対象とするポータルサイトを開設、また、提携先のFinTechスタートアップを集めてマーケットプレイスを開設しています。

　Starlingマーケットプレイスでは、英国が推進するオープンバンキングを、Starlingの口座とサードパーティのサービスを紐付けるという形で具現化しています。そして、Starlingのバンキングサービス部門が、BaaSの機能を発揮して、StarlingのB2Bバンキングと決済インフラをサードパーティに提供しています。

　これにより、Starlingの口座を持つユーザーは、Starlingのアプリを使って、たとえば次に列記するサードパーティが提供するさまざまな金融商品・サービスにアクセスすることができます。

- 領収書をデジタル化してアプリからアクセスできるようにする
- 住宅ローンの業者とのリンク
- 旅行保険の付保
- デビットカードを使った時に1ポンドの端数を株式や個人貯蓄口座（Individual Savings Account,ISA）に振り向ける
- オンラインの口座を全部紐付ける
- 電気ガス代や電話代等の請求書を管理する
- 年金支給を管理する
- Starling Bank口座を使って商品を購入した時のキャッシュバックを管理する
- オンラインによりISA投資会社に紐付ける
- オンラインにより投資マネジャーに紐付ける

　このように、Starlingは、当座預金に関連するサービスに専念して、その他の諸々の商品・サービスはStarlingのプラットフォームを活用してAPIとB2Bにより、サードパーティにアウトソースするという戦略をとっています。

　そして、マーケットプレイスで、サードパーティが払うプラットフォーム使用料がStarlingの収益源の1つになっています。

（中小商店向けモバイル決済を提供するFinTechスタートアップSumUpとの提携）

　Starlingは、英国の24時間365日即時決済（24/7即時決済）システムであるFPS（Faster Payments Service）を、APIを通じて活用することを可能とした最

初のチャレンジャーバンクです。

　これにより、決済サービス業者や小売店、一般企業は、Starlingのバンキングプラットフォームから必要な機能を適宜ピックアップして、ビジネスに関わる資金移動をリアルタイムで行うことができます。

　Starlingは、欧州で150万の中小商店向けにモバイル決済を提供する代表的なFinTechスタートアップであるSumUpと提携して、APIを通じてStarlingの決済サービスのプラットフォームを提供しています。

　SumUpは、中小企業が経営する喫茶店や理髪店等の店舗で簡単に利用ができるカードリーダーを供与していて、これにより中小店舗であっても顧客がカードで決済できるサービスを提供することができます。

　Starlingのバンキングサービスを使うことにより、ユーザーが店舗でカードを使って支払った場合には、店舗は翌営業日に代金を手に入れることができます。

❷ ドイツのチャレンジャーバンク

i　solarisBank

　ドイツ・ベルリンに拠点を置くsolarisBankは、BaaSのプラットフォームを運営しています。

　具体的には、FinTechベンチャーやeコマース等のスタートアップに対してAPIを活用して銀行口座や運転資金ファイナンス、オンラインローン、信託、コンプライアンス等の銀行の基本機能を提供しています。なお、solarisBankは、自行のクラウドが保有するソフトウエアをインターネットを通じてサードパーティに提供するサービスをデジタルBaasP(digital Banking-as-a-service Platform)と呼んでいます。

　solarisBankのBaaSプラットフォームを活用しているドイツのスタートアップに、2016年に設立した "A modern bank for SMEs" を標榜するPENTAがあります。PENTAは、銀行免許を持たないネオバンクとして中小零細企業に対して銀行サービスを提供しています。

　solarisBankのBaaSプラットフォームを活用しているスタートアップには、このPENTAをはじめ、図表4のようなケースがあります。

solarisBankでは、単にプラットフォームを提供するだけではなく、サードパーティに対するアドバイスやソリューションを提供することにより、サードパーティと協働して新たな価値を共創してユーザーに提供することを指向しています。

また、solarisBankは、パートナーの企業からの預金を原資として、FinTechスタートアップ等に対して融資ビジネスを展開しており、これから得られる利益とBaaSにより連携したパートナー企業からの手数料が収入源となっています。

ii　Fidor Bank

Fidor Bankでは、自行の基幹システムをベースにfidorOS（フィドール・オペレーティングシステム）と称するオープンAPIプラットフォームを構築して、多くのFinTechベンチャーにBaaSのサービスを提供しています。

FinTechベンチャーはfidorOSを活用することにより決済ソリューション、データ分析、予測モデル等のサービスを享受することができます。

【図表4】solarisBankのBaaSプラットフォームを活用しているケース

スタートアップ	拠点	ビジネスの内容
PENTA	ドイツ	中小零細企業に対して銀行サービスを提供
bankqUP	ベルギー	中小零細企業に対して銀行サービスを提供
Kontist	ドイツ	フリーランサーや個人営業主に対して銀行サービスを提供
hufsy	デンマーク	アントレプレナーに対して銀行サービスを提供
RailsBank	イギリス	企業に対してデビットカードやコンプライアンス関連のサービスを提供
Insha	ドイツ	フリーランサーや個人営業主に対して銀行サービスを提供

（出所）筆者作成

⑤ 国際化戦略

　チャレンジャーバンクの出現が続く中で、チャレンジャーバンク間の競争も激しくなっています。こうした状況下、主要なチャレンジャーバンクでは、国境を越えて地理的な拡大戦略を展開することにより、新たなユーザーの獲得に注力してさらなる成長を追及しようとする動きがみられています。

（1）N26

　ドイツを本拠地とするN26は、EU域内共通の単一パスポート制度（EUパスポート：EU Passporting Rights、単一銀行免許制度）を利用してEU諸国に幅広くユーザーを持つほか、2019年に米国に進出しました。そして、N26の米国子会社がFDICのメンバーである米Axos銀行と提携して、米国における営業開始後半年足らずで25万人のユーザーの獲得に成功しています。

　また、N26は、近くブラジルへの進出を予定しています。

　なお、N26は、英国のEU離脱に伴い2020年2月に英国市場から撤退することを公表しました。

📱🔊 コラム　単一パスポート制度

　1996年に導入されたEUの単一パスポート制度は、EEA（欧州経済領域）に属するいずれか1カ国の規制当局から営業免許を取得すれば、EU諸国があたかも単一の国であるかのようにクロスボーダーで金融サービスを提供することができる制度です。なお、EEAは、EUとEFTA（欧州自由貿易連合）のうちスイスを除いた3国（アイスランド、リヒテンシュタイン、ノルウェー）から構成されています。

　単一パスポート制度では、銀行だけでなく保険会社、投資運用会社も同様に1カ国の規制当局から免許を取得すればEEA域内で業務が可能となります。また、EEA域外の金融機関でも域内に拠点を持ち、営業免許を取得すれば単一パスポート制度の適用を受けることができます。

　Brexitを決定した英国の当局からパスポートを取得していた金融機関は、英国がEUを離脱する移行期間が終了した後は、単一パスポート制度が適用されないこととなり、したがってEEA域内で継続してビジネスを行うためには、英国以外のEEAのいずれかの国の当局から改めてパスポートを取得する必要があります。

（2）Revolut

　英国を本拠地とするRevolutは、2019年にシンガポールと豪州、米国に進出しており、先行きは、カナダ、ニュージーランド、香港、日本への進出を予定しています。

　なお、日本では、2018年にREVOLUT TECHNOLOGIES JAPAN株式会社の名前で、資金移動業者として金融庁に登録しており、また、楽天や損保ジャパン日本興亜、凸版印刷と業務提携しています。

　Revolutは、さらにアジア展開戦略の第2波としてインドネシア、マレーシア、インドへの進出を企図しています。

（3）Moven

　米国のネオバンクMovenは、カナダのTD BankやニュージーランドのWestPac等、さまざまな国の銀行と提携して、Movenが開発したモバイルアプリをホワイトレーベルで提供しています。

　Movenと提携している銀行は、オープンAPIによりMovenが提供するSDK（ソフトウエア開発キット）を使って、さまざまなオプションから適宜選択してMovenのアプリをリブランディングしたうえで自行のアプリとしてユーザーに提供しています。

　Movenと提携している銀行等は、このほかにインドネシアのBCA、ロシア最大のオンライン決済サービス提供会社のYandex.Money、日本のSBIグループ、Varo Moneyがあります。また、MovenはSBIとの間でJVのSBI Moven Asiaを創設して、アジア諸国への展開を目指しています。

（4）Nubank

　Nubankは、本拠国のブラジルのユーザーを対象としていますが、2019年にメキシコに子会社Nuを設立して本格的にビジネスを展開する準備を進めています。

　Nubankの創業者兼CEOのDavid Vélezは、メキシコでは36百万人が銀行口座を持っていないというように、ブラジルと同様、既存の銀行から相手にされない人々が多く、メキシコへの進出によりこのように基本的な金融サービスを受けられない層をユーザーとして吸引するほかに、メキシコにはITのエキスパータイズを持つ優秀な人材が豊富に存在していることから、こうした人的資源をNubankのスタッフに採用して有効に活用したいとしています[2]。

　また、Nubankは2020年中にアルゼンチンへの進出を予定しており、さらに先行きはラテンアメリカのみならず、銀行との取引ができない人口が多い開発途上国への進出を企図する等、グローバルな展開を目指しています。

序章

1 Anne Boden"The Money Revolution: Easy Ways to Manage Your Finances in a Digital World 1st Edition"Kogan Page2019.6.28

第 2 章

1 James Cherowbrier"Share of people using internet banking in Great Britain 2007-2019"2019.11.5

2 Charlie Barton"How many people are switching to digital-only banks?"finder2020.2.14

3 Jasper Jolly"Mobile banking to overtake high street branch visits in two years"The Guardian2019.6.30

4 Kyle Pearce"2020 Factsheet On Smartphone Addiction Facts And Statistics" DIY Genius2020.2.25

5 Business Success Blog "Digital Marketing"2018.10.14

6 Juliana Rocha"The Millennial's disruption index"2015.8.21

7 KPMG LLP"Meet the Millennials" 2017.6

第 3 章

1 Citi"Mobile Banking One of Top Three Most Used Apps by Americans,"2018.4.26

2 House of Commons Treasury Committee"Competition and choice in retail banking Ninth Report of Session 2010–11"2011.3.24

3 George Osborne"2013 Speech on Banking Reform"UKPOP2015.11.28

4 George Osborne"Chancellor on developing FinTech" Innovate Finance,GOV.UK2014.8.6

5 U.S.Treasury" A Financial System That Creates Economic Opportunities Nonbank Financials, Fintech,and Innovation"2018.7

6 Sarah Grotta"Is This the End for the OCC Fintech Charter?"Payments Journal2019.10.23

7　Alan S. Kaplinsky "Court dismisses lawsuit filed by state regulators to block OCC fintech charter"2019.9.5

8　Mandy Mengyu Li"2020 – End or Revival of the OCC Fintech Charter?" JOLT Digest2020.4.8

9　Rachel Boylson"FDIC Approval Moves Varo to Final Stage of Bank Charter Journey" VARO Press2020.2.10

10　吉永高士「米国で再燃する「銀・商」分離見直し論 と「ILC」問題」野村総合研究所 Financial Information Technology Focus 2017.12

11　龍野裕香「ウォルマート銀行実現に大きな壁―ILC 法案」MUFG ワシントン駐在員事務所 2007.5.18

12　FDIC "Statement by FDIC Chairman Jelena McWilliams on Square Financial Services"2020.3.18

13　Mobile Payments "Square, Nelnet receive FDIC approval for bank charters"2020.3.19

14　Bill Gates"2015 Gates Annual Letter : Our Big Bet for the Future" the Bill & Melinda Gates Foundation2015.1.21

15　Bill Gates" The next outbreak? We're not ready"TED2015

16　World Bank" The Global Findex database 2017"2018

17　The People's Bank of China (PBOC) and the World Bank" Toward Universal Financial Inclusion in China, "a joint report 2018

18　Avi Mizrahi"China's First Online-Only Bank Launched by Popular Messaging App Developer" Finance Magnates2015.5.1

19　Dzof Azmi "Malaysia Fintech Week 2019: WeBank explains the ABCDs of banking the unbankable" Digital News Asia 2019.6.26

20　Jonathan Shieber"Aspiration can now tell you the 'social impact' of your monthly spending" techcrunch2017.4.26

21　Madhvi Mavadiya"Bunq To Plant A Tree For Every €100 Spent With Metal Green Card"Forbes2020

22　bunq"Socially Responsible Investing"2019.6.27

第4章

1　田村直樹「オープンAPIのあり方に関する全銀協の検討状況」全国銀行協会第3回金融審議会・金融制度WG資料2016.10.28p3

2　Open Banking Working Group"The Open Banking Standard"2016.2.8

第5章

1　荻谷亜紀「サービスを差別化の中心に据える英メトロ・バンク」野村資本市場クォータリー 2016 Summer

2　家長令、ブラウン咲織「英国の新規参入銀行メトロバンクの戦略」信金インターナショナル信金中金金融調査情報2018.11.20

3　Anthony Thompson"Metro Bank founder Anthony Thompson lectures on the banking sector with NCS economists" Newham Collegiate Sixth Form Centre

4　Business Insider."A banking app for migrants has 56,000 people on its waiting list"2015.10.16

5　Harry de Quetteville "Meet the boss of OakNorth, the secretive £2.2bn company powering British fintech"Telegraph 2019.11.24

6　Robert Sternberg "Beyond IQ: A Triarchic Theory of Intelligence"Cambridge University Press1985

7　John Detrixhe"Revolut is riding the record-setting boom in fintech investing"Quartz 2019.2.8

8　N26"N26 announces exit from UK banking market"2020.2.11

9　伊澤範彦「ベルリン発のデジタル銀行N26、300億円調達で米国進出へ」Forbes Japan2019.1.12

10　Dan Latimore, Stephen Greer"FIDOR: CELENT MODEL BANK OF THE YEAR 2015"Celent2015.3

11　Bryan Yurcan "Banking as a Service for Fintechs Seeking Scale" American Banker 2016.3.21

12　Rachel Boylson"FDIC Approval Moves Varo to Final Stage of Bank Charter Journey" VARO Press2020.2.10

13 Brett King"Bank 4.0: Banking everywhere, never at a bank" Marshall Cavendish International (Asia) Pte Ltd2018.8.15

14 Lalita Clozel"story behind Square's bank charter application"American Banker2017.9.19

15 岡野寿彦「テンセントの金融事業　微衆銀行」NTTデータ経営研究所 2019

16 WeBank Co Ltd"China's First Digital Bank, WeBank, introduced the '3O' Paradigm of Open Banking at Money 20/20 Asia" PRNewswire、KYODO JBN2019.3.21

17 Chris Kapfer"WeBank applies blockchain technology to its micro loan business" The Asian Banker 2018.12.12

18 李立栄「急成長する中国のコンシューマー向け インターネットファイナンス」野村資本市場クォータリー 2015 Summer

19 China Banking News"Ant Financial's MYbank Commits to Being "Idiotic" about Financial Inclusion Following Low Profits in 2018"2019.6

20 Jose Qian"Ventures like MYbank and WeBank are betting that AI and cloud technology will further reduce the costs and inefficiencies of borrowing faced by SMEs" Global Finance magazine2019.1.3

21 高口康太「審査に1秒！中国「超高速融資」の恐るべき実力」WEDGE Infinity2017.9.22

22 Jose Qian"Ventures like MYbank and WeBank are betting that AI and cloud technology will further reduce the costs and inefficiencies of borrowing faced by SMEs" Global Finance magazine2019.1.3

23 前出18

24 Ant Financial "Ant Financial's MYbank to open up tech suite to other banks"2018.6.21、He Wei "MYbank offers small traders a foot on financial ladder" China Daily2018.6.22

25 Hwan Kang"Korea's New Craving for Kakao Bank" the Korea Economic Institute

26 Hwan Kang"Korea's New Craving for Kakao Bank"

27　Julianne Pepitone"One of Latin America's most valuable startups is changing the way" CNN Business2019.12.6

第6章

1　Chris Kapfer"WeBank applies blockchain technology to its micro loan business" The Asian Banker 2018.12.12

2　Chris Stevens-Smith、Kerry Lee、Sara Leno 、Claire Evans"Not So Hot: Challenger Bank Fails in Attempts to Register "Hot Coral" Colour Mark" the National Law Review2019.11.10

3　Tanya Andreasyan"Monese ventures into business banking"FinTech Futures2018.10.19

4　Simple"Simple continues product expansion with new CD offer"2020.4. 6

5　Dan Latimore, Stephen Greer"FIDOR: CELENT MODEL BANK OF THE YEAR 2015"Celent2015.3

6　Derek du Preez "Mobile-only Atom Bank enables straight through processing with MuleSoft"2017.5.17

第7章

1　Guy Yalif"How Chime Bank Is Using AI to Drive Growth and Open More Accounts"The Financial Brand Newsletter2018.7.2、"How to Use A/B Testing and Personalization Best Together"2017.11.16、Last updated2020.2.24Intellimize

2　FCA"Proposed guidance for firms outsourcing to the'cloud'and other third-party IT services"2015.12

3　Filip Blazheski"Cloud banking or banking in the clouds? " BBVA Research U.S.2016.4.29

4　Ian Robotham "Banks, clouds and castles; the growth of cloud computing in banking" IBM United Kingdom Blog2019.8

5　Chris Kapfer"WeBank applies blockchain technology to its micro loan business" The Asian Banker 2018.12.12

6 Chai Hua "WeBank to build blockchain-based business ecosystem" China Daily2018.9.11

7 Dzof Azmi "Malaysia Fintech Week 2019: WeBank explains the ABCDs of banking the unbankable" Digital News Asia 2019.6.26

8 WeBank "HKUST and WeBank Launch First HK-Guangdong Joint Laboratory in Banking"PRNewswire=KYODO JBN 2019.5.20

第8章

1 Nathan DiCamillo"What a homegrown app for millennials has taught Wells Fargo" American Banker2018.5.22

2 Ron Shevlin"Why Did Chase Shut Down Finn? "Forbus2019.6.6、山口 博司「若者の心を掴めるか、米大手銀行が提供するミレニアル向けバンキングアプリ」NEC2018.8.28

3 RBS"NatWest launches innovative digital proposition for SMEs"2018.11.6

4 Andy Davis "Digital Banking: Taking up the challenge" The London Institute of Banking & Finance 2019.2.8

5 Gilly Wright "World's Best Digital Banks 2019" "Q&A With Standard Chartered's Global Head Of Digital Banking For Retail Aalishaan Zaidi"Global Finance Magazine2020.3.14

6 デジタルトランスフォーメーションに向けた研究会「DXデジタルトランスフォーメーションレポート～ITシステム「2025年の崖」の克服とDXの本格的な展開～」経済産業省2019.9.7p26

第9章

1 Kathryn Bishop"Are you even amillennial if you haven't invested in MONZO today?"2018.12.5

2 Angelica Mari "Brazil's Nubank Kicks Off International Expansion" Forbes2019.5.28

· Accenture "2016 North America Consumer Digital Banking Survey Banking on Value"2016

· Accenture"The future of FinTech and banking"2015

· Agustin Rubini"Fintech in a Flash: Financial Technology Made Easy" De|G PRESS 2018.12.17

· Andy Davis "Digital Banking: Taking up the challenge" The London Institute of Banking & Finance 2019.2.8

· Alan S. Kaplinsky "Court dismisses lawsuit filed by state regulators to block OCC fintech charter"2019.9.5

· Alasdair Gilchrist"PSD2 "Empowering or Emasculating FinTech?": Open Banking for DevOps"Independently published 2017.11.1

· Angelica Mari "Brazil's Nubank Kicks Off International Expansion" Forbes2019.5.28

· Anne Boden"Swipe for Success: Apps and Advice to Make Your Business Fly" Kogan Page Ltd2020.6.30

· Anne Boden"The Money Revolution:Easy Ways to Manage Your Finances in a Digital World 1st Edition"Kogan Page Ltd. 2019.6.28

· Ant Financial "Ant Financial's MYbank to open up tech suite to other banks"2018.6.21

· Benoît Cœuré"From challenges to opportunities: rebooting the European financial sector"ECB 2016.3.2

· Bill Gates"2015 Gates Annual Letter : Our Big Bet for the Future" the Bill & Melinda Gates Foundation2015.1.21

· Boston Consulting Group "Digital Disruption Will Force Retail Banks to Radically Simplify" Press Release 2016.5.10

· Brett King"Bank 2.0: How Customer Behavior and Technology Will Change the Future of Financial Services" Benchmark Books 2011.4.1

· Brett King"Branch Today, Gone Tomorrow"Marshall Cavendish Business 2012.1.13

・Brett King"Bank 3.0: Why Banking Is No Longer Somewhere You Go, But Something Y Ou Do" Marshall Cavendish International2012.10.18

・Brett King"Breaking Banks: The Innovators, Rogues, and Strategists Rebooting Banking"Wiley 2014.5.5

・Brett King, Alex Lightman,J. P. Rangaswami,Andy Lark"Augmented: Life in the Smart Lane"Marshall Cavendish Intl 2016.6.7、「拡張の世紀」上野博訳 東洋経済新報社 2018.3.30

・Brett King"Bank 4.0: Banking everywhere, never at a bank"Marshall Cavendish International 2018.8.15 、「BANK4.0 未来の銀行」藤原遠、上野博、岡田和也訳　東洋経済新報社2019.4.12

・bunq"Socially Responsible Investing"2019.6.27

・Carol Realini ,Karl Mehta "Financial Inclusion at the Bottom of the Pyramid" FriesenPress2015.7.14

・Chai Hua "WeBank to build blockchain-based business ecosystem" China Daily2018.9.11

・China Banking News"Ant Financial's MYbank Commits to Being "Idiotic" about Financial Inclusion Following Low Profits in 2018"2019.6

・Chris Kapfer"WeBank applies blockchain technology to its micro loan business" The Asian Banker 2018.12.12

・Chris Skinner"Digital Bank: Strategies to Launch or Become a Digital Bank"Marshall Cavendish Intl 2014.9.7

・Chris Stevens-Smith、Kerry Lee、Sara Leno 、Claire Evans"Not So Hot: Challenger Bank Fails in Attempts to Register "Hot Coral" Color Mark" the National Law Review2019.11.10

・Duncan Clark" Alibaba: The House That Jack Ma Built" Ecco; Reprint 2018.3.20

・Dzof Azmi "Malaysia Fintech Week 2019: WeBank explains the ABCDs of banking the unbankable" Digital News Asia 2019.6.26

・EBA"Understanding the business relevance of Open APIs and Open ・ Banking for banks"EBA Working Group on Electronic Alternative Payments

Version 1.0 2016.5

- Edward Tse "China's Disruptors: How Alibaba, Xiaomi, Tencent, and Other Companies are Changing the Rules of Business"Penguin 2016.7.7
- Ellen A. Merry"Mobile Banking: A Closer Look at Survey Measures" FEDS Notes、FRB2018.3.27
- FDIC "Statement by FDIC Chairman Jelena McWilliams on Square Financial Services"2020.3.18
- Gilly Wright "World's Best Digital Banks 2019" "Q&A With Standard Chartered's Global Head Of Digital Banking For Retail Aalishaan Zaidi"Global Finance Magazine2020.3.14
- Guy Yalif"How Chime Bank Is Using AI to Drive Growth and Open More Accounts"The Financial Brand Newsletter2018.7.2、"How to Use A/B Testing and Personalization Best Together"2017.11.16、Last updated2020.2.24
- Harry de Quetteville "Meet the boss of OakNorth, the secretive £2.2bn company powering British fintech"Telegraph 2019.11.24
- He Wei "MYBank offers small traders a foot on financial ladder" China Daily2018.6.22
- Henri Arslanian,Fabrice Fischer"The Future of Finance: The Impact of FinTech,AI,and Crypto on Financial Services"Palgrave Macmillan 2019.7.24
- Ian Robotham "Banks, clouds and castles; the growth of cloud computing in banking" IBM United Kingdom Blog2019.8
- Jack Ma"Never give up. Today is hard, tomorrow will be worse, but the day after tomorrow will be sunshine" Independently published 2020.4.26
- Jasper Jolly"Mobile banking to overtake high street branch visits in two years"The Guardian2019.6.30
- Jennifer McCarthy" Product Research Secrets for E-Commerce Success!: How to Market and Sell Online -Dropshipping, Amazon, eBay, Etsy, Shopify, Alibaba and More!" Independently published 2020.3.8
- John Detrixhe"Revolut is riding the record-setting boom in fintech

investing"Quartz 2019.2.8

· John Hill"Fintech and the Remaking of Financial Institutions" Academic Press 2018.5.17

· Jose Qian"Ventures like MYbank and WeBank are betting that AI and cloud technology will further reduce the costs and inefficiencies of borrowing faced by SMEs" Global Finance magazine2019.1.3

· Julianne Pepitone"One of Latin America's most valuable startups is changing the way"CNN Business2019.12.6

· Karen G. Mills"Fintech, Small Business & the American Dream: How Technology Is Transforming Lending and Shaping a New Era of Small Business Opportunity"Palgrave Macmillan 2019.3.29

· Kathryn Bishop"Are you even amillennial if you haven't invested in MONZO today?"2018.12.5

· Kyle Pearce"2020 Factsheet On Smartphone Addiction Facts And Statistics" DIY Genius2020.2.25

· Luigi Wewege"The Digital Banking Revolution: How FinTech companies are rapidly transforming the traditional retail banking industry through disruptive financial innovation"CreateSpace Independent Publishing Platform 2017.5.26

· Madhvi Mavadiya"Bunq To Plant A Tree For Every €100 Spent With Metal Green Card"Forbes2020

· Mandy Mengyu Li"2020 – End or Revival of the OCC Fintech Charter?" JOLT Digest2020.4.8

· Mark Carney"Enabling the FinTech transformation - revolution, restoration, or reformation?" the Bank of England2016.6.16

· Mark J. Greeven, Wei Wei" Business Ecosystems in China" Routledge 2017.9.6

· Ming Zeng, ミンゾン, 土方奈美（訳）「アリババ 世界最強のスマートビジネス」文藝春秋 2019.10.30

- Mobile Payments"Square, Nelnet receive FDIC approval for bank charters"2020.3.19
- N26"N26 announces exit from UK banking market"2020.2.11
- Nathan DiCamillo"What a homegrown app for millennials has taught Wells Fargo" American Banker2018.5.22Ron Shevlin"Why Did Chase Shut Down Finn? "Forbus2019.6.6
- Open Banking Working Group"The Open Banking Standard"2016.2.8
- Rachel Boylson"FDIC Approval Moves Varo to Final Stage of Bank Charter Journey" VARO Press2020.2.10
- RBS"NatWest launches innovative digital proposition for SMEs"2018.11.6
- Robert Sternberg "Beyond IQ: A Triarchic Theory of Intelligence"Cambridge University Press1985
- Roger Peverelli, Reggy de Feniks"Reinventing Customer Engagement: The Next Level of Digital Transformation for Banks and Insurers" LID Publishing 2017.3.21
- Sarah Grotta"Is This the End for the OCC Fintech Charter?"Payments Journal2019.10.23
- Simple"Simple continues product expansion with new CD offer"2020.4.6
- Sofie Blakstad、Robert Allen"FinTech Revolution: Universal Inclusion in the New Financial Ecosystem" Palgrave Macmillan 2018.6.6
- Tanya Andreasyan"Monese ventures into business banking"FinTech Futures2018.10.19
- The People's Bank of China (PBOC) and the World Bank" Toward Universal Financial Inclusion in China, "a joint report 2018
- Tolga Tavlas"Digital Banking Tips: Practical Ideas for Disruptors! 2nd Edition"Amazon Services International, Inc.2015.6.6
- U.S.Treasury" A Financial System That Creates Economic Opportunities Nonbank Financials, Fintech,and Innovation"2018.7
- Vítor Constâncio"Challenges for the European banking industry" ECB 2016.7.7

・Victoria Cleland "Fintech: Opportunities for all?" Bank of England2016.9.8
・Victoria Espinel"Deep Shift Technology Tipping Points and Societal Impact" WORLD ECONOMIC FORUM2015.9
・WeBank"China's First Digital Bank, WeBank, introduced the '3O' Paradigm of Open Banking at Money 20/20 Asia" PRNewswire、KYODO JBN2019.3.21
・Webank "HKUST and WeBank Launch First HK-Guangdong Joint Laboratory in Banking"PRNewswire=KYODO JBN 2019.5.20
・William N.Goetzmann"Money Changes Everything: How Finance Made Civilization Possible" Princeton Univ 2017.8.15
・World Bank" The Global Findex database 2017"2018

・アクセンチュア株式会社「フィンテック 金融維新へ」日本経済新聞出版社 2016.6.23
・柏木亮二「フィンテック」日経文庫、日本経済新聞出版社2016.8.6
・神山哲也、飛岡尚作「大手英銀の牙城に挑むチャレンジャー・バンクとFinTech」野村資本市場クォータリー2015夏号
・佐藤広大、富永悠「ECB のフィンテック銀行ライセンスに係る指針案と銀行業務に進出するフィンテック企業」野村資本市場クォータリー 2018冬号
・デジタルトランスフォーメーションに向けた研究会「DXデジタルトランスフォーメーションレポート〜 IT システム「2025年の崖」の克服と DX の本格的な展開〜」経済産業省 2019.9.7
・山口 博司「若者の心を掴めるか、米大手銀行が提供するミレニアル向けバンキングアプリ」NEC2018.8.28
・李智慧「チャイナ・イノベーション：データを制する者は世界を制する」日経BP 2018.9.28
・李立栄「急成長する中国のコンシューマー向け インターネットファイナンス」野村資本市場クォータリー 2015 Summer
・廉薇,辺慧,蘇向輝,曹鵬程,永井 麻生子（訳）「アントフィナンシャル -1匹のアリがつくる新金融エコシステム」みすず書房2019.1.25

▶ 著者プロフィール ....

可児 滋（かに しげる）

岐阜県出身

ＣＦＡ協会認定証券アナリスト
日本証券アナリスト協会認定アナリスト（ＣＭＡ）
国際公認投資アナリスト（ＣＩＩＡ）
ＣＦＰ®（CERTIFIED FINANCIAL PLANNER）
1級ファイナンシャル・プランニング技能士
日本金融学会会員
日本ファイナンス学会会員

著書
・究極のオープンイノベーション ビジネスエコシステム 2020/1/14 日本橋出版
・異常気象と気象ビジネス 2018/9/10 日本評論社
・フィンテック大全 2017/7/11　金融財政事情研究会
・環境と金融ビジネス　2011/1/1　銀行研修社
・先物市場から未来を読む（Leo Melamed著、翻訳）2010/11/23　日本経済新聞出版社
・金融技術100の疑問　2010/8/1　時事通信社
・英和和英 デリバティブ・証券化用語辞典 2009/3/1　中央経済社
等

チャレンジャーバンクの挑戦

2020年10月19日　第1刷発行

著　者　　可児 滋

発行者　　日本橋出版
　　　　　〒103-0023　東京都中央区日本橋本町2-3-15　共同ビル新本町5階
　　　　　電話：03-6273-2638
　　　　　URL：https://nihonbashi-pub.co.jp/

発売元　　星雲社（共同出版社・流通責任出版社）
　　　　　〒102-0005　東京都文京区水道1-3-30
　　　　　電話：03-3868-3275

ⓒ Shigeru Kani Printed in Japan
ISBN978-4-434-27943-0 C2033